제국의 암살자들

제국의 암살자들
김구 암살 공작의 전말

초판 1쇄 발행 2022년 9월 5일

지은이 | 윤대원

펴낸곳 | (주)태학사
등록 | 제406-2020-000008호
주소 | 경기도 파주시 광인사길 217
전화 | 031-955-7580
전송 | 031-955-0910
전자우편 | thspub@daum.net
홈페이지 | www.thaehaksa.com

편집 | 조윤형 여미숙 김선정
디자인 | 이영아
마케팅 | 김일신
경영지원 | 김영지

값 19,500원
ISBN 979-11-6810-083-1 03910

책임편집 | 조윤형
북디자인 | 한지아

본 연구는 2018년 김구포럼연구사업의 지원금에 의하여 연구되었음.

윤대원 지음

제국의 암살자들
김구 암살 공작의 전말

일제와 밀정의 집요했던 암살 시도,
끝내 살아남은 '백범의 임시정부' 이야기

태학사

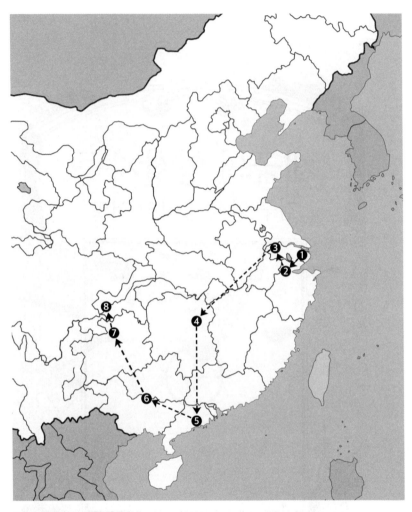

대한민국임시정부의 이동 경로
❶ 상하이 → ❷ 항저우 → ❸ 전장 → ❹ 창사 → ❺ 광저우 → ❻ 류저우 → ❼ 치장 → ❽ 충칭

책을 내면서

올해로 대한민국임시정부(이하 '임시정부')를 중심으로 독립운동사를 연구한 지 30여 년이다. 연구를 하면서 항상 스스로에게 던지는 질문이 하나 있었다. 수많은 과거의 '사실' 가운데 내가 선택한 '사실'이 과연 현재와 어떤 관계를 갖는 '역사적 사실'일까 하는 물음이다. 아직도 이 물음에 대한 명쾌한 답을 얻지는 못했다. 그럼에도 연구를 계속 이어 올 수 있었던 것은 '역사란 과거를 기억하되 되돌아가는 것이 아니라 전진하는 것'이라는 믿음 때문이다.

그런데 최근 학계와 사회 일각에서는 자신들의 정치적·계급적 이해관계를 위해 역사의 기억들을 왜곡하고 전용하는 현상들이 나타나 우려스럽다. 2019년 일본이 한국 대법원의 강제징용자 배상 판결 문제를 구실로 경제보복 조치를 취했다. 이때 국내의 보수적인 정치인과 지식인, 나아가 경제 단체들이 원인 제공자인 일본이 아닌 자국 정부를 향해 마구 손가락질하며 법석을 떨었다. 일본의 요구에 순응하지 않으면 한국 경제가 당장 망하기라도 하는 것처럼. 이들은 한일 과거사 문제의 해결 방안에서도 같은 태도이다.

한국 근대사 연구자라면 이 장면을 보고 1907년 고종의 헤이그 만국평화회의 밀사 파견 사실이 알려진 뒤 열린 대한제국 내각회의의 한 장면을 떠올렸을 것이다. 당시 회의에서 이완용과 송병준 등은 고종의 책임을 물으며 일본 왕에게 사죄하고 황제에서 물러나고 다그치는 등 일제의 입장을 대변했다.

데자뷰 같은 이 두 장면에서, 역사적 사실을 비틀어 기억을 왜곡시킬 때 과거와 현재가 단절되어 결국 현실을 오도하는 결과를 보게 된다. 1907년의 현상이 당시 식민지를 개척하던 제국주의 열강의 침략 사상인 '사회진화론'과 그 아류인 일제의 '동양평화론'에 현혹되어 일제의 침략을 '역사 발전'으로 받아들인 결과라면, 최근의 현상은 해방 후 반공 이데올로기, 1965년 한일협정 이후 경제근대화론의 연장선상에서 '역사수정주의'라는 이름으로 포장하여 역사적 진실을 비튼 것일 뿐이다. 이 두 현상을 관통하는 것은, 예나 지금이나 역사의 전진을 두려워하는 기득권층의 저항, 그리고 지난 한 세기여 동안 몸에 밴 '정신의 식민지화'에서 헤어 나오지 못한 결과라는 사실이다.

그래서 이들에게 한국 근대사를 관통하는 역사적 시대정신이 깃든 글, 즉 민중이 주인되는 새로운 세상을 일깨운 동학농민군의 「포덕문」, 인도·정의·인권·평화를 지향한 「3·1독립선언문」, '평등의 공정'이 넘치는, 독립 후 새로운 국가를 지향한 임시정부의 「건국강령」, 그리고 해방된 조국이 '문화강국'이 되기를 꿈꾼 김구의 「나의 소원」을 정독해 보시라 권하고 싶다.

1919년 4월 30일 상하이 임시정부 청사에서는 제4회 임시의정원이 열렸다. 개원 10일째인 5월 9일, 의원 심사위원인 신석우는 새로 선출한 충청도 의원 이명교에 대해 '일본인의 밀정 황옥과 같이 상하이에 왔고, 황옥의 주선으로 조선총독부의 여행권까지 얻은 사실이 있다.'는 의원 자격 심사 결과를 보고했다. 이명교는 총독부의 허가증을 얻으려고 황옥에게 부탁했을 뿐이라고 변명하고 의원 사직서를 제출했고, 이날 사직서는 수리되었다.[1]

그해 6월 상하이에서 귀국한 황옥은 경기도 경찰서 도경부道警部로 승진했다. 그는 4년 후인 1923년 3·1운동 4주년을 맞이하여 의열단이 서울·평양·부산 등 도시 10여 곳의 일제 주요 기관을 폭파하려던 계획에 연루된 혐의로 체포되었다.[2] 징역 10년을 선고받은 황옥은 1929년 2월 14일 서대문형무소에서 가출옥했다.[3]

2016년 개봉한 〈밀정〉은 의열단과 황옥 사건을 모티브로 제작한 영화였다. 황옥(〈밀정〉에서 송강호가 맡은 이정출 역)이 밀정

『동아일보』 1923년 4월 12일 자에 실린, 경부警部 황옥의 사진. 황옥은 의열단 폭탄 사건에 참가했다는 혐의로 취조를 받고 감옥으로 넘어갔다고 보도되었다.

인지 여부는 아직 학계에서도 의문으로 남아 있다. 하지만 영화에서 의열단원 김시현에 해당하는 김우진(공유) 등의 '폭탄 사건'을 밀고한 자는 일제가 의열단에 심어 놓은 밀정인 가상의 인물 주동성(서영주)이었다.

〈밀정〉보다 앞선 2015년에 개봉한 영화 〈암살〉에서도 독립군 염석진(이정재)이 밀정이 되어 1933년 한인애국단 단장 김구와 의열단 단장 김원봉이 합작한 조선 주둔 일본군 사령관과 친일파 강인국 암살 계획을 밀고하고 직접 일제 경찰이 되어 옛 동지들과 총격전을 벌이는 장면이 나온다. 영화에서 염석진은 1911년 '105인사건' 이후 조선 총독 데라우치와 친일파 강인국을 암살하려다 체포된 뒤 변절하여 밀정이 되었다.

영화 속 이야기이지만, 독립운동에 가장 암적인 존재인 밀정을 소재로 다룬 두 영화는 밀정에 대한 사회적 관심을 크게 불러일으켰다.

KBS의 탐사보도 프로그램 〈시사기획 창〉에서도 2019년 8월 임시정부 수립 100주년을 맞이하여 '밀정'을 주제로 '1부 배신의 기록'(2019년 8월 13일 방영), '2부 임시정부를 파괴하다'(2019년 8월 20일 방영)를 잇달아 방영했다. 이 프로에서 취재팀이 확인한 밀정 890여 명의 명단을 공개했다. 이들 가운데 해방 후 대한민국 정부에서 독립유공자로 훈장을 받은 자들이 있다는 사실이 알려지면서 사회적으로 큰 충격을 주었다.

사실 일제가 남긴 자료에서 밀정을 운용한 많은 흔적을 발견할 수 있지만, 그 자체가 비밀이었기 때문에 밀정의 정체를 정확히 파악하는 데는 한계가 있다. 〈시사기획 창〉에서 확인했다고 한 밀정 890여 명, 이들 모두가 과연 밀정일까?

이들이 모두 정말 밀정인지, 한 명 한 명 엄밀히 따져 보아야 한다. 해방 후 밀정이 독립유공자가 되는 것도 황당한 일이지만, 독립운동가 한 명이라도 밀정이 되는 억울한 일이 일어나서도 안 될 것이다. 그래도 지금은 이전과 달리 국내외에서 발굴하여 수집한 엄청난 양의 독립운동 자료들이 데이터베이스화되어 있어, 밀정을 독립유공자로 인정하는 과거와 같은 실수는 범하는 일이 거의 없다.

이 책은 지난 2018년에 발표한 논문 「일제의 김구 암살 공작과 밀정」[4]에 새로운 내용을 보완하고 시기와 영역을 확대한 연구 결과이다. 이 책에서 다루는 주제는 '일제의 김구 암살 공작'이지만, 그 핵심 내용 가운데 하나는 일제가 이 공작에 동원한 '밀정'이다.

논문 발표 후 2019년 KBS 〈시사기획 창〉에서 특집 방영한 '밀정'에 '자문 아닌 자문'을 했다. 이 일로 밀정 관련 자료를 찾고 확인하는 과정에서 일제가 윤봉길 의거 이후 김구를 체포, 암살하려는 공작을 꾸민 일이 한두 번이 아니었고, 그 주체와 공작 방식도 다양했다는 사실을 새삼 확인할 수 있었다.

예컨대 1932년 5월 일제의 관동청과 상하이 일본 총영사관이 합작하여 김구가 안둥安東[5]에 파견한 연락원 김긍호를 체포하고도 마치 체포되지 않은 것처럼 위장하여 김구를 체포하려고 역공작을 벌인 적이 있었고, 그해 6월 일본군 상하이 주둔 헌병대에서 꾸민 밀정 '박춘산 사건'이나 8월 한국의 나남헌병대에서 파견한 밀정 '석현구 암살 사건' 등도 김구를 상대로 한 공작으로 일어난 일들이다. 따지고 보면 위 논문에서 발표한 세 차례의 김구 암살 공작 역시 김구를 체포 또는 암살하려던 다른 특무 기관과의 경쟁 과정에서 기획한 것이었다.

이러한 사실 외에도 김구 암살 공작에 관여한 밀정들에 대한 흥미로운 새로운 사실도 확인할 수 있었다.

1935년 2월 1차 김구 암살 공작의 실행자였던 밀정 오대근의 실종 이후 행적을 확인할 수 있었다. 당시 오대근은 중국 관헌에게 체포되어 처형되었다는 소문만 있었지 실제 행방은 묘연했다. 그런데 중화민국 국사관에서 확인한 자료에 의하면, 오대근은 난징에 있던 남의사藍衣社[6]의 비밀 기관에 수감되어 있다가 그해 11월 이후 처형되었다.

또한 정병준 교수는 2차 김구 암살 공작에 깊이 관여한 밀정 위혜림의 해방 후 행적에 관한 중요한 정보를 제공해 주었다. 위혜림은 해방 직후 맥아더 사령부 정보참모부 휘하 특수 공작 기관인 캐논 기관Cannon Agency에서 일했다. 그런데 그가 이 기관이 해산된 뒤 이승만의 도쿄 주재 사설 기관인 경무대 기관에서 일하면서, 1959년에 안두희와 함께 일본에서 북송선 폭파 공작을 벌였다는 것이다.[7] 일제 시기 김구 암살 공작에 깊숙이 관여했던 밀정 위혜림이 1949년 김구를 암살한 안두희와 또다시 반민족적 공작에 관여한 사실은 새삼 밀정의 본 모습을 잘 보여 준다.

일제가 김구 암살 공작을 추진한 시기는 임시정부의 이동 시기에 해당한다. 임시정부의 이동은 1930년대 초 일제의 중국 침략으로 형성된 상하이의 급격한 정국 변화가 원인이었다. 임시정부는 이 변화에 대응하여 새로운 활로를 모색했다. 이 과정에서 김구는 임시정부와 일시 결별하고 독자 세력화에 나섰다. 그리고 김구는 그 힘으로 1935년 11월 해체 직전의 임시정부를 재건하고, 이후 임시정부의 김구 시대를 열었다.

이동 시기 김구의 이런 활동은 계속되는 일제의 암살 공작 속에서 이루어진 일이었다. 그래서 이 책의 각 장마다 1930년대 초 상하이 정국과 임시정부의 대응, 김구와 임시정부의 관계, 군관 양성 등 김구의 독자 세력화 과정, 그리고 김구의 임시정부 재건 과정 등을 보충하여, 이 시기 중국 관내 독립운동에서 갖는 김구의 위상과 임시정부와의 관계 속에서 김구 암살 공작을 살펴보고자 했다.

이 책이 나오기까지 많은 분들의 도움을 받았다. 먼저 이 연구를 적극 지원해 주신 재단법인 김구재단 김호연 이사장님 이하 관계자 분들께 감사드리며, 특히 김구재단의 전 김구포럼 좌장이셨던 이태진 교수님의 적극적인 격려와 지원에도 감사드린다. 이 연구를 하게 된 직접적 계기는 현재 일본 야마구치현문서관山口縣文書館에 소장된 「임가(조선총독부 관계)사료林家(朝鮮總督府關係)史料」였다. 이 사료의 이용에는, 서울대 규장각 한국학연구원 HK사업단 내 '식민지 아카이브 자료 수집 및 조사팀' 동료와 앞서 언급한 논문 발표 당시 토론자로서 많은 충고를 해 주신 장신 선생님의 도움이 컸다. 다시 한번 감사드린다. 바쁜 와중에도 부족함이 많은 원고를 읽고 따끔한 비판과 우호적 격려를 아끼지 않은 도진순·정병준 선생님에게도 진심으로 감사드린다. 출판 사정의 어려운 조건에서도 출판에 흔쾌히 동의해 주신 태학사 김연우 대표님과 이 책이 세상에 나오기까지 편집과 출판에 열과 성의를 다해 주신 태학사 편집부원 여러분에게도 감사를 드린다.

2022년 8월
윤대원

차례

1장

———

적의 요인을
암살하라

1. 반일 한중 연대를
결성하자

불타오르는 상하이의 반일 정국

———

상하이의 짧은 가을이 지나고 겨울의 문턱에 들어선 1929년 12월 29일, 바다 건너 고국에서 광주학생운동 소식이 들려왔다. 이념적 갈등과 내부 분열 속에서 좀처럼 침체의 늪에서 헤어 나오지 못하던 독립운동 진영에 고국의 어린 학생들이 벌인 항일투쟁 소식은 한 줄기 희망의 빛으로 다가왔다.

[한성통신] 전라도 광주에서 발생한 한일 두 나라 학생 간의 충돌 사건, 광주의 한국 학생들을 성원하기 위해 한성의 각 학교 학생들이 전단을 살포하고 시위를 전개하면서 촉발된 학생운동이 갈수록 확대되고 있다. 지금 한국 각지에서는 한국 학생들의 동맹휴학이 줄을 잇고 있다. 5일에

는 경성 제2고등보통학교 학생들이 시내로 진출하여 시위운동을 전개하려다 종로경찰서 소속 경찰의 제지를 받아 주모자 24명이 검거되었다. [중략] 또 다른 소식에 의하면, 광주에서 한일 두 나라 학생 간에 충돌 사건이 발생한 뒤 경성부의 각급 학교 학생들과 중앙청년동맹의 회원들은 전단을 살포하는 등 방법으로 광주의 피해 학생들을 성원하고, 반일 시위운동을 전국적으로 확대시키려고 노력하고 있다. [후략][1]

상하이 한인 사회에 국내의 광주학생운동 소식이 알려지자 상하이의 한인 공산주의 단체인 유호留滬(상하이 거류)한국독립운동자동맹이 발 빠르게 움직였다. 이들은 광주학생운동의 실상을 알리는 여러 종류의 격문을 살포하는 한편, 민족주의 한인 단체들에게 선후책을 함께 강구하자며 협의를 제안했다.

대한교민단(이하 '교민단')·홍사단·병인의용대 등 상하이에 있던 민족주의 한인 단체도 즉각 호응했다. 이듬해 1월 3일에는 각 단체 대표 21명이 모여 상하이한인각단체연합회(이하 '제1차 연합회')를 결성했다.[2]

이날 회의에서는 "학생운동을 적극적으로 원조하고 일본제국주의에 대항하는 것을 목적으로" 이 연합회를 "본건 해결까지" 존치하며, 국내외 선전전과 함께 일제의 침략을 폭로하여 한중 연대를 강화하기로 결의했다. 이처럼 연합회는 광주학생운동을 매개로 상하이의 민족주의·공산주의 진영이 한시적으로 연합한 임시 조직이었다.

제1차 연합회는 1930년 1월 11일 일제의 잔학한 탄압을 규탄하는 상하이 한인 군중대회를 개최했고, 19일에는 상하이 시내에서 가두시위를 벌이며[3] 광주학생운동의 진상과 일제의 잔혹한 탄압 사실을 적극적으로 선전했다.

한편 이동녕·김구 등 임시정부 지도부와 안창호의 흥사단 계열은 1월 25일 비밀리에 이동녕을 이사장으로 하는 한국독립당(이하 '한독당')을 조직했다. 이들은 1929년 10월 관내 민족유일당 운동이 좌절된 뒤 공산주의자들이 유호한국독립운동자동맹을 결성하자, 이에 대응하여 민족주의 진영의 독립운동 정당을 결성한 것이다.

조소앙이 1931년 4월 발표한 「선언」에서 "임시정부는 독립당의 표현 기관이며, 독립당은 전 민족의 대리 기관"이라고 했듯이,[4] 한독당은 1927년 3차 개정 헌법인 신임시약헌新臨時約憲의 제2조 단서 조항, "광복 운동자의 대단결인 당이 완성된 때는, 국가의 최고 권력은 이 당에 있음"이라는[5] '이당치국以黨治國'[6]의 규정에 따른 민족유일당을 지향했다.

한독당도 즉각 중국 국민을 상대로 독자적인 선전전에 나섰다. 한독당은 1930년 2월 「중국 동포에게 알리는 글告中國同胞書」을 발표하여, 일제가 "시시각각 중국 주권을 침해하고 중국 영토를 침탈하"여 그 침략이 "날이 갈수록 달이 갈수록 더욱 확대될 것"이니 "중국과 한국 민족 전체가 들고일어나 공동 연합전선을 만들어" 대응하자고 호소했다.[7]

상하이를 비롯하여 중국 각지의 국민당 각급 기관과 단체 등에서는 한국의 독립운동을 지지 또는 원조한다는 선언문을 발표하거나 전보를 보내왔다.[8] 이들은 하나같이 일제의 한국 침략에 이은 대륙 침략을 우려하면서, 일제는 피압박 국가인 중국과 한국 공동의 적이라며 한중 연대와 독립운동 지원을 약속했다.

제1차 연합회와 한독당의 선전 활동이 상당한 효과를 거두면서 연합회는 1930년 2월 26일 활동을 마무리하고 해산했다.[9]

광주학생운동을 계기로 한중 사이의 반일 연대 분위기가 서서히 무르익어 가던 무렵 멀리 간도에서 뜻하지 않은 사건이 일어났다.

1930년 5월 30일, 중국공산당의 급진적인 좌경 노선에 따라 간도의 한인 공산주의자들이 일본 총영사관과 동양척식주식회사 출장소 등을 파괴하고, 일본인·중국인 지주 등을 공격하는 폭동을 일으켰다('간도 5·30폭동'). 8월 1일에는 어무현額穆縣과 둔화현敦化縣 한인들이 만주의 지방 군경을 공격하여 무기를 빼앗았고, 지둔철도吉敦鐵道 교량을 파괴했다('지둔폭동'). 일제는 물론이고 이들과 결탁한 중국 군벌과 지주들에게 민족적 차별과 경제적 착취를 당해 온 이 지역 이주 한인들이 이들 사건에 적극 가담했다.

그러나 중국 신문들은 일본 낭인의 사주를 받은 만주의 한인들이 '지둔폭동'을 일으켰다며 만주의 이주 한인에 대해 부정적인 보도를 하기 시작했다.

중국 언론은 연일 지둔폭동에 대해, 간도 5·30폭동 이후 수사에 협조하지 않는, 중국 당국에 불만을 품은 일제가 중국·한국 공산당원을 가장한 친일 한인들을 사주하여 폭동을 일으키게 하고 이를 구실로 지린성吉林省 당국을 협박하여 독립군을 소탕하려고 했다거나, 지둔철도 공사의 책임을 맡은 일본이 약속 기간 안에 공사를 완료하지 못하거나 하자가 발생하면 그 책임이 자신들에게 돌아올 것이므로 이를 회피하려고 한인을 동원하여 교량을 일부러 폭파시켰다고 보도했다.[10]

이 같은 보도는 중국인들에게 만주의 이주 한인들이 일본의 중국 침략의 앞잡이라는 의심을 더하게 하여, 중국 내 한인에 대한 부정적 인식을 갖게 했다.

만주에 온 이주 한인들은 대개 중국인 지주의 땅을 빌려 농사를 짓는 소작농이나 노동자로 힘들게 살면서, 중국 지주와 일본 자본가들로부터 민족적 차별과 계급적 착취를 당해 왔다. 더구나 1930년 9월 만주 군벌 장쉐량張學良은 공산주의자들을 물리친다는 명분을 내세워 한인의 토지 구입 및 소작 등을 엄격히 제한하는 '토지제한법', 직업 없는 한인의 추방과 중국 귀화를 일시 중지하는 '입경입적제한조례入境入籍制限條例' 등을 제정하여 한인들을 탄압했다.[11]

이주 한인들은 이런 어려운 처지를 견디다 못하여 '폭동'에 참가했다. 그러나 이 사건은 중국인들에게 '반한反韓 감정'을 더욱 부추겼다. 중국인들은 일본의 사주를 받은 이주 한인들이 중국인과 분란을 일으키면, 일본이 이를 구실로 군사적 간섭을 하며 만주를 침략할 것이라고 믿었다.

만주의 이주 한인 문제가 한국과 중국 사이의 새로운 현안으로 떠올랐다. 임시정부는 두 폭동이 가져온 중국 내 '반한反韓' 분위기

를 바로잡고, 만주 이주 한인 문제의 진
상을 알리는 데 적극 나섰다.

1930년 10월 초순 난징에서 열리는
제4차 중국국민당 중앙집행위원회에
장쉐량이 참석하자, 임시정부에서는 동
삼성東三省[12]의 이주 한인 문제 해결을
위해 정부 대표로 외무장 조소앙을, 한
독당 대표로 박찬익을 난징에 파견했다.
이들은 장제스·장쉐량 등 국민당 요인
을 만나 한독당의 주의·강령을 적극 설
명하는 한편, 조소앙이 작성한 『동삼성 한교韓僑 문제』라는 소책자
를 전달하여, 만주 이주 한인의 비참한 처지를 알리고 개선을 호소
했다.[13]

조소앙은 『동삼성 한교 문제』에서 일제를 몰아내기 위한 한중 연
대의 필요성을 강조했다. 그는 중국에서 중요한 지위를 차지하는 동
삼성이 일본과 러시아 양국의 압박 때문에 심각한 위기에 처해 있는
이때, 한국과 중국은 서로 손을 잡고 일본 세력을 물리치는 것이 매
우 중요한데도, 중국 관헌은 도리어 이곳 한인을 밀어 내치려 하는
것은 장래 불길한 결과를 낳을 것이라고 지적했다. 그리고 한인 문
제는 동삼성에서 일본 세력을 내쫓지 않으면 해결이 매우 어렵다며
한중 제휴의 필요성을 역설했다. 최근 이주 한인에게 가해지는 중국
관헌의 압박과 그에 따른 한인의 고통을 호소하고, 이주 한인의 최

저한도의 희망 사항으로 '지둔폭동'에 대한 관대한 처리, 한인 축출 명령 철회, 토지조례 및 입경입적제한조례 취소 등을 요구했다.[14]

광주학생운동 1주년을 맞이한 1930년 11월 3일에는 한독당 명의로 「광주참안光州慘案[광주학생운동]에 관해 중국 동지에게 고하는 글」을 발표하여 다시 한번 한중 연대를 호소했다. 성명서에서는 광주학생운동을, 1928년 5월 북벌 중인 중국혁명군이 산둥성山東省 칭따오青島와 지난濟南에 진출하자 일본군이 이곳에 거주하는 일본인을 보호한다는 구실로 중국혁명군과 무력 충돌한 '지난사건'과 동병상련이라며, 한중 양국의 대치욕을 씻기 위해서라도 일제 타도를 위해 공동 분투하자고 호소했다.[15]

해가 바뀌어 임시정부와 한독당은 동삼성 한교 문제의 해결을 최우선 과제로 삼고 그 해결에 노력했다.

임시정부에서는 1931년 1월 하순 동삼성 각 현縣 관공서를 비롯한 전국의 주요 중국 관공서에 『동삼성 한교 문제』 소책자를 배포하는 한편,[16] 5월 5일 난징에서 열리는 중국 국민회의에 축전을 보내고, 박찬익[17]에게 한국 독립운동의 근황을 보고하게 했다.

국민회의에 참석한 동삼성 대표 의원이 만주에 거주하는 한인 문제의 건의를 위한 자료가 필요하다며 적극성을 보이자, 임시정부에서는 5월 12일 안창호를 난징에 파견했다. 그는 조소앙이 작성한 「선언」과 『동삼성 한교 문제』 소책자를 가지고 가서 중국국민당 정부를 상대로 동삼성 이주 한인의 보호 정책을 적극 호소했다.[18]

임시정부는 1931년 4월 공포한 「선언」에서,

첫째, 국내 민족의 혁명 의식을 환기하고 혁명 역량을 집중시킨다.

둘째, 엄밀한 조직을 바탕으로 민족적 반항과 무력적 파괴를 적극 진행한다.

셋째, 세계 각 피압박 민족의 혁명운동 단체와 함께 혁명을 도모한다.

라는 독립운동 방침 아래 이의 실현을 위해서,

동삼성 한교[한인 교포]를 독립운동의 주력 부대로 삼고 동시에 중국을 독립당의 유일한 우방으로 간주하고 있다. 그렇다면 중국 민족과 동삼성 한교의 관계는 중국 독립과 한국 해방에 극히 중대한 연쇄 관계를 가지고 있다.

라며 1백 수십만 동삼성 한인 교포를 핵심으로 하는 한중 연대를 적극 주장했다.[19]

이처럼 임시정부와 한독당에서는 중국 정부와의 연대를 통해 동삼성 이주 한인을 독립운동의 주력군으로 편성하여 침체된 독립운동의 활로를 개척하고자 했다. 임시정부의 이런 항일 노선에는 한독당 내지 임시정부의 각종 성명서와 선언서, 『동삼성 한교 문제』 등을 작성한 외무장 조소앙이 중추적 역할을 했다.

하지만 중국국민당과 장쉐량은 대일 정책의 기조를 일본과의 직접적 대결보다는 외교 교섭에 의한 해결을 우선하는 '완화 노선'에 두고 있었다. 때문에 이들은 임시정부와 한독당이 호소한 한중 연대나 만주의 한인 보호 문제에 뚜렷한 답변이나 해결책을 제시하지 않았다.[20] 양자 사이에는 일제 침략을 바라보는 시각과 대응책에서 보이지 않는 간극이 있었다.

항일, 같이 가지만 다른 방향

엎친 데 덮친 격이라고, 그동안 노력해 온 한중 연대 운동을 물거품으로 만들 수도 있는 우려할 만한 사건이 일어났다.

1931년 7월 국내에서 들려오는 소식이 심상찮았다. 서울과 인천·개성·진남포·원산·평양·공주·사리원 등 화교가 많이 사는 곳에서 수천 명의 군중이 몰려가 중국인 상점과 집을 부수고 중국인을 구타, 학살한다는 소식이 연일 이어졌다.[21] 중국 언론이 '조선 사건'이라고 한 중국인 배척 운동인 배화폭동운동排華暴動運動은 7월 1일 지린성 창춘현향長春縣鄉에 있는 만보산萬寶山의 작은 농촌 마을에서 일어난 만보산사건이 발단이었다.

이 사건은, 일본 자본이 만보산 지방의 미개간지를 한국 농민 180여 명을 동원하여 개간하면서 관개수로 공사를 한 것이 발단이었다. 이 공사로 물길이 끊겨 인근 중국인 농지에 피해를 주자 중국 농민들이 반대운동을 벌여 공사를 강제로 중지시켰다. 그러자 일본 영사관 경찰이 개입하여 수로 공사를 방해하는 중국 농민을 억압했다. 이 틈에 한인 농민들이 공사를 강행하여 1931년 6월 말 수로를 준공

『매일신보』 1931년 7월 6일 자에 보도된 배화폭동운동 관련 사진들. 인천 내리
內里 거리에 버려진 중국인 가구(위), 파괴된 중국인 가게(가운데), 외리外里 파출
소 부근 경비 상황(아래).

했다. 7월 1일 중국 농민 400여 명이 들고일어나 수로를 파괴했고, 이 과정에서 한인 농민과 중국 농민이 충돌하는 불상사가 일어났다. 이때 일본 경찰이 발포를 했다. 다행히 약간의 부상자만 있었을 뿐 사망자는 없었다.[22]

문제는 그다음이었다. 『조선일보』는 7월 2일 "중국 관민 800명 습격, 다수 동포 위급, 장춘 삼성보 문제 중대화, 일 주둔군 출동"이라는 호외를 발행한 데 이어 다음 날에도 "삼성보 일·중 관헌 1시간여 교전, 중국 기마대 600명 출동, 급박해진 동포 안위"라는 호외를 발행하여 만보산사건을 신속히 보도했다.[23] 사건의 진상을 제대로 알기도 전에 『조선일보』의 오보는 국내에 반중 감정을 폭발시켰다.

그동안 일본 자본가들이 한국 노동자들의 임금 인상 요구를 억제하고, 급증하는 노동운동을 무산시킬 목적으로 값싼 중국 노동자를 고용하면서 싹트기 시작한 '반중反中' 감정이 이 사건을 계기로 폭발한 것이다. 때문에 만보산사건과 배화폭동운동의 근본 이유는 일제의 대륙 침략과 일본 자본가들의 경제적 침탈이었고, 중국인이나 한국인은 모두 피해자이자 희생자였다. 그러나 『조선일보』의 오보로 폭발한 반중 감정이 배화 폭동을 불러온 것이다.

한편 만보산사건이 일어난 뒤 중국 당국은 외교적 해결을 우선하며 일본에게 소극적으로 대응했다. 반면 상하이에서는 상하이시상회를 중심으로 상하이 각계 반일원교위원회反日援僑委員會(이하 '반일원교회')를 조직하여 만주의 자국 동포 지원과 함께 일본 상품 불매운동을 벌였다. 또한 국내 배화폭동운동의 영향으로, 중국에서 인삼을 거래하던 한국 상인들도 중국 단골처로부터 거래를 거절당하는 등[24] 한인에 대한 분위기도 급반전했다.

임시정부에서는 이 사건을 장차 중국에 있는 한인은 물론 독립운동의 사활이 걸린 중대한 문제로 인식하고 대책 마련을 서둘렀다.

1931년 7월 7일 임시정부 국무위원들은 흥사단 단장 안창호 등과 연석회의를 열었다. 회의에서는 우선 이 사건의 배경과 진상을 신속히 알려 중국 측의 오해를 풀고 한중 연대를 도모할 선전 활동에 총력을 기울이기로 결의했다. 임시정부에서는 당장 성명서를 발표하고, 동시에 외무장 조소앙을 상하이시 정부·당부黨部·경비사령부에 보내어 이 사건의 완화책을 꾀하게 하고, 난징에 있는 박찬익에게는 국민당 정부의 의향을 파악하도록 지시했다.

다음 날 민족진영의 총역량을 모으기로 한 전날의 연석회의 결정에 따라 교민단 단장 김구를 비롯한 각 단체 대표 30여 명이 교민단에 모여 상하이한인각단체연합회(이하 '제2차 연합회')를 결성했다.[25] 이번에는 임시정부를 비롯한 민족주의 단체만 연합회에 참가했다.

회의에서는 국내의 배화 폭동은 일제의 만주 침략 정책에 이용된 일종의 도구적 성격을 띠므로 먼저 국내 조선일보사와 동아일보사에 통보하여 배화 폭동 보도 중지를 요청하고, 동시에 중국 민중에게 국내 배화 폭동을 사죄하고, 중국 각 단체와 신문사에 배화참안排華慘案[배화 폭동]은 모두 일본인이 추동한 행위임을 폭로, 선전하기로 결의했다.[26]

이에 따라 국내 언론사에는,

이번의 운동[배화참안]이 동족애에서 발생한 것으로 믿지만 한중의 역사적 관계 및 장래의 이해관계에서 감정적 보복 행동을 취하지 않도록 노력하고 화교에 대한 우의를 유지하라.

조소앙(1887~1958).

는 전보를 보냈다. 그리고 임시정부에서는 외무장 조소앙의 이름으로,

이번 사건은 완전히 일본의 사주 선동에 기인한 한국 내 친일파 한인의 폭행으로서, 일본의 북만주 침략의 음모 정책에 이용된 것이다. 때문에 우리들은 극력 중국 민중과 협력하여 결사적 대일 행동을 집행하는 데 주저하지 않을 것이다.

라는 성명서를 발표했다.[27]

또한 조소앙은 이날 중국 관청과 상하이시 당부를 방문하여 국내에서 발생한 불상사는 매우 유감으로, 이 사건은 한국인의 본의가 아니라고 해명하고 중국 측의 양해를 구했다.

7월 9일에는 박찬익이 임시정부의 지시에 따라 중국국민당 중앙당부를 찾아가 국내의 불상사에 대해 설명하고 양해를 구했다.[28]

제2차 연합회에서는 7월 10일 중국국민당 정부와 각 신문사에 "한중 양 민족은 합작 원조에 의하지 않고 어찌 서로 적대시할 리가 있겠는가?"라고 반문하면서, 만보산사건과 국내 화교 사건은 일본인이 "산둥참안山東慘案과 간토대진재關東大震災[29] 시의 학살 관습을 재현한 것"으로, "동북 당국은 한인 교포에 대해 차별하는 일 없이 보호하여 일본인이 간사한 책략을 꾸밀 기회를 주지 말고 협력하여" "한중 혁명 동지는 즉시 일치 분려, 노력 합작하여 맹세코 최단 기간 안에 일본제국주의를 타도할 것을 희망"한다는 전보를 보냈다.[30]

같은 날 임시정부에서도 만보산사건의 "근본 원인은 일제 침략이며 일부의 가까운 원인은 동삼성 당국의 한인 교포에 대한 실책으로 말미암은 것"이고, 동삼성 한인은 "일본의 적이지 중국의 적이 아니다."라는 선언서를 발표했다.[31]

7월 13일 상하이시상회가 '반일원교대회反日援僑大會'를 열어 '반일 경제 절교'를 결의하고 반일원교회를 조직하자, 임시정부에서는 외무장 조소앙을, 연합회에서는 안창호·김철·차이석·김홍서 등을 참가시켜 이들과 뜻을 같이했다.[32]

그리고 7월 23일 반일원교회에서 한국에서 배화 폭동으로 죽은 자국 동포를 위한 추도회를 열자, 임시정부와 제2차 연합회에서도 대표를 보내어 애도를 표하고, "이번 사건은 일반 한인의 뜻이 아니라 일부 우매한 한인이 일제의 사주에 의해 행한 망동"임을 양해해 달라고 하고, "장래 한중 양 민족은 제휴를 한층 밀접히 하여 일제 타도에" 함께 나서자고 호소했다.[33]

임시정부와 제2차 연합회가 결사적으로 벌인 반일원중反日援中 선

만보산사건 이후 상하이 시내에 걸린 "일본군을 국경 밖으로 몰아내고 영원히 일본과 경제를 단절하자"는 플래카드(위)와 상하이 시내에서 열린 상하이항일구국회 주최 시국대회(아래).

전 활동은 상당한 효과를 거두어 만보산사건 이후 격앙되었던 중국인의 '반한 감정'이 현저히 완화되는 성과를 거두었다. 이에 따라 제2차 연합회는 7월 26일 대표회의를 열고, "국내의 배화 운동도 종식되고 우리 연합회도 소정의 공작을 마침으로써 본회 존치의 필요를 인정하지 않는다."라고 결의하고 제2차 연합회를 해체했다.[34]

1931년 9월에 접어들면서 겨우 한숨을 돌린 임시정부에게 이번에는 작금의 상황에 반전을 꾀할 수 있는 기회가 찾아왔다.

일제가 9월 18일 만주를 침략한 것이다(9·18사변). 9·18사변이 발

생하자 상하이에서는 상하이시 당부의 주도 아래 앞다퉈 항일선언
문을 발표하고, 각종 반일 단체를 조직하여 반일 선전과 항일운동에
돌입했다.

상하이시 당부는 9·18사변 다음 날인 9월 19일 즉시 선언을 발표
하여 각계가 떨쳐나설 것을 호소하고, 22일에는 상하이시상회 중심
의 반일원교회를 상하이항일구국위원회(이하 '항일구국회')로 확대 개
편했다. 상하이의 대학생들도 이날 상하이대학생구국회를 결성하고
정부를 상대로 '즉각적인 대일 선전' 등을 요구하는 청원 운동을 벌
였다.[35]

일제의 대륙 침략으로 상하이에서는 '일제 타도'와 '잃어버린 만
주 회복'을 외치는 항일운동이 불같이 타올랐다. 이 같은 중국의 반
일 분위기는 반일 한중 연대를 모색해 온 임시정부에게는 다시없는
기회였다.

임시정부에서는 9월 20일 긴급 국무회의를 열고, 9·18사변에 대
한 선전 공작 방법과 향후 대책에 대해 밤을 새워 토의했다. 그 결과
내일 당장 한인 각 단체 대표를 소집하여 상하이한인각단체연합회
(이하 '제3차 연합회')를 조직하여 일본을 배척하고 중국을 지원할 방안
을 토의하기로 결정했다.

다음 날에는 지난밤 국무회의의 결정에 따라 각 단체 대표회의
를 열고, "이번 중국과 일본의 충돌 사건은 일본 연래의 계획적 침략
의 일단의 발로"이니 "우리 한국 혁명 동지는 이때 중국을 후원하여
일제의 붕괴를 촉진하지 않으면 안 된다."라고 하며 제3차 연합회를

조직했다.[36]

이어진 회의에서 제3차 연합회는,

- 오늘 중으로 중국 각 기관과 각 신문사에 통전通電할 것
- 중국 측이 개최하는 시민대회에 본 연합회 대표를 파견하여 배일원중
  排日援中 선전 강연을 할 것
- 본 연합회와 대한교민단 연합으로 상하이 한인대회를 개최할 것
- 선전대를 조직하여 「중국 민중에게 고하는 글檄告中國民衆書」 1만 장을
  인쇄, 배부할 것
- 상하이시 당부와 협조하여 시민대회 참석권을 미리 획득할 것

등을 결의했다. 그리고 임시정부에서 미리 준비한, 중국 각 기관 및
신문사에 보내는 전보를 곧바로 발송했다.[37]

그런데 9·18사변에 대한 중국 정부의 대일 정책은, 즉각적인 대
일 항전을 바랐던 임시정부는 물론 상하이 민중과 대학생들을 점차
실망시켰다.

9·18사변 직후 "중국 정부는 일본 침략의 부당성을 국제연맹에
호소하는 것과 함께 국내적 분열의 중심이 되고 있는 공산당 세력의
토벌에 집중"하는 정책을 취했다.[38] 이에 따라 동북지방의 방위를
맡은 장쉐량에게 일본군과 교전하지 말라고 지시했다.[39] 중국 정부
는 일본군의 침략에 대해 '무저항주의'를 선택하고 국제연맹을 통한
외교적 해결에 집중했다.

그래서일까? 조소앙은 중국 정부의 외교 교섭에 따끔한 일침을 가했다. 그는 9월 21일 제3차 연합회의 이름으로 중국 각 기관과 신문사에 보낸 「일본의 동북침점東北侵佔에 대한 통전」에서, 중국 정부가 9·18사변의 해결을 국제연맹에 호소한 데 대해,

[국제]연맹에 의뢰하여 진정을 바라나, 연맹은 강도의 결사임을 모르느냐? 강도에게 도적을 호소하느니보다 도적을 죽이라.

라고 하며[40] 중국 정부의 외교 교섭의 한계를 신랄하게 비판하며 즉각적인 항전을 촉구했다. 나아가 그는 임시정부 외무장의 이름으로 중국 정부에 보낸 전보에서도, 장차 동북 방면을 장악한 일제의 예봉이 베이징 방면에서 산둥 방면으로 향할 위급한 시기에,

한중은 오직 동병상련일 뿐이다. 대개 전쟁이냐主戰 화친이냐主和의 권한은 귀국貴國에 있고 전쟁이냐 화친이냐의 결단 여부는 귀국의 존망을 정하는바, 이것은 귀국의 문제일 뿐만 아니라 역시 동아시아 전체의 사활의 위기이다. [중략] 혁명 동지와 더불어 동지를 안에서 구하고 적을 밖으로 물리칠 것을 우리 민족은 귀국에 요망한다.

라며[41] 다시 한번 '주화' 즉 외교 교섭을 택한 중국국민당 정부를 비판하고, 한중 양 민족이 연대한 결사 항전을 촉구했다.

9월 23일 제3차 연합회는 항일구국회가 주최한 각 단체 대표대

회에 한인 대표로 조소앙·김철·김두봉을 파견하여 한중 양국의 반일 연합전선 형성을 역설했다.[42] 또한 임시정부와 연합회는 영향력 있는 상하이의 주요 중국 신문사 기자 10여 명을 초대하여 적극적인 배일원중 선전 활동을 벌였다.[43]

9월 25일 제3차 연합회에서는 민국로 교회당에서 '중한 민족 무력 동맹을 기도하자企圖中韓民族武力同盟', '동북을 침략한 강도 일본을 타도하자打倒佔鎭東北之强盜日本'란 표어를 내걸고 상하이 한인 교민 전체대회를 열었다.

이날 대회에서 조소앙은 다시 한번 9·18사변 후 보인 중국 정부의 외교 교섭에 대해,

중국 측의 가장 저열한 주장은 국제연맹에의 신뢰주의입니다. [중략] 국제연맹은 만주 충돌지대에서 일본과 중국 양국 군대의 동시 철병을 요구하고 있지만 이는 심한 모순입니다. 일본군의 철퇴는 당연하지만 중국군의 철퇴 운운은 그 이유가 없기 때문입니다. [중략] 결국 중국은 중국 자신의 힘으로 일본군을 처치하는 외에는 달리 방법이 없습니다. 이에 중국인은 물론 중국에 있는 200만 우리 동포는 일치 협력하여 우리의 공통의 적인 일본을 타도하기 위해 최후의 혈전을 준비하지 않을 수 없습니다.

라며 열변을 토했다.[44]

이어 대회에서는,

- 한중 양 민족의 연합 촉구
- 동삼성 200만 동포에게 중국 민중과 함께 일본을 배격하도록 통전할 것
- 중국이 일본에 대해 무력 행동을 취하도록 고취할 것
- 한중 양 민족의 국토 광복과 주권 회복을 위한 양국의 동맹군을 조직할 것

등을 결의했다.[45]

1931년 10월 2일 제3차 연합회에서는 지난 9월 25일 교민대회에서 결의한 한중 동맹군 조직 문제를 임시정부에 위임하여 진행하기로 결정했다.[46] 이 결정에 따라 임시정부는 다음 날 조소앙을 임시정부 대표로, 안창호를 연합회 대표로 삼아 "중한 양 민족은 국토를 광복하고 주권을 회복하기 위해 중한 양국의 동맹군을 조직하는 건"을 중국 정부에 청원하려고 난징에 파견했다.[47] 그리고 10월 10일 병인의용대를 중심으로 하여 노병회 간부 이유필·최석순, 교민단 의경대장 김동우, 대원 이수봉·김영호, 상하이 주재 중국 19로군 병공창에 근무 중인 김홍일 등이 군무장 김철의 집에 모여, 한중 동맹군 결성을 전제로 한국의용군상하이총사령부를 설치했다.[48]

그러나 시간이 갈수록 중국국민당 정부의 대일 태도는 임시정부의 기대와는 점점 멀어져 갔다. 평톈奉天을 점령한 일본군은 11월 8일 랴오닝성 진저우錦州를 폭격했고, 11월 9일 헤이룽강黑龍江으로 진격한 일본군은 이곳을 방어하던 국민군 마잔산馬占山부대를 중소 국경 도시인 치치하얼齊齊哈爾 밖으로 밀어냈다.

평톈성을 장악한 뒤 환호하는 일본
관동군. 1931년 9월 19일 새벽(위).
나팔을 불며 치치하얼에 입성하는
일본 관동군 제2사단(아래).

상하이를 비롯한 중국 각지에서는 정부를 향해 즉각적인 파병과
마잔산부대에 대한 원조를 촉구했다. 그러나 중국 당국은 일본군에
대한 항전을 중지시키고[49] 일본군의 진저우 침공에 대해서도 국제
연맹에 '진저우 중립안'을 제시하는 외교 노선을 택했다.[50]

상하이에서는 9·18사변 이후 일제의 침략에 대해 줄곧 외교에 의존하여 미온적으로 대응하는 정부 당국에 대한 각계의 불만이 들끓는 가운데[51] 일제의 만주 침략에 대한 인식과 대응에서 한중 사이의 간극이 더욱 벌어졌다.

한편, 1931년 11월 상하이에서 9·18사변의 공동 대처를 명분으로 난징정부와 광둥정부의 통일을 위한 '남북화평회의'[52]가 열렸다. 이 회의에 반장제스 광둥파인 후한민胡漢民과 왕징웨이汪精衛가 상하이에 왔다. 임시정부는 이들에게 한중 동맹군의 결성과 즉각적인 항전을 기대하고 광둥파와 적극적인 교섭을 벌였다.

안창호는 연합회 회장 자격으로 10월 20일 왕징웨이를 찾아가 한중 합작에 관한 양해를 얻었다. 10월 24일 후한민은 외무장 조소앙을 불러 한인의 항일전 참여 문제에 관해 장시간 회담했다. 이 자리에서 후한민은 중일전쟁이 발발하면 반일 공작을 위해 만주 지리에 밝은 재만在滿 한인의 원조 문제를 제의했다. 조소앙은 이를, 국민당 정부와의 관계 개선뿐 아니라 한중 연합군 조직과 무기 및 자금 원조를 받을 기회로 삼고자 했다.[53] 그러나 임시정부의 이런 노력 역시 별다른 성과를 거두지 못했다.

11월 1일 항일구국회가 남시南市 서문 공공체육장에서 항일구국회 의용군 선서 및 열병식을 거행하면서 한국의용군상하이총사령부의 참가를 요구하여, 이날 병인의용대장 박창세 등 10여 명이 열병식에 참가했다.[54]

같은 날 조소앙은 상하이시 양행화원洋行華員 항일구국회 선전대

42

회에 초청받아 강연을 했다. 그는 일제의 침략에 속수무책인 중국의 현실은 마치 한국의 몰락 전후를 방불케 한다고 하고, "국제연맹은 제국주의 나라의 집단"이라며 중국 당국의 외교 노선을 비판하고, 중국이 동양의 약소민족을 통솔, 대단결하여 일제를 타도하지 않는다면, 우리 한민족이 결사적으로 떨쳐 일어나 중국을 선도할 것이라며 전면적 항일전을 다시 한번 촉구했다.[55]

이런 와중에 일본군이 1932년 1월 28일 상하이를 침략하자(1·28 사변) 상하이 주둔 중국군 19로군과 상하이 시민 및 학생 등이 격렬히 저항했다. 하지만 중국 당국은 무저항주의로 일관했다. 장제스는 반공을 기본 노선으로 하면서 "기본적으로 중국의 군사력이 일본의 군사력에 비교하여 열세에 있다는 현실적 판단에 기초하"여 "중국이 취할 수 있는 유일한 전략으로 국제적 여론에 호소하는 '외교 교섭'을 추진하는 한편, 국내적 통합(공산당 토벌과 지방 세력 통합)을 꾀하면서 전쟁을 장기전으로 유도하여, 전면적 장기전을 위한 군사적·경제적 준비를 하는 이른바 '장기 항전' 전략"을 택했다.[56]

중국 당국의 이런 대일 정책 아래에서 전면적 항일전을 전제로 반일 한중 연대와 한중 동맹군을 조직한다는 임시정부의 대일 전략은 더 이상 설 자리가 없었다.

임시정부는 이제 선택을 해야 했다. 이 전략을 계속 밀고 나갈 것인지, 아니면 다른 길을 모색할 것인지.

김구의 길, 한인애국단

1930년을 전후하여 상하이 정국이 급변하는 가운데 일제가 주목한 임시정부의 인물은 외무장 조소앙, 내무장 김구, 그리고 군무장 김철이었다.[57] 외무장 조소앙은 임시정부와 한독당을 대표하여 중국 국민당 정부, 각 기관 및 단체를 대상으로 대외 활동을 주도할 뿐만 아니라 매 시기 대외적으로 발표하는 각종 성명서 및 선언서 등을 작성한 인물이었다. 반면 내무장 김구는 임시정부의 기초 조직이라고 할 수 있는 교민단 단장과 그 부속 기관인 의경대 대장을 겸임하면서 임시정부의 기초를 다지는 데 힘쓴 인물이었다.

김구가 임시정부의 내무장을 맡고 있던 1929년 5월 임시정부에는 "국무위원들과 10여 명의 의정원 의원 이외에 찾아오는 사람이 없었으니, 당시 일반의 평판과 같이 임시정부는 이름만 있고 실체가 없었"고,[58] "경제적으로는 정부 명의마저 유지할 길이 막연하였"으며 "청사 가옥 대금이 불과 30원, 고용인 월급이 20원을 넘지 않았으나 집세 문제로 집주인에게 종종 소송을 당"할[59] 정도로 침체의 늪에 빠져 있었다. 임시정부의 기초 조직이라고 할 수 있는 교민단마저 유지가 어려운 처지였다.

김구는 교민단이 견고해야 임시정부도 탄탄해질 수 있다는 판단 아래 1929년 8월 29일 스스로 임시정부 내무부 산하의 자치기관인 교민단 단장을 겸임하고 교민단 업무를 혁신하는 데 노력했다. 그는 상하이 한인 동포의 호구 및 자산 조사 등을 실시하여 인구세 징수의 기초를 다시 정비하고, 프랑스 조계 공부국工部局에 청원하여 매년 약간의 보조금을 받았다.[60] 또한 그는 1930년 5월 5일 밀정 감시, 상하이 한인의 풍기 단속 등을 위해 교민단 산하 경찰 기구로 의경대를 창설하고 초대 의경대장도 직접 맡았다.[61]

1930년 11월 김구는 3년마다 국무원을 호선한다는 신임시약헌에 따라 임시정부의 살림살이를 책임지는 재무장이 되었다.[62] 임시정부 일각에서는 재무장이 내무부 산하기관인 교민단의 단장을 겸임하면서 교민단 재정과 임시정부 재정이 구별이 없어지니 교민단이 자치기관인지 독립운동 기관인지 모르겠다며 불만이 터져나오기도 했다.[63] 이런 이유 때문인지 김구는 1931년 11월 교민단 운영을 정무위원제로 바꾸고 단장직에서 물러났다.[64]

이사이 김구는 은밀히 '어떤 사업'을 연구하여 실행할 준비를 하고 있었다. 이른바 그가 말한 '편지 정책'이었다. 그는 미주·하와이·멕시코·쿠바에 살고 있는 동포들에게 "사정을 알리고 정부에 성금을 바치게 할 계획을 세우고"[65] 곧바로 실행에 옮겼다.

불행히도 내가 영어에 문외한이라 손수 편지 겉봉도 쓸 수 없었고, 또한 그곳 동포들 중 몇 사람의 친지가 있으나 주소도 알 수 없는 지경이었다. 다행히 엄항섭·안공근 등의 도움으로 몇 사람의 주소와 성명을 알아내어 임시정부의 현 상황을 극진히 설명하여 동정을 구하는 편지를 쓰고, 엄 군이나 안 군에게 겉봉을 쓰게 하여 우송하는 것이 내 유일한 사무였다.[66]

김구는 이 '편지 정책'을 언제부터 실행했을까?

김구는 이와 관련하여,

> 침체된 국면을 타개할 목적으로 한편으로는 미국·하와이 동포에게 편지
> 하여 금전의 후원을 부탁하고, 다른 한편으로는 철혈남아들을 물색하여
> 테러(암살·파괴) 운동을 계획하던 때 『백범일지』 상권을 기술하였다.

라고 했다.[67] 김구가 『백범일지』 상권의 집필을 끝낸 때가 1929년 5
월 3일이니, 그가 미주 등지의 동포들에게 편지를 보내기 시작한 것
은 이 무렵부터이다.

그런데 김구를 도와 편지의 주소를 영문으로 쓰고 부친 이가 엄
항섭과 안공근인데, 안공근이 김구와 함께 활동하기 시작한 것은 그
가 한독당 창당에 참여한 이후이다.[68] 한독당을 창당한 때는 1930년
1월 25일이고, 이때는 김구가 내무장을 맡고 있던 시절이다. 미주
동포에게 재정적 도움을 요청하는 일은 재무부 소관이므로, 그가 이
일을 한 때는 재무장에 임명된 1930년 11월 이후로 보는 것이 합리
적이다.

이 일은 임시정부의 재정과 관련이 있기 때문에, 따라서 그가 임
시정부의 재무장과 교민단장을 겸임하던 시기였던 1930년 11월에
서 이듬해 11월까지 약 1년 사이로 보는 것이 타당하다.[69] 김구가 이
글을 언급한 시기는 『백범일지』 상권을 기술한 지 14년이 지난 1944
년의 기억이기 때문에 시기를 착각했을 가능성이 높다.

그러면 김구는 미주 동포들이 보내준 돈으로 무엇을 하려 했을까? 그가 하와이 동포 안창호·임성우 등과 주고받은 편지에서 '편지 정책'에 대한 그의 의중을 짐작할 수 있다.[70]

"당신 생각에 무슨 사업을 하고 싶은가? 우리 민족에게 큰 도움이 되는 일이라면 돈을 주선하겠다."

나는 다음과 같이 회답하였다.

"무슨 사업을 하겠다고 말할 필요는 없으나 간절히 하고 싶은 일이 있으니, 조용히 돈을 모아 두었다가 보내라는 통지가 있을 때 보내라."

하였더니, "그리 하겠다"는 회신이 왔다.

나는 그때부터 민족의 생색될 일이 무엇이며, 내가 그런 일을 할 수 있을까 연구하기 시작하였다.

김구가 말한 '간절히 하고 싶은 일', '민족의 생색될 일'이란 구체적으로 무엇이고, 이런 일을 구체화하기 시작한 것은 언제쯤일까?

이에 대해서는 김구가 교민단에서 이봉창을 만난 과정에서 짐작할 수 있다. 교민단을 찾아온 이봉창이 교민단 직원들에게,

"내게 지금 폭탄이 있다면 쉽게 [일본 왕을] 죽일 수 있지 않을까 싶습니다."

라고 했는데, 김구가 이 얘기를 들은 것이다.

그는 그날 밤 곧바로 이봉창이 묵고 있는 여관으로 찾아갔다. 이봉창이, "이제는 영원한 쾌락을 얻기 위하여 우리 독립 사업에 헌신

하고자” 한다며 지도를 청하자, 김구는 그의 뜻을 쾌히 승낙하고, 지금은 정부의 형편이 궁핍하니 “1년 이내에 군의 행동을 위한 준비를 해 주겠소.” 하고 말했다.[71]

이봉창은 훗날 재판 과정에서, 김구와 이런 얘기를 처음 나눈 때는 1931년 4월 말이고, 김구와 다시 만나 자기가 ‘일본 왕을 폭살’할 자신이 있다고 말한 때는 5월 말경이며, 이때 김구는 폭탄을 입수하면 알려주겠다고 했다는 진술을 했다.

그리고 9월 중순 김구는 “자네가 결심하면 폭탄·여비 마련이 가능하다.”라며 다시 한번 이봉창의 의사를 확인했다고 한다.[72]

『백범일지』와 이봉창의 진술을 종합하면, 김구가 말한 ‘간절히 하고 싶은 일’, ‘민족의 생색될 일’이란 곧 ‘일본 왕 폭살’과 같은 의열 투쟁이었다.

김구는 “침체된 국면을 타개할” 새로운 운동을 은밀히 구상하고 준비해 오던 중 1931년 5월을 전후하여 이봉창을 만나면서 그 실행을 본격화하게 된 것이다.

그런데 김구의 이 같은 투쟁 방법은 이 무렵 임시정부가 대외적으로 내세웠던 항일 노선과는 결이 달랐다.

당시 임시정부에서는 ‘만보산사건’ 이후 만주의 동포를 기반으로 반일 한중 연대와 한중 동맹군 조직에 온 힘을 쏟고 있었다. 이 노선은 9·18사변 이후 더욱 강화되었고, 중국 당국의 무성의에도 불구하고 임시정부는 한중 동맹군 조직을 전제로 한국의용군상하이총사령부를 조직하고, 1931년 11월 7일에는 장래 한중 동맹군 조직과 작

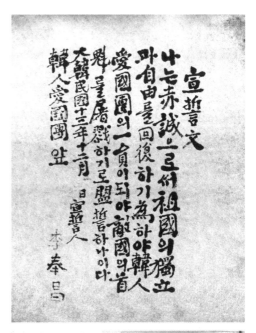

"한인애국단의 일원이 되어 적국의 수괴를 도륙하기로 맹서"한 이봉창의 선서문(위)과 선서문 작성 후 태극기 앞에서 찍은 기념사진(아래). 1931. 12. 13.

전계획 등을 위해 윤기섭을 위원장으로 하는 군사위원회까지 조직
했다.[73]

임시정부의 이 같은 항일 노선은 당시 임시정부 및 한독당의 이
론가이자 전략가였던 조소앙의 구상이나 마찬가지였다. 조소앙은
1931년 1월 작성한 「한국독립당의 근상近像」이란 글에서,

첫째는 민중이 주축이 된 반일운동이며, 다른 하나는 무력적 파괴 운동
이다. 독립당의 기본적인 방침은 이 두 가지를 병행하여 국권회복운동을
진행하는 것.

이라고[74] 했듯이, 그는 '무력적 파괴 운동' 즉 동삼성의 200만 동포
를 주력군으로 한 한중 동맹군의 조직과 전면적 항일전을 일관되게
주장했다.

항일 노선에 대한 김구와 조소앙의 간극은, 9·18사변 이후 중국
당국이 일제 침략에 대해 전면적 항전 대신 무저항주의와 외교 교섭
에 매달림으로써, 사실상 한중 연대의 희망이 사라지면서 나타나기
시작했다.

김구가 한인애국단을 조직하게 된 이유로, "1년 전부터 우리 임
시정부에서는 운동이 매우 침체한즉, 군사 공작을 못 한다면 테러
공작이라도 하는 것이 절대 필요하게 되었다."라고[75] 했듯이, '행동
파'인 그는 한중 연대와 한중 동맹군 조직이 사실상 불가능하다고
판단하고, 오히려 독립운동에 새로운 활력을 불어넣을 의열 투쟁을

고심했다. 반면 '지략가'인 조소앙은 격화하는 중일 관계와 국제 정세 등을 감안한 장기적 관점에서 독립을 위한 실질적 방법은 한중 연대와 한중 동맹군 조직이라고 주장한 것이다.

한편 김구는 한인애국단을 조직하게 된 경위에 대해 다음과 같이 회고했다.[76]

상하이의 길거리에서도 중한 노동자들 간에 종종 충돌이 일어나던 때, 나는 정부 국무회의에서 한인애국단을 조직하여 암살·파괴 등의 공작을 실행하게 되었다. 공작에 사용하는 돈과 인물의 출처에 대해서는 일체의 전권을 위임받았고, 다만 성공·실패의 결과는 보고하라는 특권을 얻었다.

구체적인 시기는 언급이 없지만, 김구는 자신의 구상에 대해 국무회의 동의를 얻어 전권을 위임받았다고 했다.

일제가 이와 관련하여 파악한 정보에 따르면, 1931년 9·18사변 후 임시정부에서는 여러 차례 국무회의를 열고 협의한 결과 임시정부가 점점 쇠퇴하는 것을 만회하려고, 중국 민중의 항일 기세가 오른 것을 기회로 중국 측으로부터 자금을 받아 테러 공작을 감행키 위하여 특무대라는 기관을 설치하고, 그해 11월경 김구에게 테러 공작 일체를 일임했다거나,[77] "이동녕·조완구·조소앙·김철·김구는 임시정부 국무회의를 개최한 후 일본에 대한 공포의 암살 파괴 운동 결행을 결의하고, 실행 기관으로서 김구를 책임자로 하는 특무 기관을 설치했"다고 했다.[78]

일제는 이 정보를 모두 상하이한인청년당 이사장 김석金晳을 신문하면서 얻어냈다. 김석은 특무대를 조직하게 된 배경으로 "조만간 베이징을 여행할 예정인 우치다 고사이內田康哉 남만주철도(이하 '만철') 총재를 암살하기로 하고, 김구를 특무대 대장으로 임명"했다고 했다.[79] 우치다는 1931년 9월에 만철 총재에 취임했고, 그가 베이징 여행을 계획한 때가 10월이니,[80] 그의 진술이 사실이라면 국무회의에서 특무대 설치를 결정한 직접적 계기는 만철 총재의 암살이었다.[81]

이상을 종합해 보면, 김구는 침체된 임시정부의 활로를 새로이 개척할 목적으로 1931년 5월을 전후하여 '민족의 생색될 일'을 은밀히 준비해 왔고, 10월 우치다 만철 총재 암살 계획을 계기로 국무회의에서 특무대의 전권을 위임받았다. 이 계획은 우치다의 베이징 여행이 취소됨으로써 실행하지 못했다. 하지만, 김구는 이봉창이 상하이를 출발하기 직전인 1931년 12월 12일에 가진 선서식에서 한인애국단이란 특무대의 정식 명칭을 공식적으로 사용했다.[82] 이때 단원이 이봉창 1인인 점에서 한인애국단은 항시적 조직이 아니라 특무 활동의 필요에 따라 단원을 개별적으로 은밀히 확보하는 비밀결사였다.

그런데 이 과정에서 김구는 조소앙과 미묘한 갈등을 겪었다. 김석의 신문조서에 따르면, 국무회의에서 특무대 설치를 결정한 뒤 조소앙은 특무대의 명칭을 의생단義生團으로 하고 강령과 규약을 작성하여 김구에게 주었는데, 김구가 안공근의 집에서 낮잠을 자던 중

어린아이가 그것을 파기하여 강령과 규약도 없이 추진했다는 것이다.[83]

또한 1931년 11월 상순 조소앙이 중국국민당 중앙당부 조직부장 천리푸陳立夫에게서 5,000불의 활동 자금을 얻어 반을 김구에게 주고, 나머지를 박창세·김철과 합의하에 12월 중순경 의경대원 노종균·이덕주·유상근·이수봉 등을 규합하여 한국의용군을 조직하는 데 쓰기로 한 뒤 임시정부의 승인을 요청했으나 김구 등이 강력히 반대했다고 한다. 이 일로 김구와 조소앙이 서로 대립하게 되었다는 것이다.[84]

반대로 조소앙과 김철은 12월 6일 국무회의에서 김구가 이봉창의 도쿄 의거를 제의했을 때, "헛되이 경비를 요할 뿐으로, 성공은 믿을 수 없다."라며 반대했다.[85] 1932년 4월 26일 김구가 국무회의에서 윤봉길의 홍커우공원 의거를 제의했을 때도 역시 조소앙은, "현재 일본 육군이 상하이에 주둔 중인 때인 만치 이 일을 한국인이 결행한다면 한국인은 상하이에 거주할 수 없게 될 것이다."라며 반대했다.[86]

조소앙은 왜 김구가 추진하려는 이봉창·윤봉길 의거를 반대했을까? 아마도 조소앙은 김구의 계획이 성공할 가능성에 의문이 들었을 것이다. 특히 윤봉길 의거의 경우 김구가 "윤봉길은 결행 후 자살케 할 것이므로 한국인의 소위임이 발각될 리 없다."고 했는데도 조소앙이 "그래서는 한국인이 상해에 거주할 수 없게 된다."고[87] 반대했듯이, 만약 윤봉길의 정체가 드러날 경우 이 사건이 상하이 한인

'이봉창의 일황 저격 사건'에 관한 한국독립당의 선언문. 1932. 1. 10.

사회와 임시정부에 미칠 부정적 영향, 즉 1919년 4월 이래 임시정부의 터전이자 해외 독립운동의 중요한 터전을 상실할 것을 우려했던 것이다.

이런 이유와 함께 조소앙은 이 일로 자신이 중심이 되어 9·18사변 이후 추진해 온 한중 연대와 한중 동맹군 조직이라는 장기적 항일 노선이 물거품이 될 수 있다는 우려 때문에 김구의 계획을 반대했던 것은 아닐까?

한편 이봉창 의거 이후 임시정부에서는 국무회의를 열고 대책 협의를 한 후 이봉창 의거를 한독당의 사업으로 성명하기로 결정하고, 1932년 1월 10일 자의 「한국독립당 선언-이봉창의 일황 저격 사건에 대하여」라는 한독당 명의의 선언서를 발표했다. 선언서에서는,

> 한국독립당은 이번 이봉창의 일황 저격 사건을 한국 민족과 독립운동자의 입장에서 그 전후 인과관계를 밝힌다.

고 공포함으로써[88] 이봉창 의거의 배후가 한독당임을 세상에 알렸다.

그런데 김구는 1932년 5월 10일 윤봉길 의거 이후 그 전모를 공개한 「한인애국단의 선언」에서 "한인애국단은 전적으로 내 손에 의해 조직된 단체"라고 선언했다.[89] 이 선언은 이후 중국 당국과 각 단체들이 한인애국단을 김구 개인의 조직으로 인식하는 중요한 계기가 되었다.

2. 의열 투쟁으로

우가키 조선 총독 암살 계획

김구는 미주 동포들에게 호소하여 상당한 독립 자금을 마련했고, 국무회의에서 특무 활동에 대한 전권도 위임받았다. 그는 한 번의 타격으로 일제를 궁지에 몰아넣고 동시에 한인의 독립 의지와 독립 문제를 세계에 환기시킬 방안으로 일본 제국주의의 상징인 일본 왕을 폭살하기로 했다.

1932년 1월 8일 오전 11시 44분, 히로히토裕仁 일왕이 만주 침략의 성공을 축하하는 신년 관병식觀兵式을 참관하고 일본제국주의의 심장 도쿄 한복판인 사쿠라다문櫻田門 근처에 이르렀다. 이때 일왕을 보려고 길 양쪽에 늘어선 환영 인파 속에 있던 이봉창이 수류탄 한 발을 힘껏 던졌다. "꽝!" 하는 폭음과 함께 수류탄이 터졌지만, 아쉽

의거 직후 도쿄 경시청에 연행되어 조사실로 끌려가는 이봉창(위)과 경시청 앞
에서 의거 현장을 검증하는 일본 경찰들(아래). 1932. 1. 8.

게도 일왕의 마차를 빗나가고 궁내대신의 마차가 뒤집어졌다. 아수
라장 속에서 히로히토는 목숨을 건졌지만 이 한 발의 수류탄은 일본
열도에 큰 충격을 주었다. 이봉창 의거는 실패했지만 일제의 간담을
서늘하게 하기에 충분했다.

　다음 날 중국국민당 기관지인 칭다오靑島의『민국일보』에서 이 사

건을 보도하면서 "불행히도 맞히지 못했다不幸不中"라고 평하며 이봉창 의거에 경의를 표했다. 이날 칭다오 일본 영사는 『민국일보』의 기사가 매우 '불경스러운' 표현이라며 칭다오시 정부에 강력히 항의했다. 1월 12일에는 이곳의 일본인들이 시정부에 몰려가 불을 지르고 이어 민국일보사에도 몰려가 난동을 부렸다.[90]

김구는 청년 이봉창의 고귀한 희생을 안타까워하면서 "천황을 죽이지 못한 사실이 극히 불쾌하였"지만 "우리 한인이 일본의 신성불가침인 천황을 죽이려 했으며, 이것은 한인이 일본에 동화되지 않은 것을 세계만방에 확실히 보여 주는 증명"이었다는[91] 주변의 위로에 만족해야 했다.

이봉창 의거가 있은 지 얼마 뒤인 1월 28일 일제가 상하이를 침략하자 "우리 민족에게 영광될 만한 사업을 강구하는 이들이 있었다." 김구는 이들 중 몇 명을 선발하여 일본군 밑에서 노동자로 일하도록 하고 일본군의 폭탄 창고와 비행기 격납고를 폭파할 계획을 세웠으나, 중국과 일본 사이에 협정이 체결되어 무산되고 말았다.[92]

김구는 또 다른 계획을 세웠다. 그는 일본 왕의 폭살에 이어 조선 총독과 타이완 총독을 동시에 암살할 계획이었다. 이 계획은 실행하지 못했지만,[93] 곧이어 조선 총독 암살 계획을 다시 추진했다.

1932년 3월 19일, 공부를 하겠다며 이태 전에 홀연히 상하이로 떠났던 22세 청년 이덕주李德柱가 황해도 신천군 고향 집에 나타났다. 그는 상하이의 정국이 불안하여 공부를 할 수 없어 돌아왔다고 주변에 둘러댔다. 하지만 신천경찰서에서는 해외 독립운동의 책원

지인 상하이에서 온 그의 말을 곧이곧대로 믿지 않고 그를 예의 주시했다.[94]

이덕주는 황해도 신천읍에서 1909년 1월 2일에 태어났다. 여섯 살에 보통학교에 입학했고, 열두 살 때 해주고등보통학교에 입학해서 서울 양정고등보통학교로 전학했다. 열일곱 살에 과수원에서, 열아홉 살 때는 목재상에서 일하다가 스물두 살이 되던 1930년 4월에 상하이로 갔다.[95]

당시 상하이에 오는 한인 대다수가 프랑스 조계에 있던 교민단을 찾았듯이, 이곳에 아무런 연고가 없던 이덕주 역시 교민단을 먼저 찾았을 것이다. 이봉창이나 윤봉길도 교민단을 찾아간 것이 당시 교민단 단장인 김구와 인연을 맺는 계기가 되었듯이, 이덕주 역시 마찬가지였다.

김구를 만난 이덕주는 이름을 서이균徐利均으로 바꾸고, 1930년 7월 상하이의 민족주의 계열 청년들이 조직한 상하이한인독립운동청년동맹에 참여하여 집행위원으로,[96] 11월에는 교민단 의경대원으로 활동했다.[97] 이듬해 9월 일제의 만주 침략에 맞서 반일 한중 연대를 목적으로 조직한 제3차 상하이한인각단체연합회에 상하이한인독립운동청년동맹 대표로 참여하여 연합회의 상임 집행위원에 선출되었다.[98] 11월에는 의경대원을 사임하고[99] 교민단 단장인 김구 밑에서 서기로 일했다.[100]

한편 유진만柳鎭萬은 1912년 6월 16일 경기도 광주군에서 태어났다. 얼마 뒤 집이 충남 공주로 이사하여 그곳에서 자랐다. 다섯 살

때 아버지를 여읜 그는 조치원에서 공립보통학교를 졸업하고 서울로 올라와 경성고학당에 입학했다. 그러나 약 1년 반 만에 고학당이 해산하게 되어 부득이 학업을 중단했다.[101] 그는 열여덟 살 때 일본으로 건너가 와세다대학早稻田大學에 들어갔다. 이듬해 귀국 후 1931년 9월 청주의 '적우연맹赤友聯盟 비밀결사사건'으로 일제의 검거를 피해 11월 상하이로 건너갔다.[102] 유진만 역시 교민단을 찾아가 단장 김구를 만났을 것이다. 그는 곧바로 상하이한인독립운동청년동맹에 가입하여 활동했다.

이렇게 김구와 인연을 맺은 두 청년은 1932년 1월, 상하이한인독립운동청년동맹을 해체하고 새로이 조직한 상하이한인청년당에 참여하여 이사로 선출되어 활동했다.[103]

김구는 1932년 3월 이덕주를 은밀히 찾아가 현재 임시정부의 사정을 상세히 설명하고,

"중국과 일본 사이의 정국이 급변하는 지금 우리의 독립 요망을 세계 각국에 알리고 독립 자금의 조달을 쉽게 하려면 조선 총독의 암살이 필요하다."

라고 설명하며 그의 의사를 타진했다.

이덕주는 김구의 요청에 한 치의 망설임도 없이 흔쾌히 응했다. 그는 김구에게서 권총 한 자루와 탄환 92발, 그리고 여비 120원을 받고, 3월 10일 상하이를 출발하여 19일 고향에 도착했다. 그러나 국내 상황은 만만치 않았다. 이봉창 의거로 이미 혼이 난 일제는 경계와 감시를 매우 엄중히 했다. 그는 혼자서는 임무를 수행할 수 없

上海에서歸來한
青年數名檢擧
사건 내용은 중대 한듯
信川署突然大活動

【신천】 황해도신천경찰서(信川署)에서는 약 일 개월전부터긴 장한비상출동이 일어 얼마전 상해
(上海)에서돌아온 신천면사직리(社稷里)리덕주(李德柱)와두 리봉주(李奉柱)등을 검거하는 일방 그의 가택을 엄밀수색하얏다는데 사건내용은 경찰의절대비밀에부침으로 알길이업스나 아직까지 석방치안코 조하는것을 보면 자못 중대한다.
고한다.

이덕주 등 검거 기사. 『동아일보』, 1932. 5. 18. 얼마 전 상하이에서 온 이덕주 등을 검거하고 가택을 수색했으며, 경찰이 사건 내용은 절대 비밀에 부쳤다고 보도했다.

다고 판단하고 김구에게 동지를 파견해 달라는 편지를 보냈다.[104]

이 무렵 상하이한인청년당에서 함께 활동했던 유진만은 한독당 간부를 찾아가, "국내 대중에게 민족의식을 보급할 전국적 비밀결사를 조직하는 것이 국내를 대폭 동화시킬 가장 실현 가능한 방법이다."라며, 이를 위해 국내에 들어가겠다는 의사를 밝혔다.

유진만의 제의를 들은 한독당 간부는 1932년 3월 26일 열린 임시정부 국무회의에서 유진만을 한독당 특별당원으로 가입시키고, 민족주의 선전과 대중 폭동 준비를 위해 국내에 파견하기로 결정했다.

이튿날 임시정부 군무장 김철은 유진만에게 군무부 특무원 임명장을 주었다. 이때 김구는 유진만에게 이덕주를 도와줄 것을 지시했다. 그는 4월 2일 상하이에서 중국 기선 주산환舟山丸을 타고 톈진으로 가서 기차를 이용하여 안둥, 신의주를 거쳐 4월 9일 신천에 도착했다.[105]

이날 노원일로 이름을 바꾼 유진만은 신천여관에 자리를 잡고 은밀히 이덕주에게 연락하여 만났다. 하지만 유진만은 이덕주와 함께 곧바로 신천의 일본 경찰에게 체포되었고, 신문한 결과 우가키 가즈시게宇垣一成 조선 총독 암살을 위해 김구가 파견한 한인애국단원임이 드러나고 말았다.

일제는 1932년 5월 18일 사건 내용을 구체적으로 밝히지 않은 채 신천경찰서에서 이덕주 등 상하이에서 돌아온 청년들을 검거하여 수사하고 있다고 발표함으로써 이 사건이 세상에 알려졌다.[106] 윤봉길 의거 후 상하이에 은신해 있던 김구도 아마 이 보도를 통해 이덕주·유진만의 조선 총독 암살 계획이 실패한 것을 알았을 것이다.

국제연맹조사단 앞에서 일제 요인들을 암살하라

김구는 이덕주와 유진만에게 조선 총독 암살 지령을 내리고 국내에 파견하기 전, 이봉창 의거에 연이은 또 다른 사업을 계획하고 있었다.

1932년 2월 10일경, 22세의 청년 최흥식崔興植은 당시 임시정부 법무장인 이동녕으로부터 만주의 일본 요인을 암살하라는 명을 받았으나, 그는 이미 김구에게서 조선 총독을 암살하라는 의뢰를 받고 안공근의 집에서 한인애국단에 가입하고 선서 사진까지 찍었다고 했다.[107]

한편 최흥식과 동갑내기인 유상근柳相根 역시 이 무렵 김구로부터 타이완 총독 암살 지령을 받았다. 상하이한인청년당 이사장 김석의 재판 기록에 따르면, 유상근은 김구의 명을 받고 장쑤성江蘇省 류허현柳河縣에서 폭탄 투척과 권총 사격 연습을 하고, 1932년 2월 중순경 상하이로 돌아왔다. 그는 얼마 뒤 타이완 총독을 암살하라는 김구의 지령을 받고, 2월 27일 타이완에 가려고 광둥으로 떠났다. 유상근이 한인애국단에 가입하면서 작성한 이력서를 보면, 2월 24일 "한인애국단의 특종 명령을 받고 모처로 향한다."고 했다.[108] 이 '특종 명령'이 곧 타이완 총독 암살이고, 모처는 곧 타이완이었다.

그런데 3월 중순경 김석은 상하이의 어느 길에서 우연히 유상근을 만났다. 타이완에 있어야 할 유상근은,

"광둥에서 중국 측 관헌이 공산당원에 대한 수색을 엄중히 하기 때문에 위험하여 타이완에 갈 기회를 얻지 못하고 부득이 상하이로 돌아왔소."
라고 말했다.[109]

김구는 이봉창 의거에 이어 일제에게 보다 확실한 충격을 주려고 두 식민지의 우두머리인 조선 총독과 타이완 총독을 동시에 암살하려고 했지만 결국 실행하지 못했다. 김구가 조선 총독 암살을 목적으로 이덕주와 유진만을 국내에 파견한 것은, 최흥식이 이 일을 머뭇거리는 바람에 이를 대신하여 추진했던 것 같다.[110]

최흥식은 1911년생으로, 서울에서 태어났다. 늙은 부친의 서자로 태어나 형 집에서 지냈으나 서자라 하여 학대를 받았다. 가세가 기

울어 열네 살 때 집을 나와 행상 등을 하면서 갖은 고생을 하던 그는, 나라 밖으로 나가 독립운동을 하겠다는 결심을 하고, 1931년 4월에 집을 나와 11월에 상하이에 도착했다.[111] 그는 12월에 김구의 소개로 말총모자를 만드는 동포 박진의 종품纂品 공장에 취업했다. 이 공장은 윤봉길이 한때 일했던 회사였다. 최흥식 역시 1932년 1월 조직된 상하이한인청년당에서 활동했다.

유상근은 1911년 강원도 통천군에서 태어났다. 통천공립보통학교 4학년인 열네 살 때 만주 지린성 옌지현延吉縣으로 이사 와서 여러 곳을 전전하다가, 열여섯 살 때 룽징의 동흥중학東興中學을 1년간 다녔다. 스무 살 때인 1930년 하얼빈으로 갔다가 생활이 여의치 않자 상하이에 와서 김구의 소개로 전차회사의 검표원으로 9개월간 근무했다. 이후 홍콩·광둥 등지를 돌며 인삼장사를 하다가 실패한 뒤 다시 상하이로 돌아와 교민단 의경대원이 되었고, 1932년 1월 상하이한인청년당 조직에 주도적으로 참여했다.[112]

김구가 이덕주와 유진만을 국내에 파견한 뒤 초조하게 조선 총독 암살 소식을 기다리는 사이 그의 눈을 번쩍 뜨이게 하는 소식이 들려왔다. 영국의 리턴Lord Lytton 경을 수반으로 하는 국제연맹조사단이 중국국민당 정부가 국제연맹에 제소한 9·18사변을 조사하려고 1932년 4월부터 만주에서 활동을 시작한다는 소식이었다. 김구가 생각하기에 이 소식은 다시 한번 일제의 침략성을 폭로하고 한국의 독립 문제를 세계에 알릴 수 있는 기회라고 판단했다.

김구의 계획은 이러했다. 국제연맹조사단이 조사를 위해 만주의 주요 도시를 방문하면 만주의 주요 일본 군인과 정부 요인이 그들과 함께할 것이니, 그때 기회를 보아 이들을 암살하거나 폭살한다는 계획이었다.

김구는 이 임무를 최흥식과 유상근에게 맡겼다. 1932년 3월 24, 25일경 김구는 두 청년과 함께 패특로 신천상리 20호 안공근의 집으로 가서, 한인애국단원 선서식을 갖고 사진 촬영 후 부근 중국 음식점에서 송별회를 가졌다.

최흥식은 3월 27일 다롄으로 출발하여 그곳에 있는 한인어부조합 내 김정순金正順의 집에 거처를 정했다. 유상근은 먼저 출발한 최흥식과 함께 행동하라는 지령을 받은 뒤 4월 27일 다롄으로 떠났다. 유상근은 다롄에 있는 만철 사원 모 한국인의 만철기숙사에 잠복했다. 그리고 김구는 얼마 뒤 이성원李盛元·이성발李盛發 형제를 시켜 거사에 사용할 폭탄과 권총을 유상근에게 보냈다.[113]

다롄에 먼저 도착한 최흥식은 국제연맹조사단이 지나갈 펑톈과 창춘, 하얼빈 등지를 다니면서 각 지방의 경비 상황을 조사하며 때를 기다렸다. 뒤이어 유상근이 도착하자 두 청년은 비밀리에 서로 연락을 취하며 1932년 5월 26일 저녁 7시 40분에 거사하기로 결정했다. 이날 국제연맹조사단이 펑톈을 출발하여 다롄역에 도착하면 관동군사령관 혼조 시게루本庄繁, 관동청장관 야마오카 만노스케山岡萬之助, 남만철도 총재 우치다 고사이內田康哉 등 다수의 일본 군·정 요인이 역에 마중 나올 것으로 예상했다. 만약 이 계획이 실패하면 국제연맹조사단이 돌아가는 5월 30일 오전 다롄역에서 다시 시도하

한인애국단원 선서식 직후 태극기 앞에서 기념촬영을 한 유상근(왼쪽)과 최흥식(오른쪽).

기로 결의했다.[114]

최흥식과 유상근 두 청년은 거사일만 다가오기를 손꼽아 기다렸으나 전혀 예기치 못한 일로 체포되고 말았다.

최흥식이 5월 1일 다롄전신국에서 "부족한 70원을 발송하라"고 김구에게 보낸 전보가 발단이 되었다. 상하이로 오는 우편물을 검열하던 상하이 일본 총영사관은 5월 19일 상하이 일본전신국 게시판에서 배달할 수 없는 전보 가운데 수취인이 '법계 패륵로 신천상리 20호 곽윤郭潤'이라 쓴 전보를 발견했다.[115] 이 주소는 김구가 상하이의 비밀 통신 연락소로 이용하던 안공근의 집 주소였고, 전보에 발신인은 없으나 발신처는 5월 1일 자 다롄전신국이었다. 당시 김구와 안공근은 상하이 YMCA 주사였던 '아들 피치'의 집에 은신해 있었기 때문에 최흥식의 전보를 확인하지 못했던 것으로 보인다.

이 전보를 수상히 여긴 상하이 일본 총영사관에서는 1932년 5월 20일 발신인의 수사, 체포를 관동청에 요청했다. 관동청에서 면밀히 조사한 결과 발신인이 최흥식임을 알아내고, 5월 24일 은신처인 김정순의 집에서 그를 체포하고, 다음 날 유상근과 이성원·이성발 형제를 차례로 검거했다.[116] 이로써 국제연맹조사단의 눈앞에서 동양 평화를 파괴한 일본 당국의 주요 요인을 응징하려던 거사는 실패로 끝나고 말았다.

그런데 일제 당국은 여느 때와는 달리 최흥식·유상근 등의 검거 사실을 곧바로 발표하지 않았다. 상하이 일본 총영사관과 관동청은 이들의 체포 사실을 숨긴 채, 최흥식에게 김구와 계속 위장 통신을 하게 하여 김구의 소재 파악과 체포에 이용하려는 공작을 꾸몄다. 실제로 관동청에 체포된 최흥식은 1932년 5월 28일 김구에게 편지를 보냈다.[117]

선생님 앞

오랫동안 소식 몰라 지금 합니다.

삼가 묻건대

선생님께서는 기력 안녕하시고 만사 별고 없사온지요. 소생은 별고 없사오니 안심하여 주시옵소서. 일전에 송금하신 200원은 영수하여 가지고

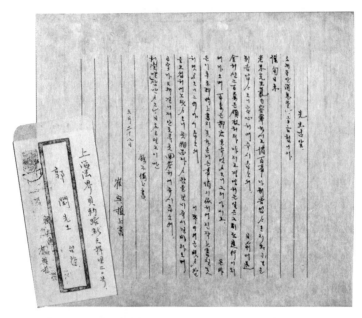

최흥식이 김구에게 보낸 편지.

경영하는 일은 그대로 진행이 되어 가오며, 100원은 유 군[유상근]에게 주었사오니 그리 아시고 돈 받은 이후로 즉시 글을 올리지 못한 것은 사정에 의하여 진작 글을 올리질 못하였사오니 그리 아시옵소서. 이쪽에서는 뱃사람을 교섭하여 놓았사오니 곧 물품과 사람을 보내 주시길 바라오며 일자가 오래 걸리지 않도록 곧 회답하여 주시옵소서.

할 말씀 많사오나 월초로 미루고 이만 줄이겠습니다.

5월 28일

최흥식 상서

김구는 최흥식 등이 체포된 사실을 까맣게 모른 채 5월 30일 아래와 같은 답장을 보냈다.[118]

홍식 군에게

그간 상하이는 일대 수라장이 되어 출입이 극히 불편하며 교통은 단절되고 상업은 부진이나 그곳에서라면 영업이 되지 않을까 생각하여 일본 돈 300원을 보내니 소매상이라도 경영하였으면 하는데, 돈을 받았는지 못받았는지 답장을 보내 주지 않으니 걱정하고 있다. 상품은 자네가 장사를 시작할 계획을 세워 통지하든지 혹은 상하이까지 와서 가져가든지 형편이 좋을 대로 하라. 나는 이번 전쟁하에서 투기 영업을 하여 크게 성공하였다. 지금부터는 좀 더 대규모의 영업을 경영 중이나 자네들이 장사를 개시하면 상하이 쪽도 큰 신용이 있을 것이다. 무엇이든 생각대로 잘해 보아라. 반드시 신용에 중점을 두지 않으면 안 된다.

5월 30일

곽생郭生

김구가 편지에서 말한 '상하이는 일대 수라장'은 윤봉길 의거를, '상업' 내지 '소매상 경영'은 거사 준비를, '상품'은 거사에 사용할 폭탄과 권총을 뜻하고, '자네들이 장사를 개시하면 … 두지 않으면 안 된다.'는 거사를 하면 자신도 신용을 얻어 군자금이나 폭탄 등을 쉽게 구할 수 있으니 꼭 거사를 성공해 달라는 의미였다.

그런데 일제는 곧바로 최흥식의 위장 통신 공작을 포기했다. 그

調査團一行○次
○人大連潜入
일본처지를 곤란케하고저
國際的大陰謀發覺

【大連二十九日發電報聯合】滿二十四日 모처에서 檢擧된○○지 칠일에서 조사국어 불온행동을 상해문란사건 련두에 ○인 二명이 도로 안회시킬 필사 대원으로상 三十六일 때렸어오른 렁영조사 해방면의 육박긔긔서상○○시 하면 목하대 활동을 계속하고잇는 단(警團調査團)을 암살하야 미증유으로 엄중하다 한 수단으로준비되어 일본 외출○

다롄에서 폭탄을 소지한 조선 청년들이 체포되었다는 『동아일보』 1932년 5월 31일 자 기사.

이유는, 이름은 보도되지 않았지만, 1932년 5월 31일 국내 신문에 '다롄에서 폭탄을 소지한 조선 청년들이 체포되었다.'는 사실이 보도되어, 김구가 이들의 체포 사실을 알게 되었을 것이라고 판단했기 때문이다.[119]

대신 일제는 "국제연맹조사단을 암살하여 일본이 국제적으로 불리한 국면에 빠지게 하려던 음모"가 있었다며,[120] 1932년 7월 초 뒤늦게 두 청년의 체포 사실을 발표했다.

일제는 위장 통신 공작을 포기한 대신 최흥식 등을 국제연맹조사단을 암살하여 조사를 방해하려는 일개 테러리스트로 조작하여 독립운동을 폄훼하는 한편, 한국의 독립 문제가 세상에 알려지는 것을 차단하고자 했다.

이에 김구는 1932년 8월 10일 다음과 같은 「다롄 작탄炸彈 사건의 진상」을 발표하여, 일제의 수작을 정면으로 반박했다.[121]

최, 유[최흥식, 유상근] 두 의사의 사명은 동북을 침략하는 적의 우두머리 즉 관동군사령관 혼조 시게루, 남만철도 총재 우치다 고사이, 관동청장관 야마오카 만노스케 등을 죽이려 함에 있었고, 결코 국제연맹조사단에 해를 가하자는 것은 아니다.

김구가 이봉창 의거 이후 연이어 계획한 암살 공작이 안타깝게도 모두 실패했지만, 일제의 간담을 서늘하게 하고, 나아가 일본군의 만주 침략에 분노하던 중국인들에게 한인의 독립 의지를 각인시키기에 충분했다.

3. 상하이를
탈출하다

아찔했던 한순간

김구는 이봉창 의거 이후 조선 총독 등을 암살할 목적으로 국내와 다롄 등지로 한인애국단원을 보낸 뒤에도, 머릿속으로는 일제의 간담을 서늘하게 할 또 다른 의열 투쟁을 계획하고 있었다.

일제가 만주 침략에 이어 1932년 1월 22일 상하이 침략에서 승기를 잡고 중국과 정전협정 체결을 벌이는 가운데, 당시 신문에는 "왜놈이 전쟁에 이긴 위세를 업고, 4월 29일 훙커우공원에서 이른바 일본 왕의 천장절天長節 경축식을 성대하게 거행하여 군사적 위세를 크게 과시하려 한다."라는 기사가 연일 보도되었다.

김구는 이날을 일제의 간담을 서늘하게 할 좋은 기회라고 판단했다. 문제는 이 일을 실행할 사람과 경축식장에 던질 폭탄이었다.

그러던 1932년 4월 15일, 윤봉길이 김구를 찾아왔다. 그는 상하이에 와서 동포 박진의 종품공장에서 일하다가 지난 2월 해고되어 홍커우시장에서 채소 장사를 하고 있었다.

윤봉길은 김구에게 흉금을 터놓고 "마땅히 죽을 자리"를 구해 달라며 지도를 부탁해 왔다. 김구는 일제가 4월 29일 홍커우공원에서 열 천장절 경축식을 얘기하며, "군은 일생의 큰 목적을 이날에 달성해 봄이 어떠하오?"라며 경축식장에서의 폭탄 투척을 제의했고, 윤봉길은 흔쾌히 응낙했다.[122]

이후 김구는, 당시 상하이 중국 19로군 병공창에서 근무하던 김홍일金弘壹을 찾아가 윤봉길이 사용할 물통형 폭탄과 도시락형 폭탄의 제조를 부탁했다. 그리고 윤봉길에게는 날마다 일제가 준비하는 식장을 살펴보며 거사할 위치를 점검하도록 지시했다.

그런데 이런 김구의 계획이 한순간에 물거품이 될 뻔한 아찔한 순간이 있었다. 김구는 그 순간을 다음과 같이 회고했다.[123]

한번은 이런 일이 있었다. 나는 전차 검표원으로 별명이 '박 대장朴大將'이란 사리원 출신 젊은이의 청첩을 받고, 그의 혼인 잔치에 축하차 잠시 방문한 적이 있었다. 그 집에 도착하여 주방에서 일하는 부인들을 보고,

"나는 속히 가야겠으니, 빨리 국수 한 그릇만 말아 달라."

고 부탁하였다. 그리고는 국수 한 그릇을 받아서 급히 먹고 담배 한 개비를 피워 물고 곧장 그 집을 나왔다. 그 집 문간을 나서면 바로 이웃하여 우리 동포가 운영하는 가게가 하나 있었다. 왔던 길에 잠시 들렀다 가려

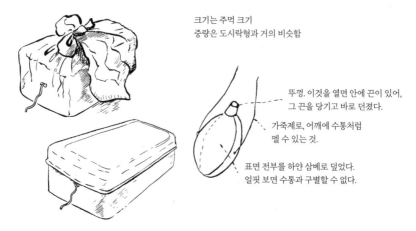

크기는 주먹 크기
중량은 도시락형과 거의 비슷함

뚜껑. 이것을 열면 안에 끈이 있어,
그 끈을 당기고 바로 던졌다.

가죽제로, 어깨에 수통처럼
멜 수 있는 것.

표면 전부를 하얀 삼베로 덮었다.
얼핏 보면 수통과 구별할 수 없다.

일본제국 외무성 경찰의 역사를 기록한 『외무성경찰사外務省警察史』 제45권(東京: 不二出版社, 2000)에 수록되어 있는, 윤봉길이 사용한 도시락형 폭탄(왼쪽)과 수통형 폭탄(오른쪽)의 모형도. 수통형 폭탄 모형도에는 상세한 설명도 붙어 있다.

고 가게에 들어가 미처 앉기도 전에, 주인이 내 옆구리를 쿡쿡 찌르며 손으로 하비로를 가리켰다. 가리키는 곳을 돌아보니 왜경 10여 명이 길에 늘어서서 전차가 지나가기를 기다리는 것이 아닌가.

나는 달리 피할 곳이 없어 유리창으로 왜놈의 동정을 주시하였더니, 그들이 쏜살같이 박 대장의 집으로 들어가는 것이 보였다. 나는 급히 그 가게를 빠져나와 전차 선로를 따라 김의한 군의 집으로 가, 그 부인을 박 대장 집으로 보내 상황을 살펴보게 하였다. 그랬더니 바로 전의 왜놈이 들어와서는,

"방금 들어온 김구가 어디에 있는가?"

하고 다그쳐 물으면서 집안을 수색하기 시작하였고, 심지어 아궁이 속까지 뒤지고 갔다는 것이다.

정말 아찔한 순간이 아닐 수 없었다. 김구가 『백범일지』에서 이 장면을 윤봉길 의거 이후에 기술하고 있어, 현재 많은 사람들이 이 일이 윤봉길 의거 이후 일어난 걸로 오해하고 있다.

1932년 4월 27일 관동군사령관 등의 암살을 위해 다롄에 파견되었던 유상근이 일본 경찰에게 진술한 청취서에 따르면 이 일이 일어난 날짜가 다르다.[124]

올해 4월 17, 18일경 오후 3시 반 무렵에 프랑스 조계 하비로 백제병원 뒤쪽 러시아 요리 채관菜館에서 박성근朴成根의 결혼식을 거행하고 있을 때, 김구·노종균盧鍾均[125]·안공근·박창성朴昌成, 기타 다수의 독립운동자가 참석하여 연회 중에 상하이 일본 영사관이나 공부국工部局 형사들이 체포하러 왔다. 그런데 바깥 도로에 자동차가 정차하여 경찰대가 막 내리려고 하는 것을 연회장에서 목격하고, 곧바로 독립운동자는 그곳에서 뛰쳐나가 바깥 도로로 나갔다. 다행히 전차가 교차해서 폭주하였기 때문에 순조롭게 전차에 가려져서 경관 앞을 통과하여 달아난 것 같다. 그때 경관대는 김구나 김동우[노종균]의 얼굴을 몰랐던 것 같다. 나는 보경리에서 그 일에 대해 듣고 곧 현장에 갔는데 이미 동지들은 달아나고 일이 끝나 있었기 때문에 안심했다.

이날 벌어진 상황, 즉 일본 영사관 경찰이 연회장에 들이닥친 상황에 관해서는 김구와 유상근의 기억이 조금 다르다.

유상근은 이 일이 일어난 날을 윤봉길 의거 전인 '4월 17, 18일

경'으로 기억했다. 그리고 김구가 말한 '전차 검표원 박 대장'은 박
성근이고, 결혼 축하연이 열린 곳은 '하비로 백제병원 뒤쪽 러시아
요리점'이다. 따라서 김구가 일본 경찰에게 체포될 뻔했던 이 일은
윤봉길 의거 이전인 '4월 17, 18일경'에 있었던 일이다.

그런데 유상근의 기억에도 착오가 있었다. 상하이 일본 총영사관
에서 일본 외무성과 조선총독부에 보고한 내용을 보면, "김구는 4월
8일 우리 측의 검거를 만나 위기일발의 사이에 간신히 도주한 자"
라고[126] 하여, 그 날짜는 '4월 17, 18일경'이 아닌 '4월 8일'이라고
했다.

조선총독부 상하이 파견원인 나카노 헤이츠中野勝次 역시 김구가
"4월 8일 프랑스 조계 하비로 모 러시아인 요리점의 조선인 결혼 피
로연에 참석하는 기회를 잡고, 조계 공부국의 공조를 얻어 체포하려
했으나 겨우 간발의 차이로 공허하게 이[김구]를 놓"쳤다고 했다.[127]

일제가 김구를 체포할 뻔했던 이 일은 김구의 기억처럼 4월 29일
이후도, 유상근의 기억처럼 4월 17, 18일경도 아닌 1932년 4월 8일
이었다. 사실 『백범일지』는 김구가 한참 뒤에 기억에 의존하여 기술
한 때문인지 날짜가 불분명하거나 순서가 뒤바뀐 부분이 많고, 유상
근 역시 혹독한 신문 과정에서의 기억이라 날짜를 착각했을 가능성
이 있다.

일본 경찰이 날짜와 장소를 특정하여 프랑스 총영사관의 협조를
얻어 김구 체포에 나섰다는 것은 '이날 김구가 박성근의 결혼 피로
연에 참석한다.'는 정보를 사전에 입수했기 때문에 가능한 일이다.

누가 이런 정보를 일본 경찰에게 흘렸을까?

일제는 이 사건과 관련하여 "김구와 가장 관계가 깊은 전차 승무원 박성근으로 하여금 결혼 피로연을 거행시키고 이곳으로 김구를 오게 하여 검거하려고" 했으나 실패했다고 기록하고 있다.[128] 박성근은 일제의 밀정이었고, 그의 결혼 피로연은 일제가 파 놓은 함정이었던 것이다.

김구는 간발의 차이로 연회장을 빠져나옴으로써 체포를 면할 수 있었다. 만약 이날 김구가 일본 경찰에게 체포되었다면, 윤봉길 의거도 없었을 것이고, 이후 임시정부와 관내 독립운동의 양상도 크게 달라졌을 것이다.

1932년 4월 29일, 기나긴 하루

4월 28일, 윤봉길은 거사 장소를 마지막으로 확인한 뒤 김구를 찾아갔다. 그는 그동안의 준비 사항을 보고한 뒤 다시 한번 내일 거사의 성공을 다짐하면서 헤어졌다. 김구는 김홍일이 마련해 준 폭탄을 가지고 김해산金海山의 집에 가서 윤봉길의 최후 만찬이 될 다음 날 아침 식사를 부탁했다.

드디어 4월 29일 상하이의 아침이 밝아 왔다. 죽음을 각오하고 일제의 천장절 경축식장에 폭탄 세례를 퍼붓기 위해 훙커우공원으로 가는 윤봉길의 마지막 모습을 김구는 이렇게 기억했다.[129]

거사 직전 서로 맞바꾼 윤봉길의
시계(왼쪽)와 김구의 시계(오른쪽).

새벽에 윤 군과 같이 김해산의 집에 가서, 마지막으로 윤 군과 식탁을 같이하여 아침밥을 먹었다. 윤 군의 기색을 살피니 태연자약한 모습이었다. 농부가 논밭 일을 나가기 위해 일찍 일어나, 자던 입에 일부러 밥 먹는 것을 보면 할 일이 얼마나 힘든 것인가를 알 수 있다.

두 사람이 아침 식사를 끝내자 벽시계가 땡! 땡! 울리며 7시를 알렸다. 이제는 헤어져야 할 시간이었다. 윤봉길의 제의로 두 사람은 서로의 시계를 교환했다. 김해산의 집을 나온 윤봉길은 마지막 길을 떠나기 전, 자동차를 타면서 차비만을 남기고 나머지 돈을 김구의 손에 쥐여 주었다.

그러는 사이 자동차는 서서히 움직이기 시작했다. 김구는 목멘 소리로 마지막 작별의 말을 건네었다.

"후일 지하에서 만납시다."

윤봉길이 차창으로 김구를 향하여 머리를 숙이자, 자동차는 엔진 소리를 높이 울리며 천하영웅 윤봉길을 신고 홍커우공원으로 내달렸다.[130]

김구는 윤봉길과 헤어진 뒤 곧바로 조상섭의 집으로 가서,

> 오늘 오전 10시경부터 댁에 계시지 마시오. 무슨 대사건이 발생될 듯합니다.

라고 쓴 편지를 가게 점원에게 주어 급히 안창호에게 전하라고 시키고 이동녕의 처소로 갔다.[131] 윤봉길을 보낸 뒤 결과를 초조하게 기다리던 김구는 당시를 이렇게 회고했다.[132]

> 편지를 보내고 그 길로 또 석오 이동녕 선생 처소로 가서, 그동안의 진행 결과를 보고하고, 점심을 먹고 난 뒤 무슨 소식이 있기를 기다렸다. 마침내 오후 1시쯤 되자 곳곳에서 허다한 중국 사람들이 술렁이는 소리가 들려왔지만, 전하는 말이 달라 정확한 상황을 확인할 수 없었다. "홍커우공원에서 중국인이 폭탄을 던져서 다수 일본인이 즉사하였다.", "고려 사람의 짓이다." 라는 등의 소문이 분분했다.

사실 김구는 3일 전인 1932년 4월 26일 임시정부 국무회의에서,

신공원[훙커우공원]에서 오는 29일 일본 육군의 열병식이 거행되므로 윤봉길이란 자로 하여금 폭탄을 투척케 하여 대관을 암살하여 중일전쟁을 발발케 할 예정이다.

라고 보고하고 승인을 받았다.[133] 당시 국무위원은 내무장 조완구, 법무장 이동녕, 외무장 조소앙, 군무장 김철, 재무장 김구였다. 최소한 이들 국무위원은 윤봉길 의거를 사전에 알고 있었다.

한편 김가진金嘉鎭의 며느리이자 김의한金毅漢의 처인 정정화鄭靖和는 4월 29일 김구가 윤봉길을 거사 장소로 보낸 뒤의 숨 가쁜 상황을 보다 자세히 기억했다.[134]

점심때가 되어 백범이 나를 찾았다. 몇 분의 점심 준비를 하라는 것이었는데 그때까지도 나는 아무런 영문도 모르고 있었기에 그저 시키는 대로만 했다. [중략] 간단하게 점심상을 거의 다 차렸을 쯤 해서 이동녕 선생과 조완구 선생이 왔고 좀 늦게 백범이 도착했다. [중략] 식사가 끝난 후 백범이 난데없이 나에게 술 한 병과 신문을 사 오라고 일렀다. [중략] 집 밖으로 나오자 거리 분위기가 술렁술렁하며 평소와는 달랐고 아니나 다를까 호외가 돌고 있었다. 중국 청년이 일본 침략군의 원흉 시라카와를 즉사시키고 여러 명을 부상시켰다는 것이었다. 그때서야 백범이 왜 신문을 사 오라고 했는지 짐작하고 얼른 신문을 사 들고 집으로 돌아왔다. 호외를 받아든 백범은 일이 제대로 됐다고 하면서 석오장[이동녕]과 우천[조완구]에게 술을 권했고, 세 분이서 같이 축배를 들었다.

정정화의 가족 사진. 왼쪽부터 남편 김의
한, 정정화, 아들.

　윤봉길의 의거가 계획대로 성공하여 축배를 들었지만 다음 대책
이 시급했다. 일제가 윤봉길 의거의 배후 세력으로 판단한 임시정부
요인들과 주요 독립운동가들을 체포하기 위한 대대적인 수색이 뒤
따를 것이 불을 보듯 뻔했기 때문이다.

　아니나 다를까. 이 사건의 배후가 이유필이라고 파악한 일제는
그날 오후 2시 조계 공부국의 협조를 받아 이유필의 집으로 경찰대
를 급히 파견했다. 다행히 이유필은 외출 중이라 체포를 면했다.

　그러나 불행히도 오후 4시경 안창호는 이날 상하이한인소년동맹
의 간부였던 이유필의 아들 이만영에게 소년동맹이 주최하는 축하
행사 비용 2원을 지원하기로 한 약속을 지키려고 이유필의 집에 갔

다가[135] 잠복 중인 일본 경찰에게 체포되고 말았다.

안창호는 '즉시 피하라'는 김구의 편지를 받지 못했다. 김구가 편지를 보냈을 무렵 안창호는 이미 집을 나와 먼저 조상섭의 집에 가서 그의 손자 돌잔치를 축하해 주고 뒷길로 나와 이유필의 집으로 향했다. 이 바람에 김구의 편지를 가지고 큰길에서 안창호를 기다리던 심부름꾼과 길이 엇갈려 만나지 못했다.[136]

상황이 급박하게 돌아가자 김구는 즉시 사방의 동지들에게 연락하여 집에 있지 말고 당분간 다른 곳으로 거처를 옮겨 피할 곳을 찾게 하는 한편, 자신도 일단 몸을 숨겨야 했다. 예상한 대로 이튿날 새벽 5시 일본 상하이 총영사관 경찰 44명, 사복 헌병대원 22명과 프랑스 총영사관 경찰 등 70여 명이 김구 등 임시정부 주요 요인 14명을 체포하려고 이들의 집을 급습했다. 그러나 이들은 모두 가택수색을 예상하고 이미 몸을 숨긴 상태였고, 대신 청년 11명을 체포해 갔다.[137]

상하이 탈출의 전말

4월 29일 김구는 날이 어두워진 틈을 타서 프랑스 조계에 있는 아들 피치 집을 찾아가 몸을 숨겼다.

아들 피치는 조지 필드 피치 목사(G. F. Fitch-이하 '아버지 피치')의 아들로, 1883년 중국 쑤저우蘇州에서 태어났다. 그는 1909년 뉴욕 유니

언 신학대학을 졸업하고 목사 안수를 받은 후 중국으로 돌아와 상하이 YMCA 주사로 활동하고 있었다.

아버지 피치 목사는 상하이에서 한국 독립의 후원자로서 한국인과 일찍부터 관계를 맺고 있었다. 1917년 여운형이 난징 금릉대학을 졸업하고 상하이에 와서 처음 취직한 곳이 아버지 피치 목사가 운영하던 서점 협화서국協和書局(The Shanghai Mission Bookstore)이었다. 여운형은 이곳에 위탁판매부 주임으로 근무하면서 유학을 위해 상하이에 온 많은 한인 청년들을 미국으로 밀항시켰고, 이때 아버지 피치 목사가 적극적으로 도왔다.

또한 그는 1918년 11월 28일 상하이에서 상하이외교단과 범태평양회가 주관한 크레인C. R. Crane 미국 주중 대사 예정자의 환영 파티에 참가할 수 있도록 주선해 주었다. 여운형이 이 자리에서 '약소민족의 자결권을 인정'해야 한다는 윌슨의 민족자결주의에 관한 크레인의 연설을 듣고, 이후 신한청년당을 조직하여 김규식을 파리강화회의에 파견하는 등의 일은 잘 알려진 사실이다.[138]

김구 일행이 아들 피치 집을 은신처로 정하고 찾아간 것은 아버지 피치 목사로 이어진 인연 때문이었다. 훗날, 아들 피치의 아내 제럴딘Geraldin Townsend Fitch은 김구 일행이 자신의 집에 오게 된 경위를 이렇게 회고했다.[139]

그날 밤 상하이에 있는 어떤 한국인 집도 일본의 수색에서 벗어나지 못했다. 우리가 잘 알고 있던 안공근이 피치 씨에게 와서 말했다.

"우리가 어디로 가면 될까요? 우리는 지금으로서는 집에 머물 엄두도 못 냅니다. 김구를 포함해 임시정부 사람 넷이 있습니다."

내 남편은 말했다.

"우리 집으로 오십시오. 네 분을 위한 방을 아주 쉽게 마련할 수 있습니다."

안공근의 주선에 의해 김구를 비롯하여 김철·안공근·엄항섭 네 사람은 아들 피치 집에 도착하여 2층 손님용 방에 간단한 짐을 풀고서야 안도의 한숨을 쉴 수 있었다.[140]

김구 자신은 일단 일제의 검거를 피했지만 동지들의 안부가 걱정되었다. 그는 아들 피치 집 전화를 이용하여 프랑스 조계에 있는 동포들의 집에 연락을 하며 근황을 챙겼다. 안창호를 비롯한 일부 청년들이 일본 경찰에게 체포되었다는 소식을 듣고 가슴이 아팠다.

김구가 아들 피치 집에 숨어 지내는 동안 "날마다 왜놈들이 미친 개와 같이 사람을 잡으려고 돌아다녀"[141] 임시정부 요인을 비롯한 한인들이 전혀 활동을 할 수 없을 정도로 상하이의 분위기가 험악해졌다. 게다가 윤봉길 의거의 배후가 밝혀지지 않는 상태에서 이 일과 직접 관계가 없는 안창호와 몇몇 청년들이 체포되자, 일부 동포들 사이에서 김구를 원망하는 소리가 나오기도 했다.

김구는 아마도 이런 상황을 개인적으로 매우 힘들어했던 것 같다. 그래서 그는 윤봉길 의거의 진상을 세상에 밝힐 필요가 있다고 판단하고, 엄항섭에게 성명서를 기초하게 하고 아들 피치의 부인에

광복 후 경교장을 방문한 피치 박사 부부. 1947. 7. 24. 앞줄 왼쪽부터 조완구, 프란체스카, 김구, 피치 박사 부부.

게 영문으로 번역시켜 로이터 통신사에 투고했다.[142]

이 성명서는 5월 9일, 10일 이틀 동안 『시사신보時事申報』에 「홍커우공원 폭탄 투척 사건 주모자의 자백」이란 제목으로 잇달아 보도되었다. 시사신보사에서는 5월 9일 윤봉길 사진 한 장과 '홍커우공원 폭탄 투척 사건의 진상'이란 제목을 단 영문 편지를 우편으로 받았다고 하며, 사진과 중국어로 번역한 편지 전체를 보도했다.

김구는 성명서 첫머리에서 윤봉길 의거 이후 어려움을 겪고 있는 상하이 동포들에 대해 미안함을 표시하고, 성명서를 쓴 이유를 다음과 같이 밝혔다.

홍커우공원 폭탄 투척 사건을 빌미로 일본 당국은 한인 독립운동자를 일

The Alleged True Story of the Hongkew Park Bombing

According to a circular distributed to the press by a Korean who says his name is Kim Koo—Yun Bong Kil, the Korean who threw the bomb at HongkewPark on the occasion of the celebration of the birthday of the Emperor of Japan, April 29, was born of a poor family in Reisan, Korea, in 1908. Both his parents are still living and he has a wife and two children. He was an infant prodigy. At the age of 17, he opened an evening class and taught the poor farmers' children for five years. When he saw that the economic and political oppression of the Japanese was driving the Koreans to bankruptcy and death, he made up his mind to take revenge and thereupon left home. He was stranded on the way to Shanghai and held up at Tsingtao, where he worked at a Japanese laundry owned by Kenjiro Nakahara. When he had saved enough money for his fare, he came to Shanghai last August. He earned his living by working in a local factory. Later he joined a vegetable store at Hongkew market, waiting all the while for a good chance. He recently became a member of the Korean Patriotic Association, which Kim Koo says he organized with the aim of furthering the salvation of Korea by applying force. Only those who are willing to make the supreme sacrifice are eligible for membership. A member is nominated and accepted by Kim alone and he does not know even the names of other members. No meetings are held and the work is carried out in absolute secrecy. The aim is to redeem the independence of Korea by assassinating important Japanese figures and destroying Japanese administrative organs. Kim Koo says he is 57 year of age. He started his adventurous life in 1896, when he was 21. In that year, Japanese soldiers, he says, murdered the Korean Queen in the Palace. He thereupon secretly planned to take revenge. He followed the perpetrator of the murder, Captain Tsuchita, to Anak, in the Province of Huanghai, Korea, and there killed the Captain with his bare hands. Kim says he was at one time under sentence of death and had been imprisoned on several occasions because of his connection with the assassination of Prince Ito in 1909 and General Terauchi in 1911. He says Yun threw the bomb at Hongkew Park on his (Kim's) orders.

Japanese Consulate Makes Statement on Bombing Incident

The Japanese Consulate-General made the following announcement May 6 in connection with the Hongkew Park incident.

"Im Hokichi, (this being the Japanese rendering of the name) native of 139 Kakiryori, Tokuyama village, Reizangun, province of Chuseinando, Chosen, and at present residing in a boarding house on Rue Amiral, French Concession, Shanghai, who was born on May 19, 1907, entered Hongkew Park at about 7.45 a.m. April 29, on the occasion of the joint civil and military celebration of the birthday of H.I.M. the Emperor of Japan which was held at the park that day.

The above is a photograph of the Korean, Yun Bong Kil (in Chinese In Fong-kee) under the National Flag of Korea, taken three days before he threw the bomb at Hongkew Park on the occasions of the Japanese Emperor's birthday. On his chest is pinned the Oath made to the Korean Patriotic Association, reading:

"I make this oath as a member of Korean Patriotic Association to kill the military leaders of the enemy who are invading China in order to redeem the independence and freedom of our country.

YUN BONG KIL.

April 26, Fourteenth Year of the Republic of Korea.

"At about 11.40 a.m., while the attendants at the celebration were singing the Japanese national anthem, Im hurled from the rear of the platform, where distinguished personages were standing, a bomb which resulted in the injuries to General Shirakawa, Vice-Admiral Nomura, Lt.-General Uyeda, Minister Shigemitsu, Consul-General Murai, Dr. Kawabata (who died subsequently from the wounds received) and Mr. Tomono.

"The would-be assassin was caught immediately and taken to the gendarmerie headquarters for examination, following which an appeal was made for a preliminary court-martial hearing.

"The bombs hurled by Im were two, one contained in a water flask like container and other in a luncheon container (bento-bako). The former was thrown on the platform and exploded, while the latter was placed on the ground.

"Through the confessions and statements made by the Korean, it was revealed that there were a number of others who had supported Im in the outrages, residing in the local French Concession. The authorities of the French Concession, therefore, were requested to assist in the arresting of these

The above is a picture taken of the Hongkew Park bombing incident, apparently within a minute or two after the bomb had been thrown.

1932년 5월 14일 자 『차이나 위클리 리뷰』 기사. 훙커우공원 의거 사건 및 김구의 성명서 내용에 대해 보도했다. 위 사진은 한인애국단원 선서식 후 태극기 앞에서 기념 촬영한 윤봉길 의사, 아래 사진은 의거 직후 아수라장이 된 훙커우공원의 천장절 기념식장.

망타진하려는 의도에서 이번 홍커우공원 폭탄 투척 사건을 모모 여러 한인 단체와 연결시키려 하고 있으나 여전히 진상을 제대로 파악하지 못하고 있다. 이번 사건에 연루된 혐의로 상하이에 거주하는 무고한 한인들이 아무 영문도 모르고, 아무런 증거도 없이 일본 당국에 체포되었다. 그러나 이번 체포된 한인들은 모두 이번 사건과 관련이 없다. 특별한 임무를 수행하기 위해 상하이를 떠나기 전, 나는 인도와 정의의 입장에서 이번 사건의 진상을 세상에 밝히려고 하는 것이다.

이어서 왜 거사를 했는지, 그 목적도 분명히 밝혔다.

일본제국주의는 무력으로 한국을 병탄하였고, 무력으로 중국 동삼성을 약탈하였다. 이것도 모자라 선전포고도 없이 기습적으로 상하이사변을 일으키기에 이르렀다. 일본의 거동은 동아와 세계 평화를 해치는 침략 행위이다. 이에 나는 세계 평화를 위해하는 침략 세력을 제거하고 인도주의를 실현시키기 위해 일련의 거사를 계획하였다. 그 첫 번째 행동으로 동경에 파견된 이봉창 군은 1월 8일 일황을 제거하려다 실패하였다. 일본 군벌의 수뇌부들을 제거하기 위해 나는 4월 29일 재차 윤봉길을 홍커우공원에 보낸 것이다.

또한 김구는 "한인애국단은 전적으로 내 손에 의해 조직된 단체"이며, "이 글을 쓴 자는 누구인가? 내 이름은 김구이다."라며 자신이 홍커우공원 폭탄 투척 사건의 주모자임을 당당히 밝혔다.[143]

이 보도를 통해 이봉창 의거와 윤봉길 의거의 주모자는 김구요, 주도 단체는 한인애국단이라는 사실이 세상에 널리 알려지게 되었다. 이로부터 한인 사회는 물론이고 일제와 중국 당국 및 중국인의 뇌리에 '김구'라는 두 글자를 또렷하게 각인시켰다.

꼬리가 길면 잡힌다고, 일제의 체포망이 점점 은신처인 아들 피치 집으로 좁혀 왔다. 김구가 은신처에서 평소 이상으로 많이 사용한 전화 통화량이 빌미가 되었다.

그러던 어느 날 아들 피치의 부인이 황급히 2층으로 올라왔다.

"우리 집이 정탐꾼에게 발각된 모양이니 속히 떠나야겠어요."[144]

그녀의 목소리는 매우 떨리고 다급했다. 김구의 기억에 의하면 자총지종은 이러했다.[145]

피치 부인은 아래층에서 유리창으로 문밖을 살펴보다가, 동저고리 차림의 낯선 중국인 노동자가 자기네 주방으로 들어가는 것을 발견하였다. 수상하게 여겨 따라가서,

"누구냐?"

고 질문하였다.

"나는 양복점 사람인데 댁에 양복 지을 것이 있는지 물어보고자 왔습니다."

"그대가 내 주방 하인에게 양복 짓겠는지 묻는다고? 수상하다."

그제야 그 사람은 주머니 속에서 불란서 경찰서의 정탐꾼 증명을 내보였다.

이에 화가 난 부인이

"외국인 집에 함부로 침입하느냐?"

고 호통치니

"미안합니다."

하고 가더라는 것이다.

낯선 중국인의 행동을 수상히 여긴 아들 피치의 부인은 그를 내쫓다시피 한 뒤 문밖을 나가 주위를 살펴보니 또 다른 낯선 사람들이 집 주변을 서성거리고 있었다. 이를 수상히 여긴 그녀는 급히 2층으로 올라가 '바깥 공기가 심상치 않다'고 얘기했다.[146]

김구는 자신의 은신처가 드러났음을 직감했다. 김구는 아들 피치의 부인에게 빨리 이 사실을 남편에게 알리고 우리를 자동차로 데려가 달라고 전화하라고 부탁했다. 즉시 이곳을 벗어나야 했다.

이럴 경우를 대비하여 다음 은신처는 이미 정해 둔 상태였다. 이 일은 윤봉길 의거 소식을 듣고 난징에서 한걸음에 달려온 박찬익이 맡아 해결했다.

박찬익은 윤봉길 의거 다음 날인 1932년 4월 30일 곧장 난징에서 상하이로 달려왔다. 그는 곧바로 이동녕과 이시영을 저장성浙江省 자싱으로 피신시키고, 이어 5월 1일에는 윤봉길 의거 당일 김구·이동녕 등에게 점심을 대접했던 정정화와 엄항섭 가족을 기차 편으로 자싱에 피신시켰다.[147]

김구와 함께 아들 피치 집에 은신했던 김철은 이미 몰래 빠져나

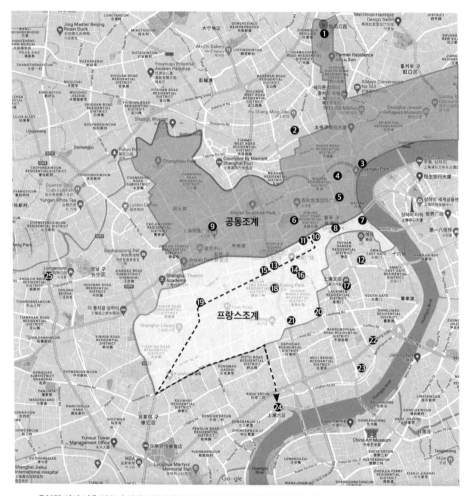

윤봉길 의거 이후 김구가 상하이를 탈출한 경로(점선)와 당시 독립운동 관련 상하이의 주요 지점들. ⓒ Google 지도

❶ 홍커우공원. ❷ 상하이 북역. ❸ 일본 영사관. ❹ 쓰촨로 YMCA. ❺ 공동조계 공부국. ❻ 경마장.
❼ 프랑스 영사관. ❽ 프랑스 조계 공동국. ❾ 올림픽극장. ❿ 시짱로 YMCA. ⓫ 피치 자택. ⓬ 옛 상하이현성.
⓭ 대한민국임시정부 청사(1919). ⓮ 대한민국임시정부 청사(1926~1932). ⓯ 독립임시사무소(1919).
⓰ 인성학교. ⓱ 문묘. ⓲ 프랑스공원. ⓳ 흥사단 단소. ⓴ 신톈샹리. ㉑ 프랑스 조계 중앙순포방.
㉒ 상하이남역. ㉓ 상하이병공창. ㉔ 신룽화역(자싱, 항저우 방향). ㉕ 서역.

가, 5월 10일 항저우로 가서 이곳에 대한민국임시정부 판공처를 개설했다.[148]

아들 피치는 부인의 전화를 받고 급히 자동차를 몰아 집으로 왔다. 하지만 '프랑스 총영사관에서 일본 경찰의 한인 체포에 적극 협조하고 있는데, 네 명의 한인을 한차에 태우고 무사히 이곳을 빠져나갈 수 있을까?' 하는 걱정이 앞섰다. 그에게는 모험이 아닐 수 없었다.

이때 박찬익이 모두 중국인 복장을 하여 정탐꾼의 눈을 속이자고 제안했다. 안공근도 미국인 여성이 함께 타고 있으면 의심을 덜 받을 것이라고 거들었다. 아들 피치의 부인도 고개를 끄떡이며 함께 차를 타기로 했다. 안공근이 운전석 옆에 앉고, 키가 가장 작은 엄항섭이 그 옆에 앉았다. 뒷좌석 가운데는 김구가, 양옆에는 아들 피치의 부인과 박찬익이 각각 앉았다.

드디어 이들이 탄 차는 베이당로貝當路를 빠져나와 쉬자후이徐家匯 천을 따라 난 길로 동쪽으로 가다가 한 인도교에서 멈추었다. 이 다리를 건너면 중국 영토였다. 김구 등 네 사람은 차에서 내려 유유히 다리를 건너갔다. 피치 부부는 차 안에서 점점 어둠 속에서 사라져가는 네 사람의 뒷모습을 지켜보며 무사 탈출을 기도했다.[149] 피치 부부 덕분에 중국 영토인 안전지대로 무사히 탈출한 김구 일행은 곧바로 기차를 타고 다음 은신처인 자싱으로 향했다.

김구 일행은 공동조계를 거쳐야 하는 상하이북역이 아니라 프랑스 조계 서남쪽에 있는 신룽화역新龍華站을 이용했다. 상하이남역에서 출발하는 열차는 신룽화역을 거쳐 자싱과 항저우로 향했기 때문에 이 역은 자싱으로 가는 교통의 요지였다.[150]

『백범일지』에는 김구가 상하이를 탈출한 날짜가 없다. 언제일까? 안타깝게도 당시 김구와 함께한 사람들의 서로 다른 기억만이 현재 전하고 있다.

김구는 『백범일지』에서 "피치 댁에서 20여 일을 경과하며 비밀 활동을 하였다."고 회고했다.[151] 그렇다면 상하이를 탈출한 것이 1932년 5월 20일 전후이다. 반면 5월 1일 상하이를 빠져나와 자싱에 먼저 가 있던 정정화는 "우리가 자싱에 도착한 지 약 두 주일쯤 지나서 성엄[김의한]과 일파[안공근]가 백범을 모시고 자싱에 왔다."고 했다.[152] 이에 따르면 김구가 상하이를 빠져나온 날은 5월 15일쯤이다. 마지막으로 김구 일행을 숨겨 준 아들 피치의 부인은 "그들은 28일간 머물렀다."고 기억했고,[153] 아들 피치는 김구가 한 달 이상 자신의 집에 머물렀다고 했다.[154] 그렇다면 김구가 상하이를 떠난 날은 5월 27일 이후이다.

네 사람의 기억이 모두 제각각이다. 예전 일에 대한 한참 뒤의 기억이라 정확성에는 한계가 있을 것이다.

그러면 김구가 상하이를 탈출한 날은 언제일까? 일본 경찰은 김구는 1932년 5월 14일 상하이를 출발하여 15, 16일 항저우에서 열린 첫 국무회의에 참석하고 자싱으로 갔다고 했다.[155] 이 일본의 첩보를 근거로 김구가 상하이를 출발한 때를 5월 15일 이전이라고 하는 견해도 있으나[156] 일본 경찰의 첩보는 오류이다. 왜냐하면 김구 일행이 쫓기듯 상하이를 탈출하여 곧바로 자싱으로 갔다고 했을 뿐만 아니라, 이런 예상하지 못한 급박한 상황에서 마치 사전에 약속이나 한 듯이 당시 자싱에 먼저 가 있던 이동녕이 항저우로 왔다는 것도 합리적이지 않다. 더구나 5월 22일 발행한 임시정부의『공보호외』에 따르면, 김구가 참석한 국무회의가 항저우에서 열린 날은 5월 21일이다.[157]

따라서 김구가 상하이를 탈출한 때는 1932년 5월 20일 전후로, "피치 집에서 20여 일 경과"했다고 한 김구의 기억이 비교적 정확하다고 할 것이다.

2장

임시정부와
멀어진 김구

1. 뒤쫓는 일제의
역공작

특고경찰을 강화하다

———

일제는 이봉창과 윤봉길의 연이은 의거에 큰 충격을 받고 이에 대한 대응책 가운데 하나로 상하이 일본 총영사관 경찰서에 특고경찰特高警察의 증원을 서둘렀다. 일제는 "과거 10여 년의 경험에 따르면 특고경찰 기관이 아직 규모가 작고, 설비 역시 완전하지 못하여 복잡 또는 기민한 현지 사정에 응해 충분한 기능을 발휘하는 데 부족"했다고 판단했다.[1] 1932년 6월 현재 상하이 일본 총영사관 소속의 경찰 101명 가운데 고등경찰은 고작 7명뿐이었다.[2]

일제는 이번 기회에 내무성, 조선·타이완 양 총독부, 사법성, 재판소, 헌병대 등의 관계 관청에서 권위자를 모아 이들을 총영사관 직원으로 임용하여 특고경찰과를 설치하고, 민족운동 내지 공산주의

주상하이 일본 총영사관이 있던 자리.
현재는 해구반점이라는 호텔이 들어서
있다.

운동 등에 대한 실적을 꾀하는 것이 시의적절하다고 판단했다.[3]

1932년 6월 일제는 상하이 일본 총영사관의 경찰서를 경찰부로
확대 개편하여 그 아래 보통경찰과와 특고경찰과를 두고, 특고경찰
과에는 영사 1명, 부영사 4명, 외무성 경시 1명, 외무성 서기생 4명,
외무성 경부 7명, 외무성 순사 20명, 사무촉탁 10명 등 총 47명을 두
기로 계획했다. 특고경찰은 사회주의·공산주의·무정부주의 기타 위
험 사상운동에 관한 사항, 조선 및 타이완에 대한 제국의 통치에 대
한 저항, 기타 사무를 관장하도록 했다.[4]

하지만 이에 필요한 예산 확보와 소요 직원 설치에 관한 법령 제
정이 늦어지면서 이 계획을 곧바로 실행할 수는 없었다. 일제는 8월
에 과도기적 방안으로 먼저 일본 미에현三重縣 서기관인 고케츠 야사

부로縬縡彌三를 외무성 사무관에 임명하여 총영사관의 경찰부장으로 삼아 예비적 실행에 들어갔다.[5]

과도기적으로 운영되던 총영사관의 경찰부는 1932년 11월 9일 「경찰부 설치 및 임용에 관한 법령」이 공포됨으로써[6] 제 모습을 갖추었다. 그런데 이 과정에서 관제와 직원에 약간의 변동이 있었다.

경찰부에 설치하기로 한 보통경찰과와 특고경찰과를 제1과와 제2과로 수정했다.[7] 특고경찰의 직원도 영사 1명, 부영사 3명, 외무성 경시 1명, 외무성 서기생 2명, 외무성 경부 8명, 외무성 순사 20명, 사무촉탁 4명으로, 애초 총 47명에서 39명으로 축소했다. 또 추천 관청도 부영사 3명 중 2명은 조선 및 타이완 총독부에서 각 1명을, 경부 8명 가운데 3명은 조선·타이완·관동청에서 각 1명을, 순사부장을 포함한 순사 9명은 조선에서 5명, 타이완과 관동청에서 각각 2명을 추천받아 배치하도록 했다.[8]

조선총독부 몫인 부영사 1명은 1932년 9월 "다년간 특고경찰 사무에 종사하며 조선 내 사상운동은 물론 국외 불령운동의 사정에도 정통하고 또한 일상 회화에 지장이 없을 만큼 조선어에 능통"한 도경시道警視 사에키 다스케佐伯多助를 추천받아[9] 12월 부영사로 임명하여 발령했다.[10]

그리고 최종 확정한 「재상하이 총영사관 경찰부 처무세칙」에 따르면, 특고경찰과인 제2과에는 조사기획계·섭외계·서무계·지나계·러시아계·일본계·선인계·타이완인계·검열계를 두었다. 그중 한국인에 관한 업무를 맡는 선인계鮮人系에서는 "1. 중국에서의 조선인의

사상 및 자치 운동 조사 단속에 관한 사항, 2. 조선인에 대한 재류 증명서 발급에 관한 사항, 3. 조선인의 거류 증명에 관한 사항"을 담당했다.[11] 한마디로 상하이를 비롯한 중국 관내 한인의 모든 활동이 특고경찰의 업무 대상이었다.

일본 총영사관에서는 본국에 경찰부의 설치에 따른 운영비의 증액도 요구했다. 그 가운데 독립운동과 관련한 한인 첩보비를 연액 3,000원에서 6,240원으로, 공산당 첩보비를 3,400원에서 7,560원으로 증액해 달라고 요구했다. 이 가운데 증액된 1932년 9월분 한인 첩보비 내역을 보면,

- 한국어 사무 전임자 수당 월액 30불
- 밀정과의 명령 접수 회합비 30불
- 한인 독립당 간부 매수비 120불
- 한인과의 비밀 회합비 40불
- 임시 첩보비 100불
- 공안국 및 공부국 경찰 관계자와의 연락 회합비 100불

등 총액 420불, 즉 420원이다.[12]

한인 첩보비 내역 가운데 주목되는 항목은 '밀정과의 명령 회합비', '한인 독립당 간부 매수비', '한인과의 비밀 회합비'이다.

1년 뒤인 1933년 8월 일본 총영사관은 다시 첩보비 증액을 요구하면서, 상하이의 "다른 기관 즉 군부·사법성 촉탁 및 조선총독부

파견원 등은 김구에 관한 첩보에 상당히 많은 비용을 지출하고 있어" 자신들은 매우 곤란한 처지에 있다고 하소연했다.[13] 이를 보면 상하이에 있는 일제의 모든 특무 기관들이 총동원되어 김구 체포에 혈안이었음을 알 수 있다.

특고경찰 첩보비 항목과 비용은 당시 상하이 일본 경찰이 밀정의 활용과 독립운동가 매수 공작에 얼마나 노력했는지를 잘 보여 준다. 일제의 밀정 이용은 독립운동에 관한 중요한 정보를 수집하고 독립운동가를 체포할 수 있는 직접적인 효용성은 물론, 동지들 사이에 "혹시, 밀정?" 하는 의심을 서로 품게 만들어 서로에 대한 신뢰를 안에서부터 무너뜨리려는 간접적인 효과도 노린 술책이었다.

일제의 책동은 이것이 전부가 아니었다. 조선총독부에서는 경무국 소속 경찰사무관인 특고경찰을 전부터 상하이에 따로 파견했다. 1922년 이래 조선총독부, 타이완총독부에서 보낸 상하이 파견원이 이곳에서 첩보 근무에 종사해 왔다.[14] 윤봉길 의거 이후 일본 총영사관 경찰부 제2과에 선인계가 설치될 때도 조선총독부에서 파견한 특고경찰이 있었는데, "조선총독부 파견원을 종전대로 존치"하여[15] 독자적 활동을 계속하게 했다.

이들 상하이 파견원은 신분을 위장한 채 프랑스 조계에 거주하면서 독자적으로 밀정들을 고용하여, 중국 관내의 독립운동뿐만 아니라 중국과 일본 사이의 외교·경제 관계 및 중국 측의 동향에 이르기까지 다방면에 걸친 정보를 수집하여 조선총독부에 보고했다. 특히 1933년 9월과 1935년 2월에 각각 상하이에 파견한 나카노 가츠지中

野勝次와 히토스키는 세 차례의 김구 암살을 위한 특종 공작을 직접 기획하거나 관여한 인물이다.

이 밖에도 상하이에 주둔하는 육군 헌병대, 해군성과 육군성에서 상하이 일본 총영사관에 파견한 무관, 그리고 관동청 등에서도 자신들의 밀정을 비밀리에 상하이에 보내어 김구 체포에 경쟁적으로 뛰어들었다. 이들 특무 기관은 상하이 일본 총영사관 경찰부와 일면 경쟁 관계이면서도 필요한 경우 "관계 각 기관의 협의 석상에서 김구에 관한 소재" 정보를 서로 교환하는[16] 등의 협력 관계도 유지했다.

김긍호 사건

일제는 윤봉길 의거 직후 이틀에 걸쳐 대대적인 수색, 체포 작전을 벌였는데도 김구 등 임시정부의 주요 요인 체포에 실패하자, 상하이 일본 총영사관 경찰, 상하이 주둔 일본군 헌병대 등 여러 기관들이 앞다투어 김구의 소재 파악과 체포에 경쟁적으로 나섰다.

이들 기관들은 자신들이 고용한 밀정 등을 총동원하여 김구가 은신할 만한 곳을 찾아 나섰다. 하지만 '상하이에 여전히 숨어 있다', '항저우로 이미 도망갔다' 등 불확실한 정보만 무성할 뿐 김구의 행방은 오리무중이었다.[17]

그러던 1932년 5월 9일, 관동청 안둥경찰서에서 김구가 국내와 만주의 연락원으로 안둥에 파견한 김긍호(별명 금긍호琴肯浩)를 검거했다.

1908년 평안북도 의주군에서 태어난 김긍호는 의주군 보통학교를 졸업하고, 열아홉 살 때 의주군 사범학교에 입학했다. 그녀는 1년간 수업을 마친 뒤 신의주 백마공립학교에 3년 동안 교사로 근무하고, 1929년 4월 안둥보통학교로 전근했다. 그곳에서 장익진이란 남자를 만나 결혼했다. 그녀는 얼마 지나지 않아 학교를 그만두고 아들을 낳았으나, 결혼 3년 만에 헤어진 뒤 1931년 8월 취직을 목적으로 친구가 있는 상하이로 갔다.

낯선 이국 땅 상하이에서 앞길이 막막했던 김긍호는 교민단을 찾아가 교민단장 김구를 만났다. 1931년 9월 김구는 딱한 사정을 듣고 인성학교 교사로 취직시켰으나 그녀는 두 달 만인 11월에 교사직을 그만두었다.

이봉창 의거 뒤 또 다른 계획을 구상하고 있던 김구는 1932년 3월 24일 그녀를 찾아가, "안둥으로 돌아가 독립운동의 연락원이 되어 주시오."라고 요청했다.

그녀는 김구의 제안을 흔쾌히 승낙했고, 다음 날 김구에게 여비 50원을 받아 상하이를 출발하여 다롄을 거쳐 3월 27일 안둥에 도착했다.

안둥에 무사히 도착한 그녀는 이전의 시댁에 머물며 연락원으로 활동했는데, 그러던 중 김구와 비밀리에 주고받던 편지가 발각되어 5월 9일 안둥경찰서에 체포되었다.[18] 상하이 일본 총영사관은 김긍호의 체포 사실을 연락받고, 관동청과 협의하여 그녀를 이용해 김구를 체포할 계획을 세웠다.

이들은 김긍호의 체포 사실을 숨긴 채 그녀로 하여금 김구와 계속 위장 편지를 주고받게 했다. 김구의 수신처는 상하이를 떠날 때 약속한 대로 안공근의 집인 '상하이 패륵로 신천상리 20호'였고, 수신자는 김구의 변성명인 '곽윤'이었다. 이곳으로 편지를 보내면 김구의 최측근인 안공근이 받아 김구에게 전달했다.

김긍호는 체포되기 전인 1932년 4월 8일과 23일 두 차례 김구에게 편지를 보냈다. 그녀는 5월 4일 김구로부터 지난 4월 23일에 보낸 편지의 답장을 받았다. 김긍호가 5월 9일 체포되었으니, 아마 이 편지가 관동청의 검열에 걸린 것으로 보인다.

일제 경찰은 그녀에게 다시 김구에게 위장 편지를 보내게 했다. 그녀는 5월 26일 그들의 지시대로 김구에게 편지를 보냈다.

그런데 그녀가 김구에게 위장 편지를 보낸 뒤 얼마 지나지 않아 일본 경찰을 매우 당황스럽게 하는 일이 일어났다. 1932년 5월 30일 상하이우전국 소인이 찍힌 김구의 편지가 왔는데, 그 내용은 그녀가 4월 8일 김구에게 보낸 편지의 답신이었다.

4월 8일의 편지는 어제 겨우 보았소. 생활상 고생하고 있을 것을 생각하여 100원을 준비했으나 심부름을 할 사람이 없어서 보내지 못한다오. 내가 좀 자유롭게 되면 보내겠소. 이전에 보낸 50원을 받았다면 송금은 어렵지 않을 것이오. 상하이는 큰 소란 중으로, 홍커우에서 대사건이 일어나 10여 명이 체포되고 집에는 여자와 아이들뿐이오. 그대가 무사한지 근심하고 있소. 고생하는 김에 최후까지 해 주기 바라오. 여비는 충분히 보내겠소. 편지를 가끔 해 주시오. 그리고 편안하게 보양하고 있기를 기도하오. 나의 이름은 '곽윤'이라고 겉봉에 써 주시오.

일본 경찰은 이 편지를 입수하고 매우 당황했다. 김구가 1932년 4월 8일 자 김긍호의 편지를 거의 두 달이 다 된 5월 29일 받은 것도 이상하지만, 더 황당한 일은 김긍호가 이보다 늦은 4월 23일 보낸 편지의 답신은 5월 4일 자로 보내왔기 때문이다.

김구는 왜, 김긍호가 앞서 보낸 편지보다 나중에 보낸 편지에 대한 답신을 먼저 보냈을까? 안공근이 김긍호의 4월 8일 자 편지를 김구에게 전달하는 과정에 어떤 문제가 있었는지, 그 이유는 정확히 알 수 없다. 아무튼 일제는 1932년 5월 30일 김구가 보낸 이 편지를 보고 김구가 김긍호의 체포 사실을 아직 모르고 있다는 것을 확신하고 일단 안도했다.

김긍호가 이미 일본 경찰에 체포되었고, 자신이 받은 그녀의 편지가 위장 편지임을 전혀 알 길 없는 김구는, 그녀가 5월 26일 보낸 위장 편지에 대한 답신을 6월 4일에 보냈다.

환換도 받지 못하고 고생하니 불쌍하오. 이곳에서 대풍파가 일어난 뒤 여기저기 주소를 정하지 못하고 방황하고 있다오. 편지는 친구가 먼저 보고 나에게 전달되므로 편지에 노골적인 일을 쓰지 않아서 도리어 잘됐다오. 편지가 내 손에 직접 들어오게 되거든 겁내지 말고 마음껏 써 주시오. 성의를 알기 위해 생활비로서 매달 20원을 보내는데, 송금이 불편하므로 사람을 보내 한 번에 많이 보낼 생각이니 가거든 믿고 받아 주시오.

일제는 이 편지를 1932년 6월 11일 입수했다. 편지 내용은 김구가 김긍호에게 매달 보내기로 한 생활비 20원을 보내는 것이 여의치 않아 한 번에 많이 보낼 계획이라는 것이고, 김긍호가 보낸 '편지는 친구가 먼저 보고 나에게 보내' 준다고 했는데, 친구는 아마 안공근일 것이다.[19]

일제 경찰은 이 편지를 보고 김구가 아직 상하이에 있으며, 아직 거처를 정하지 못하고, 일제 경찰의 단속이 완화하는 것을 기다려 상하이에서 다시 의열 투쟁을 확대하려 하고 있다고 판단했다.[20] 그러나 일제는 6월 11일 입수한 김구의 편지를 보고, 김구가 그녀의 체포 사실을 감지한 것은 아닐까 의심하고, 일단 위장 통신을 중단하기로 했다. 다만 일제 경찰은 김구가 이 편지에서 김긍호에게 "상하이로 오겠으면 오라."는 의미로 썼다고 판단하고, 그녀를 상하이로 연행하여 김구와 그 일당의 거처를 확인하기로 관동청과 협의했고, 그녀도 이 계획에 동의했다.

김긍호는 1932년 7월 22일 자신을 인계할 경찰과 함께 안둥에서 상하이로 왔다. 오는 도중에, 일제 경찰은 상하이에서 자신들과의 연락은 김긍호의 친구이며 상하이 길주의원에 근무 중인 한인 간호부 아카기 시즈코赤木靜子 즉 왕효선王孝善을 통해서 하라고 지시했다.

그녀는 상하이에 도착하자마자 곧바로 이전 상하이에 있었을 때 머물렀던 마랑로馬浪路에 있는 최석순崔錫淳의 집을 찾아갔다. 그러나 최석순은 집에 없고 그의 아내만 있었다.

"나는 김구 선생님의 부름을 받고 다시 왔는데, 어디로 가면 김구 선생님을 만날 수 있을까요?"

"지금 어디에 있는지 알 수 없고, 면회도 도저히 불가능합니다."

그녀는 어쩔 수 없이 그 집을 나와 이전에 하숙했던 중국 여관인 태평교太平橋의 무릉공우武陵公寓로 갔다.

마침 그곳에서 이전 자신의 정부이기도 했던 이수봉李秀奉과 마주쳤다. 무릉공우에는 빈 방이 없어 둘은 포백로蒲柏路에 있는 중국 여관 금릉공우金陵公寓에 하숙을 정했다.

방에 들어서자마자 이수봉이 물었다.

"무슨 일로 이곳에 다시 왔소?"

"이곳으로 오라는 김구 선생님의 편지를 받고 왔어요. 김구 선생님은 지금 어디에 계세요?"

"지금 김구 선생은 거처불명이므로 도저히 만날 수 없소."

이수봉은 퉁명스럽게 얘기하고,

"볼일이 있어 난징으로 갑니다."

며 밤 9시경 휑하니 하숙집을 떠났다.

이튿날 김긍호는 중간 연락책이자 이전 친구였던 왕효선을 불러 자신이 안둥에서 일본 경찰에게 체포되어 다시 이곳에 오게 된 자초

지종을 말하고 다음 대책을 의논했다.

　두 사람은 '김좌경'의 이름으로 '선생님이 오라고 해서 왔으니 만나 주십시오.'라는 내용의 편지를 써서 안공근의 집으로 보내기로 했다.

　편지를 보낸 지 이틀이 지나도록 아무런 소식이 없었다. 점차 초조해진 그녀는 1932년 7월 25일 '왜 만나 주지 않습니까? 가진 것이 없으니 생활비가 필요합니다.'라는 내용의 편지를 다시 보냈다.

　그러자 다음 날인 7월 26일 오후 낯선 20세가량의 한국 여인이 찾아와 노종균이 전하라는 말이라며,

　"김구 선생님은 현재 거처불명이므로 면회할 수 없습니다."
라는 말만 하고 가 버렸다.

　이날 그녀는 일본 총영사관 경찰에게 전화를 걸어,

　"김구의 거처가 판명되지 않았다. 이의 발견은 상당히 시일이 걸릴 것으로 알아 달라."
라고 하며, 그동안의 활동에 대해 간단히 보고했다.

　그녀는 김구와 만날 길이 막막해지자 다시 노종균에게 '만나고 싶다'는 편지를 보냈다. 다음 날인 7월 28일 아침 8시경 이번에는 낯선 사내가 찾아왔다.

　"노종균이 만나자고 하니 나를 따라오시오."

　그녀는 앞서 가는 남자를 따라 약 20분 정도 걸어 대성문大成門이라는 현판이 걸린 한 공원에 들어가 기다렸다.

　잠시 후 노종균이 나타났다.

"여긴 어떻게 왔습니까?"

"김구 선생님의 편지를 받고 왔으니 꼭 만나야 합니다."

"나도 선생님의 거처를 모릅니다. 어떤 약속이 있었는지는 모르나 선생님을 만나는 것은 불가능합니다. 당신은 이번에 밀정으로 왔다는 소문이 파다하여 이곳에 있는 것은 위험하니 바로 돌아가십시오."

그녀는 노종균의 경고를 듣고 돌아가겠다고 약속하고 그와 헤어졌다.

노종균이 그녀에게 "밀정으로 왔다는 소문이 파다하여"라고 말한 것은, 김긍호가 상하이에 도착하여 첫 번째로 만난 이수봉에게 자신이 안둥경찰서에 체포된 사실과 상하이에 온 목적을 사실대로 말했기 때문인 것으로 보인다. 노종균과 이수봉은 교민단 의경대원이자 상하이한인청년당 당원이기 때문에 둘은 이 사실을 공유했을 것이다.

김긍호는 자신이 상하이에 온 목적이 이미 알려진 마당에 목적 달성은커녕 상하이에 머무는 것조차 위험한 처지에 몰렸음을 직감했다. 그녀는 노종균과 헤어진 뒤 곧바로 일본 총영사관 경찰에게 전화를 걸었다.

"노종균과 면회한바, 김구를 만나는 일은 당분간 가망이 없고, 또 내가 상하이에 있는 것은 위험하기 때문에 곧 한국으로 돌아가라고 하니 면담하고 싶다."

일제 경찰은 그녀가 이수봉에게 모든 사정을 이야기한 점 등을 미루어 그녀는 처음부터 김구 수사에 응할 의도가 없었고, 단지 안둥경찰서에서 풀려나려고 김구 수사에 협조하는 것처럼 행동한 것으로 판단하고, 그녀를 이용하여 김구를 체포하려던 공작을 중단하기로 결정했다.

일제 경찰은 그녀의 신변 보호를 위해 우선 시내 모처에 일시 지내게 한 뒤 1932년 8월 12일 일본 총영사관에 유치했다. 하지만 그녀를 상하이에 둘 경우 독립운동의 '앞잡이'가 될 우려가 있다는 이유로, 일본 총영사관은 10월 27일부터 향후 3년간 중국 체류를 금지하는 조치를 취하고, 그녀를 한국으로 돌려보냈다.[21]

실패한 김구 체포 공작들

상하이 일본 총영사관과 관동청이 합작하여 김구 체포 공작을 진행하는 사이 또 다른 일제 특무 기관에서도 김구 체포를 위한 공작을 은밀히 진행하고 있었다.

그중 하나가 상하이에 주둔하는 일본군 헌병대였다. 헌병대는 1932년 6월 밀정 박춘산朴春山을[22] 프랑스 조계에 들여보냈다. 그는 헌병대의 지원을 받아 여반로呂班路 13호에 둥지를 틀고 교민단 간부들에게 접근했다.

그는 자신의 신분을 숨기고 교민단 간부와 친분을 쌓아 나갔다. 드디어 박춘산은 9월 9일 정오에서 1시 사이에 자신의 집에서 교민

상하이 프랑스 조계지인 구강로. 1920년.

단장 이유필 외 간부 2명과 만나기로 했다.

　보고를 받은 헌병대는 이 기회를 놓치지 않고 이들을 모두 체포하기로 결정했다. 일본군 헌병 약 20명을 중국인 헌병으로 위장하여 박춘산 집 부근의 일본인 집에 잠복시켰다가 이유필 등이 나타나면 체포한다는 계획을 세웠다.

　그런데 문제가 있었다. 박춘산의 거처가 프랑스 조계에 있었기 때문에 이들을 체포하려면 프랑스 총영사관의 협조가 필요했다. 그래서 헌병대는, 프랑스 총영사관에 통보하여 이유필 등의 체포에 협조를 구해 달라고 일본 총영사관에 부탁했다. 일본 총영사관에서는 신중한 조처를 당부하면서, 만일의 사태에 대비하여 한인 체포에 협조를 구한다는, 프랑스 총영사관 앞으로 보내는 서한을 써 주었다.

드디어 1932년 9월 9일, 박춘산 집 부근에 잠복해 있던 일본군 헌병들이 박춘산 집에 몰래 배치해 둔 파수꾼의 연락을 받고 그 집을 급습했다. 그러나 이유필 등 3명은 없었다. 다만 우연히 그 집에 왔던 중국인 한 명을 체포하여 잠복처로 데려와 조사했으나, 그는 자신들이 찾던 한인이 아니어서 곧바로 풀어 주었다.

그런데 일본 헌병대에서 이 사건을 마무리하는 과정에서 더 복잡한 문제가 생겼다. 헌병대는 자신들의 계획이 틀어지자 박춘산에게 마련해 준 집 안의 가구 등 집기를 챙기려고 헌병 5명을 9월 12일 박춘산의 집으로 보냈다. 이들은 집주인에게 박춘산이 일본 관헌에게 체포되어 구금되어 있다고 거짓말을 하고 짐을 챙기기 시작했는데, 그 과정에서 프랑스 총영사관 경찰의 불심 검문에 걸려 짐을 챙기던 일본군 헌병 3명이 체포되었다.

일본군 헌병은 프랑스 조계에 들어가면서 사전에 프랑스 총영사관에 통보하여 협조를 구하지 않은 것이다. 결국 이 사건은 프랑스와 일본 사이의 외교 문제로 번졌다. 일본이 외교상 분명히 잘못했기 때문에, 상하이 일본 총영사 무라이 구라마츠村井倉松가 이 사건에 대해 유감을 표하고 책임자를 처벌하겠다고 약속함으로써 일단락되었다.[23]

이 무렵 주중 일본 공사관에 근무하는 해군 무관 기타오카北岡는 정보 브로커 아이우치 주타로相內重太郎를 끌어들여 김구 일당으로 판단한 임시정부 군무장 김철金澈과 그의 조카이자 상하이한인청년당 이사장인 김석을 체포할 계략을 꾸몄다. 아이우치가 김석과 절친한 중국 광둥인 황자닝黃展英을 시켜 프랑스 조계 내에 집을 빌려 놓고, 이곳에 김철과 김석을 유인하여 체포한다는 계획이었다.

김철(1886~1934).

1932년 11월 27일 기타오카는 상하이 일본 총영사관 경찰부를 찾아가 부탁했다.

"오늘 밤 김구 이하 한국인 두세 명을 체포하려고 하는데 그 신병을 경찰서까지 데려올 테니 인수해 주시오."

일본 총영사관 경찰부장은 이를 승낙하고 김구 등의 수감 준비를 했다.

그런데 기타오카가 11월 30일 오후 5시에 경찰부장을 다시 찾아와, 앞서의 계획을 변경했다며 다시 협조를 부탁했다.

"중국 지역인 민국로民國路에 있는 중국요리점 관생원冠生園에서 연회를 열고, 김철과 김석을 술에 취하게 한 뒤 우리 공안국원이 자동차에 태워 오면 신병을 인수할 경찰을 보내 주시오."

경찰부장은 김철 등을 검거할 요리점이 중국 지역에 있고 이미 중국 공안의 양해를 얻었다고 하니 매우 간단한 일이라고 생각하고, 경찰 11명을 보내 주겠다고 했다.[24] 일본 총영사관 사복경찰 11명은 정보 브로커 아이우치의 안내를 받아 프랑스 조계에서 민국로로 나와 약속 장소로 향했다.

한편 김철과 김석은 이런 사실을 전혀 모른 채 오후 8시 황자닝이 소개하기로 한 광둥 혁명가를 만나려고 황자닝과 만나기로 약속한 술집酒樓으로 갔다.[25]

김철은 변호사이자 광둥 출신 혁명가인 우청유伍澄宇 사무실에서 오랫동안 일했던 황자닝을 소개받아 알게 된 사이였다.

김철과 김석이 술집에 들어서자 이어 황자닝과 주 모 씨도 도착했다. 이어 이 씨라는 그들의 친구가 또 찾아왔다. 황·주·이 이들 세 명은 "잠깐 나갔다 오겠다."라며 밖으로 나갔고, 40여 분이 지난 뒤 권총으로 무장한 일본 사복경찰 3명이 갑자기 들이닥쳤다.[26]

사복경찰들의 눈앞에 펼쳐진 상황은 해군 무관 기타오카가 말한 것과는 사뭇 달랐다. 그곳에서 김철과 김석은 술에 취한 상태가 아니라 멀쩡한 채로 담화 중이었다.

사복경찰들이 순간 주저하자 아이우치는, "이번 기회를 잃으면 다시는 이런 기회를 만나기 어렵다."며 체포를 독촉했다. 주저하던 경찰들은 어쩔 수 없다는 듯이 먼저 김철을 체포하여 문밖에 대기 중이던 차에 강제로 밀어 넣었다. 그러자 김철과 김석은 주변을 향해 악을 쓰며 큰 소리로 외쳤다.

"도와 주세요!"

"강도다!"

이 소리를 들은 이웃집 중국인 정육점업자 유금배는 가까운 경찰지서에 연락하는 한편, 주변 이웃들과 함께 현장으로 우르르 몰려왔다. 사복경찰들은 잔뜩 겁을 집어먹고 김철만 태운 채 일본 총영사관으로 쏜살같이 달아났다.

이 사이 몰려든 군중은 프랑스 조계 경찰서에 신고를 하는 한편, 나머지 사복경찰 2명 및 아이우치와 격투를 벌였고, 그사이 경찰 한 명도 달아났다.

신고를 받고 온 프랑스 총영사관 경찰은 김석과 일본 사복경찰 1명, 그리고 아이우치를 체포하여 하비로경찰서에 가두었다.[27]

일본 사복경찰이 급습한 집은 중국 관할지가 아니라 프랑스 조계였고, 김철과 김석 모두 귀화한 중국 국적자였다. 더구나 지난 9월 상하이 주둔 일본군 헌병이 프랑스 총영사관의 허락도 없이 밀정 박춘산 집을 급습했던 일도 있었기 때문에 문제는 더욱 심각했다.

프랑스 당국은 중국 국적자인 김석을 그날 오후 6시 무렵 석방했다. 일본 총영사관에 강제로 끌려간 김철은 "도쿄와 홍커우공원 사건의 공모자와 그들이 있는 곳을 밝히라"는, 약 4시간에 걸친 심한 고문을 받았다.[28]

이 사건으로 궁지에 몰린 이시이 이타로石射猪太郎 일본 총영사는 다음 날 오후 2시 직접 프랑스 총영사를 찾아가 유감을 표하고 원만한 해결을 제의했다. 하지만 프랑스 총영사는 지난 9월의 헌병대 사건이 있은 지 얼마 지나지도 않았는데 다시 똑같은 일이 일어났다며, 이 일을 본국에 보고하고 지시를 기다리는 중이라며 강경한 태도를 보였다.

별 소득 없이 돌아온 이시이 총영사는 기타오카와 타협책을 협의한 뒤 다시 프랑스 총영사를 찾아갔다. 이시이는 '1. 일본 총영사의

상하이 프랑스 조계지에서 바라본 공동조계 지역 와이탄. 1934년경.

사과, 2. 프랑스 총영사의 관계 경찰관 고발, 3. 일본 경찰과 김철의 교환' 등 3개 항을 제의하여 프랑스 총영사와 합의했다. 그 결과 김철은 일본 경찰 및 아이우치와 교환되어 프랑스 총영사관으로 돌아왔고, 그날 밤 바로 풀려났다.

한편 국내의 일제 기관에서도 김구 체포를 은밀히 추진했다. 한국에 주둔하고 있는 나남사단 예하의 헌병대에서도 윤봉길 의거 직후인 1932년 5월, 무산헌병분대 소속 헌병보 이진룡李鎭龍을 상하이에 파견했다. 상하이에 온 이진룡은 1933년 1월 이후 이름을 석현구石鉉九로 바꾸고 공동조계에 있으면서 인삼 상인 또는 서적 판매업자로 신분을 위장하여 프랑스 조계지를 드나들며 은밀히 김구의 행적을 탐문했다.[29]

그런데 대체로 공동조계에 거주하는 한인들은 독립운동과 무관하거나 아니면 일본인과 연계가 있었기 때문에 석현구는 밀정으로 의심받을 우려가 있었다. 그는 이런 의심을 받지 않으려고 위혜림의 소개를 받아 1933년 8월 8일 프랑스 조계 하비로에 있는 집에 세를 얻어 이사를 했다.[30]

그가 세를 얻은 집은 한때 임시의정원 평안도 의원이었던 임득산林得山의 집이었다. 집주인이 집을 비운 사이 김응진金應鎭이 대신 집을 지키고 있었다. 석현구는 김응진과 같은 집에 살게 되면서 임시정부 요인들과도 쉽게 접근할 수 있었다. 그래서인지 그는 한독당 간부 박창세朴昌世·송병조宋秉祚·차이석車利錫 등과 교류를 하며 김구가 있는 곳을 알아내는 데 주력했다.

그러다 1933년 8월 17일 새벽, 석현구는 돌연 암살되었다.

이날 새벽 5시경 같은 집에 살던 임광숙이 "야채 사려!" 하는 중국인 야채 장수의 소리를 듣고 야채를 사려고 바깥문을 살짝 열고 내다보았다. 그런데 야채 장수는 이미 가 버렸는지 보이지 않았다.

그때 어린 아기가 울어 깜박 문을 열어 둔 채 방으로 들어와 아이를 재우면서 자신도 잠깐 잠이 들었는데, 갑자기 "탕!" 하는 총소리에 깜짝 놀라 잠에서 깼다.

임광숙은 무서워서 꼼짝 않고 침대에서 이불을 뒤집어쓰고 누워 있었는데, 옆방의 김응진이 후다닥 계단을 뛰어 내려가는 발자국 소리가 들려 왔다. 김응진이 석현구의 방에 가 보니 그는 이미 죽어 있었다. 다시 자기 방으로 돌아온 김응진이 두려움 속에 베란다 문을 살짝 열고 밖을 보니, 중국인 복장을 한 사내 두 명이 집 앞의 작은 길을 따라 빠르게 사라지고 있었다.[31]

석현구 암살은 교민단 의경대장 박창세가 지휘한 일이었다. 박창세는 석현구가 일제의 밀정임을 알고 자신의 부하 이경산과 이운환李雲煥을 시켜 그를 암살했다. 석현구를 암살한 뒤 박창세와 이운환은 전장鎭江으로, 이경산은 광둥으로 각각 피신했다.[32]

상하이 일본 총영사관에서는 '석현구 암살 사건'이 있은 뒤에야 그가 김구 체포 공작을 위해 나남 헌병대에서 비밀리에 파견한 밀정임을 알았다.

윤봉길 의거 이후 상하이 일본 총영사관 경찰을 비롯하여 상하이 주둔 육군 헌병대, 주중 일본 공사관 무관 등의 특무 기관들이 경쟁적으로 김구 체포에 뛰어들었지만, 이들은 김구의 흔적조차 찾지 못한 채 모두 허탕만 치고 말았다.

2. 김구와
남화한인청년연맹의
합작

밀정 옥관빈을 처단하다

윤봉길 의거 뒤 일제의 검거 선풍이 휘몰아친 상하이 한인 사회에
는 찬바람이 쌩쌩 불었다. 흥사단장 안창호, 교민단 정무위원장 이
유필 등이 차례로 검거되고, 임시정부는 상하이를 떠나 항저우에 새
로운 둥지를 틀었다. 김구를 비롯한 임시정부 주요 인사들은 일제의
검거를 피해 자싱·난징·항저우 등지로 뿔뿔이 흩어졌다. 한국의 독
립운동에 호의적이었던 프랑스 조계 당국의 태도도 윤봉길 의거 직
후 일본 경찰의 한인 수사와 검거에 적극 협조하는 등 예전 같지 않
았다.

　프랑스 조계 당국은 윤봉길 의거에 격분한 상하이의 일본인들을
무시할 수 없었다. 더 중요한 것은, 일본이 상하이를 침략한 이후 영

국·프랑스 등 서구 열강이 중재하던 정전협정이 윤봉길 의거로 무산되지 않을까 하는 우려였다. 적어도 상하이에 대해 서구 열강과 일본은 공동운명체로서 중국의 반일·반침략 투쟁을 경계하며 자신들의 이익을 보호하는 것이 우선이었다.[33]

1932년 5월 5일, 영국 등 열강이 중재하여 중일정전협정(송호정전협정)이 체결되자 한인들에 대한 프랑스 조계 당국의 태도도 다소 완화되었지만, 이전과는 달랐다. 프랑스 조계 당국은 아무런 사전 협의 없이 일본 경찰이 프랑스 조계를 급습하여 한인을 수색, 체포하는 경우는 조계 관할권 침범 차원에서 적극 대응했으나, 일본 당국의 한인 체포 요청에는 대체로 협조적이었다.

게다가 눈에 보이지 않는 수많은 밀정들이 상하이 한인 사회에서 활개를 치고 있었다. 일제가 한인 사회에 대한 친일 공작을 적극적으로 진행하면서 상하이는 더 이상 해외 독립운동의 책원지도, 안전지대도 아니었다.

이런 살벌한 분위기 속에서도 무정부주의 단체인 남화한인청년연맹南華韓人靑年聯盟(이하 '남화연맹')은 의열 투쟁을 이어 갔다.

1930년 4월 상하이의 무정부주의자 유기석柳基石은 유자명柳子明·정해리鄭海理·안공근 등과 함께 남화연맹을 조직했다. 남화연맹은 '자본주의사회를 근본적으로 타도하고, 일체의 권력과 사유 제도를 부인하며, 상호부조·자유연합의 정신에 기초해서 정치적·경제적으로 만민이 평등한 사회를 창설하는 것'을 목적으로 했다.[34] 점차 조직을 확대해 가던 남화연맹은 1931년 8월 베이징과 만주 등지에서 상하이로 온 동지들이 합세하면서 활기를 띠기 시작했고, 그 중심에는 만주에서 온 정화암[35]이 있었다.

이들은 1931년 이후 3·1절, 5월 1일 노동절, 8월 29일 국치일 등을 맞이해서는 '일본제국주의를 타도하여 한국 민족을 해방시키고 무정부사회를 건설하자'는 격문을 상하이 일대에 뿌렸다. 그리고 일제가 만주를 침략하자 이들은 '전쟁 반대, 일본제국주의 타도'를 주장하는 반전삐라를 배포하는 등 선전 활동에 집중했다.[36]

남화연맹은 일제가 만주에 이어 상하이를 침략하면서 고조된 중국인의 반일 기세를 높이고 이를 통해 한중 연대를 강화할 목적으로 더욱 적극적인 투쟁에 나섰다.

1932년 12월 이들은 만주 침략 후 북중국 방면으로 세력을 넓히려는 일제의 침략을 방해하고 치안을 교란할 목적으로 톈진 일본 총영사를 폭사시키기로 했다. 거사일을 12월 16일로 정하고, 이용준李容俊이 퇴근하는 톈진 일본 총영사에게, 유기석의 동생 유기문柳基文이 일본군사령부에 각각 폭탄을 투척하기로 결정했다. 12월 16일 오후 6시 30분경, 이용준은 퇴근하는 일본 총영사가 탄 차를 향해 폭탄을 던졌으나 빗나갔다. 유기문은 일본군사령부가 폭탄을 던지기에 거리가 멀어 대신 톈진항에 정박 중인 일본 기선을 향해 폭탄을 던졌으나 이 역시 빗나가 바다에 떨어지고 말았다.[37]

당시 일제는 침략을 계속하면서 중국에게 중일 간의 문제는 직접 양측이 외교로 해결해야 하며, 그렇지 않고 계속 반일 행위를 하면 단호히 응징하겠다고 공언했다. 그러면서 일제는 1932년 12월 산하

원심창(1906~1971).

이관山海關을 공격하여 점령하고, 이듬
해 2월에는 리허성熱河省까지 공격했다.
계속되는 일본군의 침략에 소극적으로
대응하는 중국 당국에 대한 중국 민중
의 불만이 높아 갔다.

그 무렵 톈진 일본 총영사 폭탄 암살
사건에 관계했던 남화연맹원 원심창元心
昌이 상하이로 돌아와 정세를 반전시킬
후속 방안 두 가지를 구상하고 있었다.
하나는 일본군의 산하이관과 리허성 점령으로 높아진 중국인들의
반일 감정을 이용하여 주중 일본 공사 아리요시 아키라有吉明를 암살
하는 계획이었고, 다른 하나는 상하이 주재 미국 총영사를 암살하여
미일 관계를 악화시킴으로써 미일전쟁 발발을 유도한다는 구상이
었다.[38]

그런데 일본 총영사관 경찰은 무정부주의자들이 또다시 뭔가 계
획을 꾸미고 있다는 낌새를 알아차렸다. 일본 경찰 야마다 가쿠베에
山田角兵衛는 상하이에 있던 일본인 오키冲를 밀정으로 활용하여, 그
를 원심창에게 접근시켰다.

누구의 소개인지는 확실치 않으나 오키는 1933년 3월 5일 원심
창과 만나 아리요시 암살 구상을 알게 되었다. 오키는 기다렸다는
듯이 야마다가 지시한 대로 원심창에게 '아리요시 공사가 일본으로
귀국하기 전에 홍커우의 한 요정에서 상하이 유지들과 송별연을 갖

는다.'는 거짓 정보를 흘렸다. 원심창은 이때 아리요시를 암살하기로 하고, 오키에게 그가 타는 승용차의 종류, 색깔, 자동차 번호 등을 알아내 달라고 부탁했다.[39]

원심창은 오키와 헤어진 뒤 곧바로 백정기白貞基의 집으로 달려가, 백정기·이강훈李康勳·이달李達·박기성朴基成·김지강金之江·엄형순嚴亨淳·이용준·오면직[40]·전리방全理芳·정해리·정화암 등 동지들에게 자신의 계획을 말했다.

원심창은 이번에,

"일본 정부의 아라키荒木 육군상陸軍相의 명령에 의하여 국민정부 군사위원장 장제스를 4,000만 원에 매수한 아리요시 공사가 머지 않아 보고를 위해 귀국할 것이오. 공사가 보고를 마치고 다시 중국으로 돌아올 때는 시국은 급변하여 우리 무정부주의자들은 이 운동의 발판을 잃어버리게 되므로, 공사가 귀국하기 전에 살해할 필요가 있소."

라며 열변을 토했다.

동지들은 모두 원심창의 제안에 동의했다. 동지들이 아리요시 암살을 "내가 하겠다."며 앞다투어 나서자, 보다 못한 정화암이 "그럼 추첨으로 결정하자."고 제안했다. 제비뽑기를 한 결과 이강훈과 백정기가 선정되었다.[41]

한편, 원심창과 헤어진 오키는 야마다에게 원심창의 계획을 보고했다. 야마다는 이를 기회로 남화연맹원을 소탕할 계략을 꾸몄다. 야마다는 오키에게 아리요시 공사의 송별회 장소가 육삼정이며, 날

짜는 1933년 3월 17일이라는 거짓 정보를 그들에게 전하라고 지시했다.[42]

오키는 3월 14일 원심창을 만나 야마다가 시킨 대로 거짓 정보를 알려 주었다. 원심창을 비롯한 남화연맹원들은 아무런 의심 없이 오키의 말을 믿고, 3월 17일 거사를 위한 구체적 계획을 의논했다. 이날 모임에 참여한 오키는 그날 결정 사항들 역시 그대로 야마다에게 보고했다. .

1933년 3월 16일 원심창의 집에서 17일 거사를 위한 마지막 준비 회의가 열렸다. 이날도 밀정 오키가 참여했다. 이날 모임에서는, 아리요시 암살 실행 참가자는 원심창·백정기·이강훈, 일본인 동지 야타베 무지谷田部勇司 및 오키로 하고, 원심창과 야타베는 연락책으로, 백정기·이강훈은 암살 실행자로, 그리고 오키는 아리요시 공사의 움직임을 관찰하여 야타베에게 연락하고, 야타베가 백정기 및 이강훈에게 연락하면 암살을 실행하기로 하는 등 17일 거사 계획을 최종 결정했다.[43]

드디어 3월 17일 오후 9시경, 원심창·야타베·이강훈·백정기는 빌린 차를 타고 육삼정 맞은편에 있는 음식점 송강춘 앞에 내렸다. 야타베는 아리요시의 움직임을 관찰하려고 육삼정 방향으로 가고, 나머지 셋은 송강춘에 들어가 야타베의 연락을 초조하게 기다렸다. 이때 음식점 직원 등으로 위장하고 이들을 기다리고 있던 일제 경찰이 득달같이 달려들어 모두를 체포했다. 일본 경찰이 밀정 오키를 통해 파 놓은 함정에 모두 빠졌던 것이다.

朝鮮人을中心으로한

上海의國際黑色團

有吉公使謀殺犯白貞基等

豫審取調로正體發露【一】

各國風俗대로 行動은自由

언제든지 기회잇는대로 행동

米國人까지加擔活動

民家에砲車突入

군인二명중상

아리요시 공사 암살 미수범 백정기 등의 예심 취조 결과에 관한 기사. 사진은 백정기. 『동아일보』 1933. 11. 11.

정화암은 훗날 아리요시 공사 암살 미수사건에 대해,

우리의 계획이 사전에 누설된 것도 모르고 백정기는 송강춘에서 제법 의젓하게 음식을 시켜 놓고 오키를 기다렸으나 그는 오지 않았다. 아나키스트라고 떠들어 대던 그 일본 놈을 믿은 것이 실수였다.

라고 회고했다.[44] 안타깝게도 아리요시 암살 계획은 '내부 밀정'에 의해 사전에 누설된 것이 아니라, '일제 경찰의 밀정'을 통해 쳐 놓은 덫에 걸려든 것이었다.

남화연맹원들은 이 일로 기죽지 않았다. 이들은 1933년 5월에는 정화암·오면직·안경근安敬根 등이 모여 이종홍李鍾洪(안경근의 처조카)이 일본 총영사관의 밀정이라고 판정하고 교살하는 등[45] 밀정 처단에도 망설이지 않았다.

1933년 7월 22~23일경 남화연맹에서는 옥관빈玉觀彬이 일본 군대를 위해 약 2만 원 상당의 군용 목재를 제공하고, 일본 관헌에게 혁명운동 관련 밀정 행위를 한 사실을 포착했다. 정화암 등은 옥관빈을 암살하기로 결정하고 이 일을 오면직과 엄순봉에게 맡겼다.

두 사람은 공동조계에 살고 있던 옥관빈이 그의 사촌 형이자 프랑스 총영사관 형사인 옥성빈玉成彬의 집에 자주 드나든다는 정보를 입수하고, 옥성빈의 집 맞은편 2층에서 수일간 잠복하며 암살 기회를 엿보았다.

드디어 8월 1일 오후 9시경, 옥관빈이 옥성빈의 집을 나와 자신의 차를 타려고 발걸음을 옮기는 순간, 엄순봉은 재빨리 자동차에 다가가 옥관빈을 향해 방아쇠를 당겼다. 세 발의 총성이 울렸고, 그 가운데 두 발이 몸을 관통하여 옥관빈은 그 자리에서 즉사했다.[46]

『동아일보』 1933년 8월 3일 자에 보도된 옥관빈 피살 기사.

옥관빈의 죽음은 상하이 사회에 큰 충격을 주었다. 그는 상하이에 사는 한인 가운데 가장 성공한 사업가였고 유명 인사였다. 상하이 한인 사회는 물론 일본 경찰과 상하이시 당국도 크게 놀라며 누가, 왜 그를 암살했는지 어리둥절해했다. 일본 경찰은 일단 김구 측의 소행으로 판단하고 예의 주시하며 수사를 벌였다.

사건에 관한 아무런 단서도 찾지 못한 채 일주일이 지난 8월 8일, 프랑스 조계와 상하이 신문사에 한인제간단韓人除奸團이라는 이름으로 옥관빈의 죄상을 폭로하는 '참간장斬奸狀'이 배포되면서[47] 암살 주체와 그를 암살한 이유가 밝혀졌다. 한마디로 '밀정'인 옥관빈을 처단했다는 것이다. 한인제간단은 남화연맹이 참간장 발표를 위해 일시 만든 '위장 단체'였다.

옥관빈 암살을 주도했던 정화암은 후일 이 일은 김구와 합작한 것이라고 회고했다.[48]

옥관빈의 횡포는 여전하였다. 보다 못한 김구가 나를 찾아왔던 것이다.

김구가 보여 주었던 그의 죄상 열여덟 가지는 고사하고 독립운동가를 모욕하는 그의 언동만으로도 그를 용서할 수 없었다. 옥관빈을 그대로 놔두면 앞으로 어떤 일이 생길지 알 수 없었다.

나와 김구, 안공근 세 사람이 앉은자리에서 옥관빈을 처단하기로 합의했다.

임정은 훙커우 사건 이후 중국 정부의 후원을 받고 있었으므로, 돈은 있었으나 일을 해낼 만한 사람이 없었고, 남화연맹은 사람은 있으나 돈이 없었다. 그래서 임정의 재력과 남화연맹의 인력이 합작하기로 했다.

그 자리에서 김구는,

"이 일을 수행함에 있어 임정과 남화연맹이 공동보조를 취한다는 것은 우리 셋만 알고 있읍시다."

하고 극비임을 강조했다.

정화암의 회고에 의하면, 옥관빈 암살은 김구가 자금을 대고 남화연맹이 실행한 한인애국단과 남화연맹의 합작품이다.

이 비밀 합작은 얼마 뒤 참간장의 발표 주체 문제로 깨어졌다. 옥관빈 암살이 성공한 뒤, 정화암에 따르면 "임정 측에서 김구와 안공근, 남화연맹 측에서 나와 엄순봉·오면직이 상하이 변두리의 어느 조그마한 여관에서 마주앉아" "옥관빈의 죄상 발표를 한인제간단 명의로 하기로 합의했다."

그런데 참간장을 발표한 뒤 안공근이 정화암을 찾아왔다. 한인제간단이 남화연맹 계통의 단체로 점차 알려지면서, 옥관빈 암살에 재정적 후원을 하며 합작했던 김구 측의 입장이 난처해졌다며, "애국단과 남화연맹의 공동명의로 성명서를 다시 발표하자."는 김구의 제안을 전달했다.

정화암은 애초 합작을 비밀에 부치기로 합의했고, 또한 같은 성명서를 공동명의로 다시 발표하는 것이 서로 공적을 다투는 인상을 줄 수 있다는 이유로 거절했다고 한다. 결국 이 일로 김구와의 합작이 깨어졌다는 것이다.[49]

그런데 『백범일지』에는 옥관빈 암살 사건은 물론이고 정화암과의 합작에 관한 얘기가 단 한 줄도 나오지 않는다. 반면 정화암은 이 일과 관련하여 김구를 두 차례 직접 만났다고 했다.

이 일은 윤봉길 의거 이후 1년이 훨씬 지난 때다. 1933년 8월이면 김구가 자싱과 난징을 오가며 장제스가 허락한 한인군관학교 개설에 집중하던 때인데, 이런 시기에 과연 김구가 일제의 감시가 엄중하던 상하이로 한 번도 아닌 두 번이나 가는 모험을 했을까? 그 답은 부정적일 수밖에 없다.

정화암이 김구를 직접 만났다고 한 것은 자신의 존재감을 드러내기 위한 과장이 아닌가 한다.

그렇다면 옥관빈 암살이 김구 측과의 합작품이었다는 정화암의 회고는 사실일까? 정화암은 이 일이 있은 뒤 김구가 엄순봉과 오면직을 한인애국단으로 데려가려고 하여 둘 사이에 언짢은 일까지 생겼다고 했다. 노종균이 김구의 지시를 받아 이 둘을 데리고 가려고

설득했고, 결국 노종균과 절친한 오면직이 한인애국단으로 갔다고 했다.[50]

남화연맹원 오면직은 뒷날 일본 경찰에 체포된 뒤 신문 과정에서 "1933년 10월에서 11월 사이에 김구가 불러서 자싱으로 갔다."고[51] 하여 정화암의 말을 뒷받침했다.

또한 옥관빈이 암살된 직후 친일 단체인 상하이한인친우회 회장 유인발은 자신을 암살한다는 소문을 따지려고 교민단 의경대장 박창세를 찾아갔는데, 그로부터 "옥관빈 암살 사건은 안공근·엄항섭·박찬익 등이 무정부주의자들과 제휴하여 감행하였다."는 이야기를 들었다고 했다.[52]

이런 사실로 보아 옥관빈 암살은 김구와 정화암, 즉 한인애국단과 남화연맹이 합작한 것은 사실인 듯하다. 다만 합작 과정에서 연락과 협의는 아마 김구를 대신하여 이전 남화연맹원이었던 안공근과 정화암 사이에 이루어졌다고 보는 것이 자연스럽다.

한편, 정화암의 회고 가운데 또 하나의 흥미로운 얘기가 있다. 남화연맹도 1932년 4월 29일 천장절 기념식이 열리던 날 홍커우공원에 폭탄 투척을 계획했다는 것이다.

정화암은 천장절 기념식을 겸한 전승 축하식에 참석하는 일본 군부 요인들을 폭살할 계획을 세우고, 폭탄은 백정기가 던지기로 했다고 했다. 그러나 거사 당일 기념식장 출입증을 구해 주기로 한 중국인 아나키스트 왕야차오王亞樵와 화쥔스華均實가 약속을 지키지 않아 결국 무산되었다고 했다.[53]

그러면서 정화암은 당시 김구도 이런 계획을 하고 있었음을 미리 알았다고 하며, 이렇게 회고했다.[54]

임정의 김구도 이것을 계획하고 있었다. 김구 역시 남화연맹도 이 기회를 놓치지 않으려 할 것이라 생각하고, 안공근을 시켜 나와 친분이 두터운 김오연金吾淵에게 남화연맹 측의 거사 계획 여부를 탐문하도록 했다. 그러나 우리는 계획을 극비리에 진행하고 있었기 때문에 김오연이 이를 알 리가 없었다.

오히려 나는 김오연으로부터 당일 그 식전에 참석한 내빈들이 11시까지 전부 퇴장하고, 그 뒤에는 군인들과 고관들만 남게 되어 있으므로 그때 거사키로 결정했다는 임정 측의 비밀을 전해 들을 수 있었다.

그래서 나는 임정이 계획한 시간보다 조금 빠르게 거사 시간을 정했다.

남화연맹도 4월 29일 윤봉길 의거와 같은 거사를 계획했다는 것은 이미 알려진 사실이지만, 흥미로운 것은 윤봉길 의거를 계획하던 김구 측과도 간접적이지만 서로 소통이 있었다는 정화암의 얘기다.

과연 정화암의 이런 회고는 사실일까? 이 역시 『백범일지』에는 전혀 언급이 없다. 그런데 정화암의 회고는, 이 계획을 함께했던 유기석의 회고나 이용준의 진술과는 약간의 차이가 있다.

유기석의 회고에 따르면, 남화연맹은 1932년 4월 중순 일본 신문 『상하이일일신문』에 보도된 "4월 29일 홍커우공원에서 천장절을 경축하고 승리를 축하하는 대회를 거행한다."라는 기사를 보고, 이날 시라카와 요시노리白川義則 상하이 파견군사령관을 사살하기로 결의했고, 4월 27일 준비 모임에서 "폭탄은 목표를 정확히 맞히기 쉽지 않아 권총으로 사살"하기로 하고, 그 실행자를 제비뽑기로 결정하기로 하여 백정기가 결정되었다고 했다. 그런데 다음 날 모임에서 29일 식장에 들어갈 수 있는 초청장을 구해 주기로 한 중국인 동지 화쥔스가 그날까지 초청장을 구하지 못하여, 시간적으로 다시 계획을 세우기도 곤란하여 결국 포기했다고 회고했다.[55]

한편 이용준은 1939년 재판정에서 당시 상황을 이렇게 진술했다.[56]

> 1932년 4월 초순 백정기·유흥식·오면직·이이덕[본명 이달] 및 중국인 동지 화쥔스 등과 회합하고, 오는 29일 천장절에 즈음하여 상하이 신공원에 집합한 일본인 대관 등에 폭탄을 투척하여 이들을 암살시킬 것을 협의한 결과 본인이 그 실행자로 결정되었으나 그 후 **김구파와의 절충에 의해 이번 테러 행위는 동파同派에서 실행하는 것**으로 되었다. [강조는 저자]

정화암과 유기석의 회고 및 이용준의 재판 기록을 종합하면, 남화연맹에서도 1932년 4월 29일 거사를 계획한 것은 사실이나 세 사람의 기억이 다르다. 먼저 유기석과 정화암은 4월 29일의 거사 실행자를 백정기로, 이용준은 본인으로 기억하고 있다. 또한 정화암은 김구 측의 거사 계획을 알면서도 동시에 진행했다고 한 반면, 이용준은 서로 합의에 의해 김구 측에 양보했다고 했고, 유기석은 전날인 4월 28일 밤에 거사를 포기했다고 했다.

홍커우공원 폭탄 투척 실행자가 백정기인지 이용준인지, 김구 측과 협의가 있었는지 여부는 현재로서는 정확히 확인할 수 없으나, 이용준의 진술이 사실이 아닐까 한다.

왜냐하면, 실행자의 경우 유기석과 정화암 둘 다 백정기로 기억하고 있으나, 이용준은 재판에서 불이익을 당할 수 있는데도 자신이 실행자였다고 진술했고, 무엇보다도 이용준의 진술은 1939년의 기억이다. 반면 정화암은 1966년, 유기석은 1967년의 기억이기 때문에 이용준의 진술이 사실에 더 가깝지 않을까 한다. 그래서 김구 측과의 협의 여부와 관련해서도, 정화암의 기억이 구체적이기는 하지만 실행자인 이용준의 기억이 역시 사실이 아닐까 한다.[57]

다만 앞서 본 옥관빈 암살 사건과 함께 김구 측과 남화연맹의 합작 문제는 앞으로 더 검토되어야 하겠지만, 두 사건 모두 한때 남화연맹원이었던 안공근이 개입되어 있다는 점에서, 안공근이 활동이 부자유스런 김구의 지령을 받고 합작을 추진했거나, 아니면 안공근이 김구 몰래 진행한 일일 가능성도 있다.

옥관빈은 과연 밀정인가?

상하이에서 잘나가던 한인 사업가 옥관빈의 죽음은 상하이 사회에 큰 충격을 주었다. 누가, 무슨 이유로 그를 암살했을까? 의문은 꼬리에 꼬리를 물었다. 김구 측의 소행이라는 둥, 일본 측의 소행이라는 둥, 여러 풍설만 떠돌 뿐 사건은 더욱 미궁 속으로 빠져들었다.

상하이 경찰 당국조차 사건의 단서를 찾지 못하고 오리무중에 있던 1933년 8월 8일, 프랑스 조계와 상하이 신문사에는 한인제간단이란 단체의 이름으로 옥관빈의 죄상을 폭로하는 '참간장'이 날아들었다. 다음 날 신문에 보도된 한인제간단의 참간장에 따르면, 옥관빈을 암살한 이유는 아홉 가지였다.[58]

1. 국내에서 이미 귀순하여 일제의 밀정으로 상하이에 옴.

2. 무역상을 개설하고 한중 양국 사정을 정탐함.

3. 중국인으로부터 만여 금을 편취함.

4. 신문 및 전단을 활용하여 한국의 혁명자를 이간함.

5. 유림 대표 김창숙 등 혁명자를 체포케 함.

6. 1932년 제1차 상하이사변 때 중국 군정을 정탐하여 일본군에게 넘김.

7. 참호용 목재 등을 일본군에 헌납함.

8. 폭력단을 조직하여 혁명운동자 암살을 기도함.

9. 신변 보호를 위해 일본 영사관이 지급한 권총을 과시함.

남화연맹에서 옥관빈을 암살한 이유는, 한마디로 그는 1919년 상하이에 올 때부터 일제의 밀정이었다는 것이다. 상하이의 한인 재력가 옥관빈이 '밀정'이었다는 사실과 함께, 그 때문에 암살되었다는 소식은 다시 한번 상하이를 들썩이게 했다.

1933년 8월 12일, 이번에는 중국국민당 상하이시 제2구 21분부에서 「옥관빈 선생에 대한 무고를 반박하다爲玉慧觀先生辨誣」라는 반박문을 같은 신문에 실었다.[59] 반박 내용은 모두 다섯 가지였다.

1. 한말 혁명당에 투신하여 5년 동안 옥살이를 함.
2. 1919년 상하이에서 한국혁명당과 연계를 도모하고 광둥의 쑨원孫文과 중국 혁명을 원조함.
3. 중국불교회 상무위원에 피선되고 중국국민당에 가입하여 상하이시 당부의 각종 당직을 역임함.
4. 9·18사변 후 시민의용군에 가입하여 군사 훈련을 이수함.
5. 1932년 1월 1·28사변 후 일본군의 공격으로 약 2만 금의 손해를 봄.

한마디로 옥관빈의 '밀정' 주장은 어불성설이며, 오히려 그는 한국 독립은 물론 중국 혁명을 위해 노력한 '애국자'였다는 것이다.

참간장에서 제시한 아홉 가지 죄상 가운데 '5. 유림 대표 김창숙 등 혁명자를 체포케 함' 즉 밀고했다는 것은 사실이 아니며,[60] 나머지도 확실한 근거가 없는, 그가 상하이에 온 이후 떠도는 소문이었다. 반박문의 경우 쑨원과의 관계는 근거가 없으나 나머지는 사실이다. 이처럼 같은 사람에 대해 서로 정반대의 주장이 나오면서 옥관빈의 '밀정' 여부는 상하이에서뿐만 아니라 국내에서도 큰 논쟁이 되었다.

그럼 옥관빈은 왜 '밀정'이란 의심을 받고 살해당했을까?

옥관빈은 1919년 상하이로 올 때부터 주변으로부터 '일제 당국으로부터 비밀스런 약속과 지령을 받고 온 정탐'이라는 의심을 받았다. 여기에는 그가 105인사건으로 투옥되었다가 가출옥하면서 '석방 후 일본에 협조하겠다'고 자술서를 쓴 일, 출옥하는 날 "향후 정치운동에 가담하지 않을 것"이라고 한 기자회견 등이 근거가 되었다.[61]

그가 1920년 말경 난징에서 상하이로 돌아와 '여덕상회'라는 무역상을 차리고 이듬해 자본 규모를 늘려 '배달공사'로 사업체를 확장했을 때, 당시 임시정부 경무국장이던 김구는 자금 출처를 두고 그에 대한 의심의 눈초리를 감추지 않았다.[62]

옥관빈의 밀정설이 상하이 한인 사회에 뿌리가 매우 깊었다는 사실은 그의 스승이나 마찬가지인 안창호의 일기에서도 확인할 수 있다. 옥관빈은 안창호를 여러 번 찾아가 '자신을 밀정이라고 하는 혐의'에 대해 하소연했고, 안창호는 그때마다 그를 위로하며 더욱 수양할 것을 당부했다.[63]

옥관빈은 시간이 갈수록 자신에 대한 밀정 의심이 짙어지자 이후 임시정부와 결별하고 사업에만 열중했는데, 사업이 번창하면 할수록 그에 대한 의심은 더욱 깊어졌다. 왜냐하면 공동조계에서 생활하면서 국내에서 고려인삼정을 대량 수입하여 판매하는 그의 사업은 일제의 협조와 지원 없이는 불가능한 일이었기 때문이다.[64]

또한 그는 오직 사업에만 몰두하며 임시정부나 독립운동과는 일정한 거리를 두었고 독립운동 자금을 대거나 어려운 동포를 돕는 데

인색했는데, 이것도 밀정설을 믿게 하는 요인이 되었다.[65]

밀정설이 깊어지면서 옥관빈은 암살되었고, '진위 여부'는 역사 속에 묻힌 채 그에게는 지울 수 없는 밀정의 낙인이 찍혔다.

그런데 2012년에 옥관빈의 밀정설을 부정하는 연구[66]와 이를 주장하는 연구[67]가 거의 동시에 발표되어 학계의 눈길을 끌었다. 두 연구자 역시 당시와 마찬가지로, 옥관빈에게 제기되었던 여러 '밀정설'에 대해, 한편에서는 '근거 없는 소문'이었을 뿐이라는 이유로 밀정설을 부정했고, 다른 한편에서는 소문과 정황을 근거로 정반대의 주장을 하고 있다.

옥관빈의 밀정설을 부정하는 연구는, 우선 '밀정설'이 모두 근거 없는 소문에 지나지 않을 뿐이고, 옥관빈은 오히려 당시 "상하이 독립운동 진영의 과도한 '정쟁'과 '지방열'로 말미암아 '만들어진' 밀정"이라고 했다. 특히 밀정일 수 없는 근거로, 1925년 상하이 일본 총영사관이 작성한 『체포해야 할 불령선인 연명부』(1925. 1.)에서 옥관빈을 체포해야 할 불령선인으로 분류한 점, 그리고 같은 서북파이자 흥사단원인 구익균의 증언을 들었다. 그의 증언은 이러했다.

- 옥관빈이 안창호를 통해 독립 자금을 댔고,
- 그 돈으로 이봉창 사건이나 윤봉길 사건도 일어날 수 있었으며,
- 상하이에서 일어나는 임시정부의 일이나 테러라든지 하는 일의 비용이 거의 도산島山을 통하여 나갔고,
- 무정부주의자들이 옥관빈에게 돈을 요구하다 거절당하자 결국 총으로

쏘아서 죽였다.

이런 증언들을 옥관빈이 밀정일 수 없는 주요 근거로 들었다.[68]

당시 무정부주의자들은 '약掠'이라는 전술을 내세우며 종종 독립 자금을 마련할 목적으로 동포들을 대상으로 강도 행위를 했다. 이런 점에서 이들은 상하이 한인 가운데 제일 부호인 옥관빈에게도 독립 자금을 강요했을 수 있다. 그런데 이들은 '약' 전술을 쓰면서 대상을 위협은 했으나, 자신의 요구를 들어주지 않는다고 동포를 살해한 경우는 없었다.[69]

또한 구익균의 증언 역시 사실 그대로 받아들이기에는 석연찮은 부분이 많다. 김구는 자신이 임시정부 재무장이던 시절, 정부 청사 월세도 제때 내지 못해 "집세 문제로 집주인에게 종종 소송을 당하" 기도 했다고 했다.[70] 더구나 옥관빈이 준 돈이 안창호를 통해 김구에 게 건너가 이봉창과 윤봉길 의거에 사용되었다는 것 역시 김구의 회고와는 다르다.

그리고 상하이 일본 총영사관이 1925년 옥관빈을 체포 대상으로 삼은 것 역시 밀정이 아니라는 근거가 될 수는 없다. 공동조계에서 살고 있던 옥관빈의 경우 일본 총영사관이 마음만 먹으면 언제든지 체포할 수 있는데도 체포하지 않은 이유도 의문이다. 또한 일제가 국내외 각지에서 수많은 밀정을 활용하면서 밀정의 이름을 밝힌 적은 거의 없다. 더구나 대다수 밀정은 일본 경찰이나 헌병 등 특무 기관원 개인이 정보망으로 비밀리에 활용하기 때문에 정체가 드러나

지 않을 뿐만 아니라, 심지어 같은 기관 안에서도 누가 밀정인지 모르는 것이 다반사였다.

예컨대, 김구 암살 공작에 직접 간여했던 밀정 위혜림 역시 조선총독부의 대표적인 '불령선인' 명단인『용의 조선인 명부』에 올라 있다.[71] 때문에『체포해야 할 불령선인 연명부』에 옥관빈의 이름이 있다 하여 이것이 그가 밀정이 아니라는 충분조건은 아니다.

반면, 옥관빈이 밀정은 아니지만 소극적이든 적극적이든 친일파였을 가능성을 보여 주는 자료도 있다. 상하이 프랑스 총영사관에서는 1931년 3월 공동조계 형사 김현식金鉉軾과 옥관빈이, 교민단의 활동을 방해하려는 일본 당국의 재정적·정신적 지원을 받아, 일본이 보기에 충성스럽다고 인정되는 프랑스 조계와 공동조계 홍커우 지역에 사는 한인들로 친일 단체인 조선인동우회를 조직했다고 했다.[72]

『조선민족운동연감』1931년도 기타 항을 보면, 그해 3월 본부를 홍커우에 두고 회원의 상호 친목 도모를 목적으로 조직한 동우회의 회칙과 주요 회원 명단이 있다.[73] 회원 명단 가운데는 낯익은 이름, 즉 박춘산이 있다. 그는 1932년 9월 상하이 주둔 일본군 헌병대가 김구 등을 체포하려고 프랑스 조계지에 은밀히 보냈던 밀정이었다. 1931년 3월이라는 결성 시기나 홍커우라는 지역 등을 볼 때 이 동우회가 바로 상하이 프랑스 총영사관에서 파악한 조선인동우회이다. 조선인동우회의 구체적 활동은 알 수 없으나 옥관빈이 조직 배후의 인물인 친일 단체였음을 알 수 있다.

또한 조선총독부 상하이 파견원인 히토스키 도헤이는 옥관빈 암살 사건을 보고하면서, "첩자로 하여금 조사케 한바 1933년 8월 1일 상하이 공동조계에서 친일 선인鮮人 옥관빈 암살 범인은 오면직 및 엄순봉 두 명임이 확실"하다고 했다.[74] 이 보고서에서 주목되는 것은 "친일 선인 옥관빈"이란 표현이다. '친일 선인'이란 표현이 곧바로 밀정을 뜻하는 것은 아니지만, 최소한 옥관빈이 일본 측에 우호적인 인사였다는 것은 분명하다.

지금까지 옥관빈의 밀정 여부를 확증할 수 있는 명확한 근거는 없다. 하지만 상하이 프랑스 총영사관의 조선인동우회에 관한 보고나 조선총독부 상하이 파견원의 보고 등을 보면, 옥관빈이 주변으로부터 '친일적'이라는 의심을 받기에는 충분했음을 알 수 있다.

3. 김구,
임시정부와 결별하다

광둥인 장진구

1932년 5월 아들 피치 부부 덕분에 무사히 상하이를 빠져나온 김구 일행은 기차를 이용하여 장쑤성江蘇省 자싱嘉興에 도착했고, 그때부터 김구의 자싱 생활이 시작되었다.

> 이로부터 나의 자싱 생활이 시작되었다. 성은 아버지 외가 성을 따서 장張으로 하여 '장진구張震球' 혹은 '장진'으로 행세했다. 자싱은 추푸청褚補成 씨의 고향인데, 저장성장浙江省長도 지낸 추 씨는 그 지역에서 덕망 높고 존경받는 신사였다. 또한 그의 아들 평장鳳章은 미국 유학생으로, 그곳 동문東門 밖에 있는 민풍지창民豊紙廠의 고등기사였다. [중략] 추 선생은 수양아들 천퉁성陳桐蓀 군의 정자 한 곳을 나의 침실로 정해 주었다. 그

추푸청褚補成.

집은 호수 주변에 정교하게 지어진 반양식半洋式으로, 수륜사창과 서로 마주 볼 정도로 가까운 곳에 위치하였고 [중략] 당시 나의 실체를 아는 사람은 추 씨 댁 부자 내외와 천퉁성 부부뿐이었다.[75]

'광둥인 장진구', 비록 이름을 바꿔 신분을 감추고 중국말은 할 줄 몰랐지만, 김구는 자싱에서 오랜만에 자유와 여유를 누렸다.

그의 자싱 생활은 중국국민당 당원이기도 한 박찬익이 당시 중국국민당 조직부장인 천궈푸에게 도움을 요청하여 이루어졌다. 박찬익의 부탁을 받은 천궈푸는 자신의 부하인 샤오정에게 김구를 안전하게 보호하라는 지시를 했다. 샤오정은 자신과 같은 고향인 음주부殷鑄甫를 통해 전 저장성 주석이자 동북의용군후원회 회장인 추푸청에게 부탁을 하여 김구 일행을 자싱으로 오게 했다.[76]

김구는 집주인 천퉁성 부부의 극진한 환대 속에서 한결 마음의 안정을 찾았다. 그는 천퉁성 부부의 안내를 받으며 자싱의 산천을 감상하고 유적지를 둘러보았다. 상하이에서는 볼 수 없었던 아름다운 산과 호수, 넓게 펼쳐진 비옥한 토지를 감상했고, 임진왜란 당시 마을 부녀자들을 살리려다가 왜놈에게 무참히 살해당한 승려의 슬픈 사연이 담긴 서문 밖 혈인사血印寺의 돌기둥,[77] 그리고 소낙비에 보리가 떠내려가는 줄도 모르고 오직 글 읽기에만 골몰한 서생 주바이신朱買臣의 무덤에 얽힌 사연을 들으며 오랜만에 눈과 귀가 호사를

嘉興 秀綸紗廠 四二九以
後初次避難所

김구의 피난처였던 자싱의 수륜사창.

누렸다.

그러나 이런 호사도 오래가지 않았다. 어느 날, 김구가 상하이 일본 총영사관에 심어 놓은 밀정인 일본인 관리인으로부터 급한 연락이 왔다.

상하이에서는 당신을 찾느라 왜구의 활동이 더욱 사나워졌다. "김구가 분명 호항선滬杭線[상하이~항저우 간 철로]이나 경호선京滬線[난징~상하이 간 철로] 방면으로 피신하였다."며 양 철로 방면으로 정탐꾼을 파견하여 밀탐하니 극히 주의하라. 오늘 아침 수색대가 호항로로 출발하였다.

김구는 혹시나 하고 가까운 정차장에 사람을 보내어 확인해 보니 과연 변장한 일본 경찰이 차에서 내려 눈에 불을 켜고 이곳저곳을 순찰하고 있었다.

자성 역시 더 이상 안전한 곳이 아니었다. 김구는 이곳에 더 머무는 것은 위험하다고 판단하고 혼자 떠나기로 했다. 갈 곳은 추펑장의 처가가 있는 하이옌현海鹽縣의 하이옌 주朱 씨 산당山堂이었다.

이번 길은 추 씨 부인과 그녀의 하녀가 안내했다. 하루 꼬박 배를 타고 하이옌성 안에 있는 주 씨 공관에 도착하여 하룻밤을 묵고, 다음 날 자동차로 노리제盧里堰까지 가서, 다시 산길을 약 5~6리 걸어 목적지인 산 중턱의 아담한 양옥에 도착했다.

원래 이곳은 피서 별장이었으나, 추 씨 부인의 숙부를 매장한 후 묘소 제청祭廳으로 사용하고 있어서 묘지기 가족이 지키고 있었다. 추 씨 부인은 묘지기에게 이것저것 친절히 부탁을 하고 곧바로 돌아갔다. 김구는 이곳에서 묘지기를 데리고 산과 바다 풍경을 둘러보며 하루하루를 보냈다.[78]

그런데 이곳에서도 문제가 생겼다. 이곳 경찰이 낯선 인물인 김구를 수상히 여기며 의심했다. 추 씨 부인의 부친이 경찰국장을 찾아가 사실대로 말하자 그는 크게 놀라며 "과연 사실이면 있는 힘을

피난 시절 자싱에서. 1932. 왼쪽부터 김구, 천퉁성, 이동녕, 엄항섭.

다하여 보호하겠다."라고 말했다. 그러나 김구는 지각없는 시골 경찰을 믿을 수 없어 자싱으로 다시 돌아왔다.[79]

　자싱으로 돌아온 김구는 남문 밖 엄가빈嚴家浜이란 농촌에 있는 순용바오孫用寶라는 농부의 집에 잠시 머물다가 다시 천퉁성의 집으로 갔다. 김구에게는 낮 동안 여자 뱃사공 주아이바오朱愛寶가 노 젓는 작은 배를 타고 인근 운하를 다니며 여러 농촌을 구경하는 것이 유일한 낙이었다.

　하루는 동문으로 가는 큰길 옆 광장에서 군대가 훈련하는 광경을 구경하다가 갑자기 군관의 불심검문을 받았다.

　"어디서 온 사람이냐?"

　"광둥 사람이오."

하필 군관이 광둥 사람이었다. 김구는 보안대 본부로 끌려가 취조를 받았으나 얼마 후 천통성이 와서 보증을 서고서야 풀려났다.

이런 일이 있고 나서 추평장은 김구에게,

"과부로 나이 근 서른인 중학교 교원을 취함이 어떻겠소?"

라며 안전한 피신 방안을 제안했다. 김구는,

"중학교 교원이라면 즉각 나의 비밀이 탄로 날 테니 차라리 여사공인 주 씨 같은 일자무식이면 나의 비밀을 보호할 수 있을 것이오."

라며 추평장의 제안을 정중히 거절했다.

이후 김구는 주아이바오가 젓는 배를 타고 오늘은 남문 호수에서 자고, 내일은 북문 강변에서 자는 선중 생활을 이어 갔다.

김구는 "나는 잠복하지만 박찬익·엄항섭·안공근 세 사람은 부단히 외교·정보 방면에 치중하여 활동하였다."라고[80] 했듯이, 그는 자싱에 있으면서도 이들을 통해 다롄과 국내 등지에 파견한 애국단원 및 임시정부 요인들과의 연락은 물론 정보 수집도 게을리하지 않았다.

안공근은 상하이·난징·항저우 등지를 오가며 김구의 지시를 이행했고, 또한 상하이에 있는 자신의 집을 김구와의 중간 연락처로 활용했다. 상하이에서는 노종균이 안공근과 연락하며 활동했다. 다롄에서 최흥식이 체포되면서 중간 연락처인 안공근의 집도 발각되자 민필호閔弼鎬가 이를 대신했다.

1932년 6월 상순, 박찬익은 비밀리에 상하이에 와서 안공근과 의논하에 상하이의 동지 그리고 각지로 흩어진 동지와의 장래 통신 연락처로 상하이전보국 사무원인 민필호를 이용하기로 했다. 민필호는 난징·항저우·베이징 방면에서 자신에게 보내오는 통신을 모아 약속된 곳으로 다시 보내는 임무를 맡았다.[81] 임시정부 판공처가 있는 항저우에는 안경근이 직접 편지를 가지고 왕래하며 연락했고, 박찬익은 난징에 머물면서 국민당 정부 요인들과의 친분을 이용하여 김구를 도왔다.

또한 김구는 성명서를 통해 일제의 간사한 계략에 적극 대응하면서 한인애국단의 존재와 활동상을 적극 알렸다.

일제가 한인애국단원 유상근·최흥식 등이 다롄에서 국제연맹조사단원을 암살하려 했다고 역선전하자, 김구는 1933년 8월 10일 「다롄 작탄 사건의 진상」이란 성명서를 발표하여 반박했다. 그는 성명서에서 이 일은 국제연맹조사단원의 폭살이 목적이 아니라 "한중 혁명 민중을 격려하여 항일 연합전선을 견고히" 하기 위한 것이었다고 반박했다.[82]

김구는 이봉창 의사가 사형당한 날인 1933년 10월 10일 「도쿄 폭탄 사건의 진상」이란 성명서를 발표했다. 김구는 도쿄 의거의 진상이 의문 속에 휩싸여 이봉창의 장렬한 의거가 매몰될 것을 안타까워하고, 또한 이 사건으로 말미암아 칭다오시 당부가 파손당하고, 민국일보사가 봉쇄되는 가운데서도 지금까지 우리에게 동정을 표해온 중국 민중이 이 사건의 진상을 시급히 알기를 바라는 마음에서 성명서를 발표했다.[83]

김구는 이후 난징에서 장제스와 가진 비밀 회담에서 합의한 한인

군관학교의 설립과 군관 양성을 위해 자싱 생활을 청산하고 난징으로 갔다. 그는 1933년 10월 천궈푸가 장쑤성 주석에 임명된 뒤 성정부 소재지인 전장鎭江으로 갔다가 다시 난징 남동쪽 경계 밖에 있는 리양溧陽으로 옮겼고, 이후 일제 밀정의 눈을 피하기 위해 샤오정의 도움을 받아 그의 친구가 현장縣長으로 있는 난징 교외의 장닝자치실험현江寧自治實驗縣으로 이동했다.[84] 김구가 난징으로 간 때가 정확히 언제인지는 불분명하지만, 옥관빈이 암살되고 나서 김구 측과 남화연맹의 합작이 깨어진 후 김구의 부름을 받은 오면직이 자싱에 와서 김구를 만난 것이 1933년 10~11월이라고 했으니,[85] 김구가 난징으로 간 시기도 아마 이 무렵일 것이다.

증폭된 갈등, 그리고 일시 결별

김구는 자싱에 머물면서도 마음만은 편치 않았다. 자신을 체포하려는 일제의 감시 눈초리가 이곳까지 미치는 상황도 그러했지만, 상하이 등지에서 들려오는 자신에 대한 소문이 매우 불편했다. 김구는 당시 자신의 마음을 이렇게 회고했다.[86]

이로부터[윤봉길 의거 이후] 임시정부에 대한 납세와 나에 대한 후원은 급격하게 증가하여 점차 사업이 확장하는 단계로 나가게 되었다. 그러나 관내 우리 독립운동가들의 나에 대한 태도는 낙관적이라기보다도 비관적인 편이 더 많았다.

무엇이 김구의 마음을 불편하게 했을까? 일제는 김구에 대한 원망의 목소리가 있다고 했다.[87]

김구는 중국 측 항일회 등으로부터 다액의 보수를 받고 피신 후 일부 복심자와 함께 비교적 편안한 생활을 하고, 교민단 사업은 일체 방기하여, 현재 재정 궁핍 상태에 있는 교민단에 대해 조금도 원조를 하지 않는다.

윤봉길 의거 이후 많은 동지들이 상하이를 떠나고 남아 있는 동지들이 재정적·공간적으로 활동이 어려워지자 김구를 원망했을지도 모른다.

이런 상황을 반영하듯이 김구는 항저우로 옮긴 임시정부와 점점 멀어져 갔다.

윤봉길 의거 직후 김구와 함께 아들 피치 집에 은신해 있던 군무장 김철이 먼저 상하이를 빠져나가, 1932년 5월 10일 항저우로 가서 임시정부 판공처를 개설했다. 이곳에는 내무장 조완구, 외무장 조소앙 등이 먼저 와 있었다. 5월 21일 이들은 판공처에서 국무회의를 열어 선후 대책을 협의하고, 헌법에 따른 국무원직의 호선으로 재무장 김구를 군무장으로, 군무장 김철을 재무장으로 경질했다.[88]

이 국무회의 개최와 관련하여 일제 경찰의 정보에 따르면, 김구는 "5월 14일 상하이를 출발하여 항저우로 가서 첫 번째 국무회의

公報號外
部署變更

大韓民國十四年五月二十二日[臨時政府]

大韓民國十四年五月二十一日
國務委員并開國務會議決定各項 九據約憲互選分擔法
由東寧金九趙琬九趙素昂趙琬九任行軍務外務公務趙素昂佈...

財務部種要事務李重李東寧金九趙琬九照舊
財務委員金照舊

法務長李東寧
外務長趙素昂
內務長趙琬九
軍務長金澈
財務長金澈

에 참석하고 자싱으로 돌아 갔다."고[89] 했다. 그러나『대한민국임시정부 공보 호외』에서 알 수 있듯이 이 정보는 오보이다. 다만 한 가지 드는 의문은 과연 '김구가 5월 21일 열린 항저우 국무회의에 참석했다.'는 공보 호외의 내용이 사실일까 하는 점이다.

왜냐하면 김구가 상하이에서 자싱으로 탈출한 것이 1932년 5월 20일 전후인데, 그가 5월 21일 항저우에서 열린 국무회의에 참석했다면, 아무리 늦어도 5월 20일 내지 21일에 자싱에서 이동녕과 함께 항저우로 이동한 셈이 된다. 즉 김구는 상하이에서 탈출하여 자싱에 도착하자마자 항저우로 이동한 셈이 된다. 상하이 탈출의 돌발성 및 긴박성, 그리고 국무회의 개최는 최소한 사전 연락 또는 약속이 있어야 한다는 점을 고려하면, 김구의 국무회의 참석은 의문이 든다.

더구나 이날 국무회의 결과를 보면 "각종 중요 사항을 결정하였다."고 했으나 내용은 없고, 대신 약헌에 따라 김구와 김철의 국무원직을 서로 맞바꾼 것이 핵심이다. 일제가 김구 체포에 혈안인 상황에서 이 일이 체포 위험을 무릅쓸 만큼 긴급하고 중요한 문제였을까

『대한민국임시정부 공보 호외』, 1932. 5. 22.

하는 의문이 든다. 공보 호외에 김구와 이동녕이 국무회의에 참석한 것으로 기재한 것은 임시정부의 건재를 내외에 보여 주기 위함이 아니었을까? 아무튼 5월 21일 김구의 항저우 국무회의 참석 여부는 앞으로 더욱 검토되어야 할 문제이다.

한편, 이 무렵 국무위원들 사이에는 좋지 않은 소문들이 돌았다. 소문인즉 윤봉길 의거 직후 중국 측에서 임시정부에 지원한 5,000불을 김구가 착복했다는 설, 그리고 상하이시상회에서 윤봉길과 안창호의 유족에게 전달해 달라고 지급한 조위금 7,000불을 김철과 조소앙이 횡령했다는 설이었다.[90] 일제는 전자의 소문은 김철과 조소앙에게, 후자의 소문은 김구에게 전달되어, 양측이 항저우에서 열린 국무회의에서 이 문제로 격렬한 논쟁을 벌였다고 했다.[91]

이 가운데 조위금 7,000불 소문의 진상은 이랬다.

윤봉길 의거 이후 상하이한인청년당 이사장 김석은 항저우로 피신한 외무장 조소앙의 지시를 받고, 중국홍십자회 비서 지주칭檜叢靑을 찾아가 그를 통해 상하이시상회 주석 왕샤오라이王曉籟를 소개받았다. 김석은 왕 주석에게 윤봉길 의거는 임시정부의 사업으로 김구가 실행한 것임을 설명하고, 임시정부 국무원의 피난 자금과 보조금을 요청하여 5월 13일 1,300불, 5월 23일 1,200불, 5월 30일 800불을 받아 항저우의 조소앙에게 전달했다고 한다.[92]

이런 와중에 1932년 5월 29일 상하이에 있던 교민단 의경대장 박창세와 노종균·안경근·문일민이 항저우에 와서, 김철·조소앙·김석을 구타하고 가진 돈을 몰수하는 이른바 ‘항저우 사건’(임시정부 판공처

습격 사건)이 일어났다.[93] 상하이로 돌아온 박창세와 노종균 등은 6월 3일 "5월 21일 발행된 이곳의 한자 신문 『시사신보時事申報』에 게재된 '안창호 모욕' 기사의 출처를 조사한바 조소앙·김철·김석 등에게서 나온 것으로 판명되었다."라며 항저우 사건을 해명하는 성명서를 발표했다.[94]

『시사신보』에는 "안창호는 이미 비혁명적 경지에 전일 폭탄 사건 당일과 같은 때도 안창호는 이 사실을 모르고 만연 배회하고 있었기 때문에 체포된 것"이라는 글이 투고되었다. 박창세 등은 김석이 이 글을 조소앙·김철의 사주를 받아 투고한 것으로 보았다. 김석은 자신이 이사장으로 있던 상하이한인청년당의 기관지 『성종醒鐘』창간호에, 안창호가 일제에 체포되기 전 그를 비방하는 만화를 게재하여 물의를 일으킨 적이 있었다.[95]

따라서 항저우 사건은 윤봉길 의거 당일 일본 경찰이 체포한 안창호를 조롱한 듯한 『시사신보』 투고 글에 분노한 흥사단계와 그 지지자들이 일으킨 사건이라고 할 수 있다.

그런데 일제는 이 사건을 1932년 5월 21일 국무회의 결과와 연결시켜, 윤봉길 의거 이후 중국 측에서 지원한 돈 문제와 기호파 및 서북파의 고질적인 파벌 투쟁에서 일어난 것으로 왜곡했다. 일제는 밀정들로부터 입수한 부정확한 정보를 바탕으로 항저우 사건은 "김구 일파가 분개하여 난징에 있는 박찬익을 통해 흥사단계인 이유필 일파와 도모하여" 일으킨 것이라고 파악하고,[96] 이런 자금을 둘러싸고 임시정부는 "김구파·김철파·이유필파의 세 파로 나뉘어 추한 투쟁

을 일삼고" 있다고 분석했다.[97]

일제가 한국인의 민족성 가운데 하나로 당파성을 강조했듯이 독립운동 역시 고질적인 파벌 투쟁으로 폄훼해 왔고, 이 역시 그런 의도에서 이루어졌다. 일제의 이런 분석이 사실이 아니라는 것은 1932년 9월 5일 김구가 상하이에 있던 김철에게 보낸 편지에서 잘 드러난다. 즉 김구는 잘 지내고 있다는 자신의 안부를 전한 뒤,

얼마 전 조완구의 편지에 형이 나에게 전하고자 하는 것이 있다 하여 그 일을 엄항섭에게 위임하여 보내니 상의하기 바랍니다.

라는 편지를 김철에게 보냈다.[98]

상의할 일이 무엇인지 알 수 없지만, 일제의 분석대로 김구와 김철이 돈 문제로 국무회의에서 격렬한 논쟁을 하고, 급기야 김구가 다른 사람을 시켜 김철 등을 구타까지 한 사이라면, 과연 서로 안부를 걱정하며 상의하는 것이 자연스러운 일일까?

오히려 윤봉길 의거의 실행자가 김구라는 사실이 세상에 알려지면서 중국 측의 관심과 재정적 지원이 그에게 집중한 반면, 상하이나 항저우의 사정은 상대적으로 더욱 어려워진 상황이 내부 갈등을 키운 한 원인이었다. 예컨대 "이유필 등 민단 간부 사람들은 김구가 양 사건[이봉창·윤봉길 의거]으로 물질상 상당히 유복한 현상임에도 불구하고 양 사건 때문에 거주 위험을 받고 그 직職을 떠나 흩어진 무고한 한인을 돌보는 바 없음을 원망하고 있다."고 했다.[99] 이처럼 상

하이에 남아 있는 한인들의 불만이 김구에게 향하는 상태에서 이들이 김구의 사주를 받아 항저우 사건을 일으켰다는 일제의 분석은, 다만 그들의 희망 사항일 뿐이었다.

반면에 윤봉길 의거 이후 시급한 것은 항저우로 옮긴 임시정부를 재정비하는 일이었다. 이 일에는 김구의 역할이 무엇보다도 중요했다. 그리하여 한독당 이사장인 송병조는 1932년 10월 5일 조완구에게 임시의정원 의장이자 법무장인 이동녕과 군무장 김구가 항저우로 오도록 연락하게 했다.

이튿날 조완구는 김구에게 편지를 보냈다. 10월 13일 항저우에 있던 조완구가 상하이에 있는 김철에게 보낸 편지를 보면,

> 김구는 [자싱에] 있지 않고, 이동녕은 병으로 [항저우로] 올 수 없다고 하여, 송병조는 다시 상하이로 돌아갔다.

라고 했다.[100] 더구나 항저우 사건 뒤 국무위원 전원이 사면辭免을 청원한 상황이었기 때문에 임시정부는 그야말로 무정부상태나 마찬가지였다.

김구와 이동녕의 불참으로 국무회의가 열리지 못했지만 이를 수습하기 위한 임시의정원 정기회가 열렸다. 임시의정원 의장 이동녕이 출석하지 않아 부의장 차이석이 주재한 1932년 11월 28일 정기회의에서 사면을 청원한 국무위원은 이미 임기가 만료된 것으로 처리하고, 국무위원 수를 9명으로 늘려 이동녕·김구·이유필·조성환·

윤기섭·차이석·신익희·최동오·송병조를 새로 선출했다.[101]

이어 1933년 1월 15일 상하이에서 한독당 당대회를 열고, 윤봉길 의거 이후 실질적으로 직책을 수행할 수 없는 간부를 교체하는 '당 간부 일대 쇄신'을 결의했다. 이때 문제가 된 이는 김구·안공근·엄 항섭·박찬익이었다.

갑론을박 끝에, 김구는 독립운동에 공헌한 바가 크고 현재 부득 이한 사정임을 감안하여 예외적으로 이사직을 인정했다. 대신, 박찬 익·안공근·엄항섭에 대해서는 "연속 2개월 이상 직을 비운" 이유로 이사직 해임을 결정했다.[102]

그리고 1933년 3월 6일 열린 임시의정원 회의에서 김구와 이동 녕의 사면 청원을 반려했으나, 3월 22일 회의에서 "연속 2개월 이상 직무를 비운 자는 자연 해임한다."는 신임시약헌 제34조에 따라 김 구와 이동녕은 군무장과 법무장에서 자연 해임되었다. 또한 국무위 원 사면을 청원한 조완구·조소앙·김철도 사면 처리했다. 대신 차이 석을 내무장에, 신익희를 외무장에,[103] 윤기섭을 군무장에, 송병조를 국무회의 주석에, 최동오를 법무장에 각각 선임했다.[104]

임시정부와 한독당의 새로운 정비는 1930년대 초 중국 관내 독 립운동 정국과 연관이 있었다. 관내에는 한독당을 조직한 이후 조 선혁명당·한국혁명당·한국광복동지회·의열단 등 독립운동 정당들 이 새로이 등장했다. 이들 5개 독립운동 정당들은 1932년 11월 10 일 정당 연합의 협의 기구로서 한국대일전선통일동맹을 결성했다. 1933년 3월 이후 정비된 임시정부의 국무원은 5개 독립운동 정당의 연합 내각이나 마찬가지였다.[105] 반면, 이 과정에서 김구와 그를 따르는 박찬익·안공근·엄항섭 등은 완전히 제외되었다.

당시 김구 등이 윤봉길 의거 이후 상하이에 남아 있던 임시정부 및 한독당 요인들을 어떻게 생각하고 있었는지는, 1933년 7월 23일 안공근이 프랑스 조계 경찰에게 상하이 한인 사회의 현상에 관해 자신의 견해를 밝힌 글에서 그 일면을 엿볼 수 있다.

안공근은 프랑스 조계 경찰에게 윤봉길 의거 이후 "한국 혁명가는 상하이의 외국 조계를 버리고 중국령 안으로 들어오지 않을 수 없었다." "현재 상하이에 남아 있는 한인 전부는 겉으로 혁명가를 가장하나 실제는 일본인의 이익을 위해 그 명에 따라 일하고 있는 데 지나지 않는다."[106]라고 하며, 당시 상하이에 있던 송병조·차이석 등을 비롯한 임시정부 및 한독당 집행부에 대해 매우 부정적으로 평가했다.

당시 김구와 안공근의 관계를 고려하면, 안공근의 이 같은 생각은 김구의 생각과 크게 다르지 않았을 것이다. 이런 상황에서 김구가 할 수 있는 일은 중국 국민당 정부의 신임을 얻고 재정 지원을 받아 이를 바탕으로 자신만의 새로운 길을 개척해 나가는 길뿐이었다.

뤄양 한인특별반 개설

나는 누구인가? 이 글을 쓴 자는 누구인가? 내 이름은 김구다. 일본군들

이 체포에 혈안이 되어 있는 바로 김구이다.[107]

김구는 1932년 5월 10일 윤봉길 의거의 진상을 밝히는 「한인애국단의 선언」을 통해 세상에 한인애국단의 존재를 드러내고, 이봉창·윤봉길 의거의 주모자가 자신임을 당당히 밝혔다.

그러나 김구의 앞길은 순탄치 않았다. 자싱에 갇힌 듯 피신한 상황, 사실상 동지들로부터 고립된 상황에서 김구가 선택할 수 있는 길은 '나의 길'이었다.

자싱에 머문 지 어느덧 1년이 다 되어 가던 어느 날, 박찬익이 반가운 얼굴로 김구를 찾아왔다. 그는 "장제스를 만나 독립운동의 진행 방침에 관해 자세히 설명할 필요가 있지 않겠느냐?"라는 샤오정의 말을 전했다.

이제 김구는 그동안 구상했던 보다 적극적인 투쟁 방법인 '나의 길'을 걸을 때가 되었다고 생각하고, "동북 지역에 집단으로 거주하고 있는 한인들로 기마별동대를 조직하여 국내로 진입"시킨다는 '기마학교 설립안'을 제안했다. 샤오정은 김구의 계획을 장제스에게 건의했으나 받아들여지지 않았다. 그들이 보기에 김구의 계획은 무모했다.[108] 대신 김구와 장제스의 면담은 성사되었다.

1933년 김구는 안공근·엄항섭·박찬익과 함께 난징 중앙육군군관학교 안에 있는 장제스의 관저인 치루慰廬에서 장제스와 비밀리에 만났다. 회담에는 통역 박찬익과 중국 측에서는 장쑤성 주석 천궈푸, 국민당 조직부 요원인 샤오정·공페이성貢沛誠이 함께했다.[109]

서로 인사를 나누고 환담을 한 뒤 배석자를 모두 물리고 김구와 장제스는 필담을 나눴다.[110]

내가,

"선생이 백만 원의 돈을 허락하면 2년 이내 일본·조선·만주 세 방면에서 대폭동을 일으켜 대륙 침략을 위한 일본의 교량을 파괴할 터이니 선생의 생각은 어떠하오?"

하고 묻자 장 씨는 붓을 들어 쓰기를,

"서면으로 상세히 계획을 작성하여 보고해 주시오."

하기에 그러겠다고 하고 물러 나왔다.

다음 날 간략한 계획서를 작성하여 보냈다. 그랬더니 천궈푸 씨가 나를 초청하여 자기 별장에서 연회를 베풀고 장 씨를 대신하여,

"특무 공작으로 천황을 죽이면 천황이 또 있고, 대장을 죽이면 대장이 또 있지 않소? 장래 독립하려면 군인을 양성해야 하지 않겠소?"

말하기에 나는,

"감히 부탁할 수 없었으나 그것은 진실로 바라는 바요. 문제는 장소와 재력이오."

라 대답하였다.

천궈푸를 통해 확인한 "감히 부탁할 수 없었"던 것을 장제스가 제안했다는 사실은, 김구 입장에서는 그야말로 불감청고소원不敢請固所願이 아닐 수 없었다. 장제스는 김구가 제안한 특무 공작은 일시적

효과는 있을지 모르지만 장기적인 효과는 없다며 장기 전략의 일환으로 군인 양성을 제안했다.[111] 그리고 장제스는 천궈푸에게 매달 5,000원의 경상 지원비와 필요시 임시 사업비의 추가 지출을 승인했다.[112]

『백범일지』에는 김구

장제스(1887~1975). 1945년 11월 중국국민당의 임시정부 송별연 때 김구가 받은 사진이다.

가 난징에서 장제스와 만난 시기에 대한 구체적 언급이 없다. 그동안 학계에서는 회담 시기가 '1933년 5월'[113] 또는 '1935년 봄'[114]으로 알려져 왔다. 하지만 이 회담에 관계한 샤오정 등 중국 측 관련자들의 기억 등을 근거로 여러 주장이 제기되어 그 시기를 특정하기 어렵다.[115]

최근 김구의 난징 행적을 심층 분석한 한 연구에서는 이런 다양한 주장이 제기된 배경을 검토한 뒤 "1933년 7·8월경 김구는 박남파를 동반하고 장제스를 만난 일이 있다."는 1935년 상하이 일본 총영사관 경찰부 보고, 그리고 1932년 8월 10일에서 1933년 8월 31일까지의 장제스의 이동 지역과 시간을 비교하여, 회담 시기를 1933년 7·8월경으로 보는 것이 타당하다고 했다. 다만 여기에는 회담 시기를 '1932년 9월 또는 10월', '1932년 겨울'이라 기억하는 샤오정의 회고와 '1932년 겨울'로 추정되는 천궈푸가 장제스에게 보낸 전문(1933. 10. 27.) 등의 날짜에 오류가 존재할 경우라는 전제가 있어 추후 검토의 여지를 남기고 있다.[116]

그런데 북만주의 한국독립군 총사령 이청천의 지령을 받고 난징에 온 부관 이규채가 박찬익을 만나 한인특별반 개설에 관한 설명을 듣고, 재만 한국독립군의 난징 이동을 위해 지린으로 돌아간 때가 1933년 5월 말이었다.[117] 이규채와 박찬익의 이런 협의가 가능하려면 김구와 장제스의 회담은 늦어도 1933년 5월 말 이전이어야 한다. 김구와 장제스가 회담한 것이 1933년 7~8월경이라면 이 부분은 설명이 되지 않는다.

또한 1935년 당시 중국 정부 외교부의 일본·러시아과 과장이었던 샤오위린邵毓麟은 김구와 장제스의 회담 시기를 1933년 초라고 했고,[118] 1933년 3월 10일 김구가 샤오정에게 보낸 편지에서 "합작한 대업大業이 조기에 실현될 수 있기를 이렇게 간절히 바랍니다."라고 했는데, '합작한 대업'이 한인특별반 개설을 뜻하는 것이 아닐까 한다.[119]

이런 사실로 미루어 보아 김구가 난징에서 장제스를 만난 시기는 1933년 초에서 1933년 5월 이전으로 보는 것이 타당하다.

아무튼 회담 결과인 장제스의 제안은 임시정부를 수립한 이래 희망해 오던 정규 군대를 편성할 수 있는 기회이기에 김구에게는 꿈같은 일이 아닐 수 없었다. 김구는 장제스가 약속한 한인특별반의 개설을 위해 발걸음을 서둘렀다.

그런데 장제스는 이보다 앞선 1932년 5월에 자신의 비밀 정보기관인 삼민주의역행사 즉 남의사를 통해 김원봉의 의열단을 지원했다. 김원봉은 이를 바탕으로 10월 20일 난징에 조선혁명군사정치간부학교를 개설하여 간부 교육을 시작했다.[120]

이로써 국민당 정부의 관내 한국 독립운동 지원은 "국민당 중앙당 조직부가 주관하는 김구에 대한 지원과, 군사위원회 산하 삼민주의역행사 주도하의 김원봉에 대한 지원"이라는 두 경로로 이루어졌다.[121]

특히, 이 지원이 일제가 눈치를 못 채도록 '비밀 방식'으로 이루어졌듯이, 중국은 '장기 항전'의 전략 아래 단기적으로는 이 일로 인한 일본과의 외교적 마찰을 피하면서 내정 통일을 위한 공산당 토벌에 집중하고자 했다. 때문에 중국 정부의 지원은 일본과의 정세 변화에 따라 언제든지 변할 수 있는 한계가 있었다.

이렇게 자신의 새로운 길을 연 김구는 한인특별반 개설을 위한 준비를 서둘렀다. 그는 베이징·톈진·상하이 등지에서 한인특별반에 입교할 청년들 모집에 나섰으나, 문제는 이들을 체계적으로 교육시킬 군사 인재, 즉 한인 교관의 확보였다.

김구의 고민이 깊은 가운데 북만주의 한국독립군 부관 이규채와 참모 김상덕이 난징에 왔는데, 박찬익이 1933년 5월 중순경 이들 중 이규채를 만났다는[122] 뜻밖의 소식을 전해 왔다.

이청천이 총사령인 한국독립군은 1930년 북만주에서 홍면희·신숙·이청천 등이 창당한 한국독립당의 당군黨軍으로서, 9·18사변 이후 만주의 중국 구국군과 연합군을 형성하여 일본군과 무장투쟁을 벌여 왔다. 그러나 일본군의 전면적인 공세에 밀려 한국독립군은 점차 곤경에 처하면서 이청천은 중국 정부에 지원을 협의하려고 이규채와 김상덕을 난징에 파견했다.

김구는 박찬익과 함께 이들 한국독립군을 난징으로 초빙하여 한인특별반에 입교시키기로 협의했다. 박찬익은 이규채로부터 한국독립군의 현황을 들은 뒤 한인특별반의 개설을 설명하고, 한국독립군의 난징 이동에 필요한 경비 600원을 주었다. 이규채가 1933년 5월 말 이청천을 만나러 지린으로 간 뒤 얼마 후 한국독립군 제1대대장 오광선吳光善이 이규채의 소개장을 가지고 난징으로 박찬익을 찾아 왔다.

오광선은 박찬익에게서 이청천 등 한국독립군의 난징 이동 자금 1,200원을 받고 곧바로 지린으로 갔다. 이청천 등 한국독립군 일행은 이동하기 시작해 1933년 11월 초 베이징에 도착했다.[123] 이들은 베이징에서 이틀을 지낸 뒤 다시 한인특별반이 개설된 뤄양으로 왔다.[124]

한편 김구는 국내와 만주, 중국 관내 각지에서 한인특별반에 입교할 한인 청년들을 모집했다. 상하이에서는 이명옥李溟玉[125]이, 톈진에서는 박병두朴炳斗[126] 등이 은밀히 청년을 모집하여 난징으로 보냈다. 또한 국내나 간도에서는 잡지 『삼천리』에 실린 항저우비행기학교의 안내 기사를 보고 자발적으로 찾아오는 청년들도 있었다.[127]

난징에 온 이들은 이범석이나, 난징에서 입교생 모집원으로 활동

허난성 뤄양에 설립되었던 뤄양군관학교 사령부 건물과 군관 숙소.

하던 노태연 등을 만나 자신들이 이곳에 온 목적을 말했고, 그러면 뤄양역 앞 동춘여관에 있는 노종균에게 보내졌다. 연락을 받은 노종균은 기차 시간에 맞추어 역에 나가 이들을 만나 여관으로 데려왔다. 노종균은 이들이 난징에 온 목적을 다시 확인한 뒤 뤄양 한인특별반이 김구의 요청으로 개설되었고, 김구는 이봉창·윤봉길 의거를 주도한 혁명운동의 지도자임을 주지시킨 뒤 한인특별반으로 데려가 입교를 시켰다.

드디어 1934년 2월 28일 중국중앙육군군관학교 뤄양분교에 한인특별반을 개설했다. 개설 당시 입교생은 이청천이 북만주에서 데려온 한국독립군 출신, 김구가 모집한 입교생, 그리고 한국독립당에서 보낸 네 명 등이었다.[128]

한인특별반 운영으로 바쁜 나날을 보내던 중, 어머니와 아들 김

자싱에서 가족과 함께. 뒷줄 왼쪽부터 큰아들 김인, 김구, 작은아들 김신, 맨 앞 앉아 있는 이가 어머니 곽낙원. 1934.

인·김신이 한국에서 왔다는 반가운 소식이 자싱에서 날아왔다.

일제가 이봉창 의거 이후 황해도 안악에 계신 어머니를 철저히 감시하는 와중에도 김구는 "어머님께서 아이놈들을 데리고 다시 중국에 오셔도 이전과 같이 굶지는 않을 테니, 나올 수 있으면 오십시오."라며 어머니에게 비밀리에 연락했다. 어머니는 동지들의 도움을 받아 일제의 감시를 따돌리고 손자 둘을 데리고 오신 것이다. 이 소식을 들은 김구는 한걸음에 자싱으로 달려가 9년 만에 눈물겨운 모자 상봉을 했다.[129]

모자 상봉의 기쁨도 잠시, 김구는 다시 한인특별반 일로 아들 김인을 데리고 난징에 왔다.[130] 김구는 4월 초순 안공근을 데리고 난징 교외 장닝진江寧鎭에 있는 조선혁명군사정치간부학교 제2기생의 교육 상황을 보러 갔다. 김원봉의 소개를 받은 김구는 간부학교 학생들 앞에서 "만나서 기쁘다."고 한 후 일장 연설을 했다.[131]

나는 과거 30년간 '정의' 두 글자를 염두에 두고 고투를 계속해 왔다. 최후의 승리와 안락은 반드시 가까운 일·소 개전의 때에 가능하리라 생각한다. 졸업을 하고 나서 제군들이 혁명을 위하여 최후까지 분투할 것을 기대한다.

연설을 끝낸 김구는 학생 한 명 한 명에게 별에 태극기 모양의 클립이 달린 애국만년필 한 자루씩을 나눠 주고 갔다.

김구가 자신과 경쟁 관계에 있던 김원봉의 간부학교를 찾아간 것은 격려 이상의 목적이 있었다. 그는 이번 기회에 만주의 독립군 출신들과 자신을 따르는 청년들 외에 김원봉의 간부학교 학생들도 한인특별반에 입학시킬 목적이었다.[132] 김원봉은 김구의 요청에 따라 그 직후 학생 20명을 선발하여 뤄양의 한인특별반으로 보냈다.[133] 한인특별반 졸업생인 전봉남의 신문조서에 따르면,

내가 1934년 3월 낙양분교에 입교하였을 때 한인 학생은 약 70명이었는데, 그 뒤 의외로 응모자가 각지에서 많이 왔으므로 한인 혁명단체가 다시 교섭하여 90명까지 수용하기로 되어, 제일 먼저 우리들 12명이었고, 그 뒤 4월 중순까지 들어온 인원이 약 20명이 되었다.

라고 했다.[134]

이후에도 난징을 찾아온 한인 청년들을 계속 받아들여 1934년 4월 현재 입교생은 총 92명이 되었다.

그런데 한인특별반은 운영과 교육 훈련이 구분되었다. 운영은 고

문 자격으로 김구가 총괄했고, 실무는 김구계인 안공근(학생보호계),
안경근(생도계), 노종균이 관장했다.[135] 반면 입교생 훈련은 총교도관
이청천과 교관 오광선·이범석 등이 담당했고, 이범석은 학생대장을
겸임했다.[136]

김구가 모집한 학생, 김원봉의 간부학교 출신, 그리고 이청천의
한국독립군 출신 등 이질적인 학생 구성, 운영과 교육을 분리한 이
원적 지휘 체계는 한인특별반에 대한 김구와 이청천의 주도권 경쟁
을 낳았다.[137]

한인특별반을 개설하고 얼마 지나지 않은 1934년 4월 중순, 김구
가 뤄양분교를 방문했다. 학생대장 이범석이 학교 뒷산 숲속에 한인
입교생 80여 명을 불러 모았다.

총교도관 이청천이 "이분이 우리 한국 혁명운동자의 대선배 김
구 선생이시다."라고 김구를 소개하자, 모든 입교생이 일어나 경례
를 하고 자리에 앉았다. 답례를 한 김구는 입교생들에게 다음과 같
은 훈시를 했다.[138]

나는 지금 소개받은 김구이다. 제군은, 일본제국주의에 유린된 조국 조
선이 탈취되었으니 일본제국주의를 타도하고 조선을 독립시키기 위하
여 혁명운동에 나서려고 지금 그 준비의 군사훈련을 받는 것이다. 지금
까지의 우리들 조선 혁명운동은 각각의 결사로 해 왔으나, 그 활동은 군
사훈련을 받지 않았기 때문에 자연 개인적이었다. 그런데 강도 일본제국
주의를 타도하고 조선을 독립시키기 위해서는 아무래도 군사훈련을 받

아서 공고한 단결과 일사분란한 통제와 최신의 전술을 겸비한 위대한 위력에 기대할 수밖에 없다. 그러므로 제군은 그런 각오로 공부하고 졸업하여 즉시 조국을 위하여, 또 우리 동포 조선 민족을 위하여 모든 것을 희생하여 헌신적으로 혁명운동에 적극 나서길 바란다. 그리고 **제군은 한결같이 나를 혁명운동**

이청천(1888~1957).

의 당주로 받들고, 나의 명령에는 절대 복종해야 한다는 것을 잊어서는 안된다. [강조는 저자]

김구는 "나의 명령에는 절대 복종해야 한다."는 훈시를 통해 한인특별반을 완전히 장악하겠다는 자신의 속내를 숨김없이 드러냈다.

순간 곁에서 김구의 연설을 듣고 있던 이청천의 표정이 일그러졌다. 이청천은 한인특별반의 운영 자금을 움켜쥐고 이를 좌지우지하려는 김구가 못마땅했다.

그는 뤄양에 온 뒤 김구에게서 받는 매월 50원으로 네 식구 생활하기도 빠듯했다. 이규채가 1934년 5월 23일경 상하이로 가는 도중 뤄양에 들러 이청천을 만났을 때, 이청천은 50원으로는 "집세 7원을 빼고 43원으로 아내와 열 살 된 아들, 그리고 중국인 하인 1명 등 4명이 생활해야 하므로 이대로는 생활을 할 수가 없다."고 하소연했다고 한다.[139] 결국 이청천도 자파自派 인물인 고운기高雲起를 중심으로 한국군인회라는 비밀결사를 조직했다.[140]

김구는 날이 갈수록 이청천과의 경쟁이 심해지자 1934년 8월 입교생 가운데 자파 인물 25명을 난징으로 철수시켰다.[141] 이에 이청천·이범석·오광선 등 교관들도 사직했다.

중국 정부는 남은 한인 입교생을 중국인 입교생 대대(제1~16대대)에 분산 수용했다가, 반발이 있자 한인 입교생들만으로 제13대대에 다시 편성했다.

한인군관학교에 끝까지 남은 한인 입교생 총 62명은 1935년 4월 9일 졸업했다.[142] 이날 졸업식에는 김구·김원봉·안공근·안경근·김홍일 등이 참석했으나 이청천·이범석은 참석하지 않았다.[143]

김구는 이들 졸업생 62명 가운데 자파 계열을 4월 하순 난징으로 데려와 한국특무대독립군에 수용했다. 반면 이청천·김원봉 계열의 졸업생은 4월 중순경 난징으로 이동하여[144] 군정부학병대란 명칭으로 난징성 남문 밖 통광영방通光營房에 일시 대기했다.[145] 김원봉 계열의 졸업생은 이후 1935년 7월 창당한 조선민족혁명당에 흡수되었다.[146]

뒤늦게 뤄양 한인특별반에 대한 정보를 입수한 일제 당국은 중국 당국에 엄중 항의했고, 이후 뤄양 군관학교에는 한인 청년들의 입교 자체가 불가능해졌다. 이로써 뤄양 한인특별반은 1935년 4월 1기 졸업생을 배출하고 폐교되고 말았다.

3장

———

행방불명된 암살자
—1차 김구 암살 공작

1. 나카노의
암살 계획

조선총독부 상하이 파견원, 나카노 가츠지

1935년 8월, 충청북도 경찰부장 나카노 가츠지中野勝次 앞으로 한 통의 편지가 날아들었다.[1]

오대근吳大根의 동정에 대해서는 따로 보고한 대로 경무국장 앞으로 보고하였습니다. 귀관이 이곳에 재임할 당시 오대근은 충실한 첩자로서 근무하였고, 특히 작년[1934년] 대김구 특종 공작을 위해 밤낮으로 분주하다가 마침내 올해 2월 횡사한 것으로 인정됩니다. 더불어 본적지에는 처자 외에 자녀 3명이 있고 생활이 어렵기 때문에 진실로 연민의 정을 느끼지 않을 수 없습니다.

이에 관해서는 이번 보고에 기초하여 귀관께서 이케다池田 국장에게 동인同人의 유족 구제 방법을 청원하기를 간절히 바랍니다.

8월 22일

상하이 히토스키 사무관

이 편지는 1935년 상하이에 파견된 조선총독부 상하이 파견원 히토스키 도헤이 사무관이 자신의 전임인 나카노에게 보낸 것이다. 내용은 나카노가 김구 암살 공작에 투입했던 '첩자' 오대근이 죽은 것으로 추정되고, 국내에 있는 그의 가족의 생활이 매우 어려우니 대책을 강구해 달라는 것이다.

편지에는 김구 암살 공작과 관련하여 중요한 몇 가지 정보가 있다. 첫째는 나카노가 상하이 파견원으로 있을 때 김구 암살 공작을 계획, 실행했고, 둘째는 이 공작에 동원한 한인 '첩자' 즉 밀정이 오대근이며, 셋째는 암살 공작을 실행한 때가 1935년 2월 전후라는 것이다.

1935년 8월 현재 충청북도 경찰부장이고 직전에 조선총독부 상하이 파견원으로 근무했던 나카노, 그는 1901년 일본 나가사키 사세보佐世保에서 태어났다. 1924년 고등시험에 합격하고 이듬해 4월 조선총독부 도속道屬이 되어 임지인 한국에 건너왔다. 1927년 7월에 도경시道警視로 승진하여 강원도 경무과장을 지냈고, 이듬해 9월에는 함경남도 경무과장을, 1930년 1월에는 경상남도 경무과장을 지내며 위생과장을 겸임했다.[2]

한국의 여러 지방을 돌며 근무하던 나카노는 1931년 9월 일제의

만주 침략에 항의하는 중국 반일운동
의 상징 가운데 한 곳인 상하이 파견원
자리가 비자 스스로 그곳에 가기를 희
망했다.

나카노 가츠지. 『조선신문』, 1935. 3. 1.

총독부 경무국 상하이 주재원이었던 다
카오 진조高尾甚造 씨가 지난번 이동으
로 충북 경찰부장에 영전됨으로써 결원이 된바, 이번 경남 경무과장 나
카노 가츠지 씨가 후임으로 내정되었는데, 나카노 경무과장은 종래 상하
이 파견을 희망하고 있었기 때문에 나카노 과장의 상하이 주재원은 적재
적소라고 한다. 이후의 활약이 기대되고 있다. 발령은 수일 중으로 예측
된다.[3]

신문 보도의 예측대로 나카노의 희망은 1년이 지난 1932년 12월
1일 조선총독부 사무관으로 발령이 남으로써 실현되었다.[4] 사무관
승진은 곧 그를 상하이로 파견하기 위한 의례적 절차였다. 그는 17
일 밤 가족을 동반하여 상하이 임지로 떠났다.[5]

나카노는 상하이에 부임한 지 4개월 만인 1934년 4월, 경성에서
열리는 전국 경찰부장 회의에 참석하려고 경성에 왔다. 그는 부임 4
개월의 짧은 시간에 본 상하이 모습을 전하고, 그곳에서는 일부 직
업적인 배일당들의 반일운동이 있을 뿐이라고 자신했다.[6] 하지만 그
앞에는 이봉창·윤봉길 의거를 주도한 김구의 행방을 뒤쫓아야 하는

어려운 숙제가 놓여 있었다.

김구 암살 공작을 계획하다

————

상하이에 부임한 나카노는 "해외 불령선인의 거두로서 도쿄 사쿠라다몬 앞 대역사건[이봉창 의거]의 주범인 김구의 처리에 가장 고심하였"다.[7] 그가 김구를 검거하려고 고심 끝에 생각한 것은 밀정을 활용하는 방안이었다. 그는 밀정을 김구 측근에 접근시켜 그들과 신뢰를 쌓은 뒤 김구의 소재를 파악하거나 아니면 김구와 직접 접촉하게 하겠다는 의도였다. 그는 이를 위해 최소 2명 이상의 밀정을 고용했다.

나카노는 우선 밀정 1명을 상하이에서 활동하고 있는 김구의 측근 안경근과 노종균에게 접근시켰다. 이 밀정이 누구인지는 알 수 없으나, 이미 안공근이나 노종균과 연락하고 있을 정도로 친분이 있는 관계였음은 알 수 있다. 더구나 노종균이 이 밀정을 '형'이라고 부를 정도로 둘은 매우 가까운 사이였다.

밀정은 나카노의 지령을 받고 1933년 8월 안경근을 만나려 했다. 그러나 안경근이 상하이에 없어 만날 수 없자, 대신 노종균에게 연락하여 같이 항저우로 가서 김구를 소개받기를 기대했다. 하지만 노종균이 혼자 항저우로 갔기 때문에 뜻을 이루지 못했다.

이때 나카노는 또 다른 밀정을 시켜서 안경근이 상하이에 정말 없는지, 그리고 노종균의 동정을 조사시켰다.[8] 그는 밀정을 온전히 믿을 수 없어 상호 체크를 했다.

그리고 시간이 지난 어느 날, 노종균이 '형'이라 부르는 밀정은 항저우에서 돌아온 노종균을 다시 만났다. 이때 노종균은 밀정에게 의미 있는 제안을 했다.[9]

"지금 김구 선생의 건강이 좋지 않습니다. 친일 한인 유인발 사건 때문에 상하이의 공기가 좋지 않으니 행동에 주의해야 합니다. 이때 형[밀정]은 만주에 가서 양 선생[10]을 만나 그 단체 조직의 상황과 장래 연락에 관해 협의해 오면, 김구 선생이 형의 일에 대해 호감을 가지고 장래 형을 동지로 받아들일 것입니다."

밀정은 이 말을 듣고 김구를 만나기 위해서도 만주행을 결심하지 않을 수 없었다. 그는 1933년 9월 14일 밤 노종균과 다시 만나 만주로 가기로 했다고 하자, 노종균은 만주행이 성공하기를 바란다고 하며,

"김구 선생의 건강은 점차 좋아지고 있습니다. 형의 이번 만주행에서 양 선생과의 만남이 성공하길 바라며, 가능하면 동지 몇 명도 데려오길 바랍니다. 그리고 만주에서의 통신은 패록로 신천상리 20호로 하고, 장래 방침에 대해서는 형이 돌아온 뒤 협의할 것입니다."라고 하며 이후 통신 연락처를 알려주었다.[11]

노종균이 알려준 주소는 김구가 상하이의 중간 연락처로 이용하던 안공근의 집이다.

그러나 이후 밀정은 노종균을 만날 수 없었다. 상하이에서 그의

행적이 사라졌던 것이다. 그 무렵 노종균은 김구의 부름을 받고 자싱으로 갔다. 김구는 뤄양에 설치할 한인특별반의 개설을 위해 자싱과 난징을 오가며 한인특별반 입교생 모집에 분주했다. 그해 8월 옥관빈 암살 사건 직후 김구가 노종균을 시켜 남화연맹원 오면직과 엄순봉을 데려오게 한 것도 이 무렵이었다. 오면직이 김구의 부름을 받고 노종균과 함께 자싱으로 간 때가 1933년 10월에서 11월 사이였다.[12]

한편 노종균이 밀정에게 말한 김구의 '건강 이상설'은 '형'이라 부른 밀정의 정체가 의심스러워 흘린 역정보일 가능성이 높다.

밀정에게 김구의 '건강 이상설'을 전해 들은 나카노는, 안공근이 밀정 위혜림에게 "최근 김구 선생이 과식으로 인해서 건강이 좋지 않다."라고 말한 정보를 입수하고는 이를 사실로 믿었다.[13]

나카노는 1933년 9월 26일 상하이에 있는 여러 특무 기관들이 모인 회의에 참석했다. 이 자리에서, 모 기관은 김구의 소재에 관해 입수한 정보를 제공했다.[14]

김구가 안경근을 동반하고 배편으로 항저우를 출발하여 9월 15일 난징으로 갔는데 우연히 밀정인 중국인 여자가 같은 배를 탔다. 밀정인 여자는 침구 등의 일로 안경근 및 김구에게 접근하였다. 난징에 도착한 후 김구 등이 모 여관에 하루 묵고 난징성 안 모 반점에서 이틀을 묵었다. 이때 김구가 정양을 구실로 적당한 병원을 찾고 있었다. 이들과 접근을 계속해 온 밀정은 자신의 친구 남편이 경영하는 삼민의원三民醫院을 소개하였더니 김구 등이 매우 감사하게 여겼다. 원래 간호부 출신인 밀정은 그 경험을 구실로 김구를 보살펴 주고 있다는 첩보가 있다.

이미 다른 밀정을 통해 김구의 '건강 이상설'을 보고받았던 나카노는 이 정보를 듣고 김구의 소재가 이렇게 구체적이고 명확한 것은 전에 없던 사례이고, 이번에야말로 김구를 검거할 수 있는 두 번 다시 얻기 어려운 기회라고 판단했다.

오랜 특무 활동의 경험에서 나온 것인지 그는 돌다리도 두들겨 보고 건넌다고, 첩보의 사실 여부를 확인할 목적으로 1933년 9월 29일 은밀히 밀정 한 명을 난징에 보냈다. 다음 날 밀정에게서,

김구 존재하지 않음. 정보가 의심스러워 다시 조사 중임.

이라는 연락이 왔다.[15]

이처럼 김구 측에서 흘린 '건강 이상설'은 백방으로 김구 소재를 찾고 있던 일제의 특무 기관에게 나름 혼선을 가져오게 한 효과가 있었다.

이후에도 나카노는 밀정들로부터 입수한 확인되지 않는 정보를 바탕으로 관내 독립운동의 상황과 김구 등에 관해 자신의 의견을 덧붙여 조선총독부 경무국에 꾸준히 보고했다. 그가 보고한 관내 독립운동 상황은 상하이 일본 총영사관이 외무성에 보고하는 것과 시각이 크게 다르지 않았다.

그는 관내 독립운동을 기본적으로 평안도파 대 황해도파, 즉 서북파와 기호파의 지방열로 파악하고, 이런 관점에서 김구의 한인애국단과 한독당을 대립과 갈등의 관계로 보았다.

그 대립과 갈등의 원인을, 윤봉길 의거 이후 한인애국단이 한독당의 일개 산하단체라는 한독당의 주장과, 이봉창 의거에서 다롄 사건에 이르는 일련의 활동이 김구 일파의 자발적 행동이었다는 한인애국단의 주장으로 갈라진, 양측의 주도권 싸움으로 보았다. 그리고 이 싸움의 배경에는 윤봉길 의거 이후 한인애국단에 집중되는 중국 당국과 단체들의 경제적 지원, 즉 '돈' 문제가 있다고 했다.[16]

물론 나카노의 이런 분석, 즉 한인애국단이 임시정부의 산하기관인가 아니면 김구의 사적 기관인가 하는 위상 문제, 그리고 윤봉길 의거 이후 중국 측의 경제적 지원이 김구 개인에게 지원한 것인가 아니면 임시정부에게 지원한 것인가 하는 문제 제기는 일부 일리 있는 분석일 수 있으나, 이것은 표면적이고 결과론적인 분석일 뿐이었다.

왜냐하면 1933년 1월 이후 김구와 그 일파인 안공근·엄항섭·박찬익 등이 임시정부와 한독당에서 멀어진 배경에는, 일제의 만주 침략 이후 항일노선에 대해 김구와 조소앙 간에 간극이 있었기 때문이다. 나카노는 이것을 간과했다. 어쩌면 이런 사실을 알고 있었다 하더라도 나카노 등은 독립운동을 폄훼하려고 그렇게 왜곡했을 것이다.

김구의 소재가 안갯속인 가운데 나카노는 '김구가 난징에 있고,

그곳에서 군관 양성을 위해 활동하고 있다.'는 정보를 입수했다.

그는 1934년 4월 27일 임林 통역생을 난징에 급히 보내어, 그곳에 있는 밀정 및 관계 기관을 내사하여 김구의 소재를 파악하도록 지시했다. 그는 난징 일본 총영사관에서 내사한 김구에 관한 정보를 입수했는데 이에 따르면,

> 김구는 조선 독립운동의 총수격으로 임시정부 기타 모든 표면적 독립운동 단체 밖에서 오로지 중국 측과의 교섭을 담당하고 있고, 현재 김원봉의 간부훈련단 제6대는 김구의 뜻에 따라 김원봉이 편의상 이를 통솔하고 있음에 지나지 않는다. [중략] 현재 김구는 김원봉 등과 함께 난징 교외에 있는 장닝진江寧鎭 부근에 잠복해 있다. [중략] 거기에는 중국군사위원회 간부훈련반 제6대 소속인 군관학교 생도 복장을 한 한인 청년 30여 명이 있다.

라는 것이었다.[17]

김구의 소재에 대한 첩자의 정보는 상당히 정확했다. 1933년 10월에서 11월 사이 난징에 온 김구는 샤오정의 도움을 받아 장닝자치실험현으로 이동한 뒤, 이곳에서 조선혁명군사정치간부학교를 운영하고 있던 김원봉과도 교류를 하고 있었다.[18]

그러나 김원봉의 간부훈련반 제6대에 대한 보고는 오보였다. 간부훈련반 제6대는 김원봉이 중국국민당 정부의 지원을 받아 설치한 의열단의 조선혁명군사정치간부학교이다. 중국군사위원회 간부훈

련반은 김원봉이 중국국민당 정부의 지원을 받아 한국 독립과 만주의 실지 탈환을 목적으로 설치한 것으로, 제1대에서 제6대로 편성했다. 제1대에서 제5대는 중국인을, 제6대에는 한인 청년을 수용했고, 1933년 10월 난징 교외 탕산湯山 선사암善司庵에 설치했다. 김원봉은 이듬해 4월 20일 이곳에서 제1기생을 졸업시킨 뒤 간부학교를 장닝진으로 이전하여 9월 16일부터 제2기생을 교육, 훈련시키고 있었다.[19]

첩자가 간부훈련반 제6대를 김원봉이 김구를 대신해 편의상 통솔하고 있다는 정보도 잘못된 정보였다. 첩자는 아직 뤄양에 개설한 한인특별반에 관한 정보를 입수하지 못했거나, 아니면 한인특별반과 조선혁명군사정치간부학교를 같은 군관학교로 혼동한 것이다.

나카노는 첩자가 보낸 이런 정보를 바탕으로, "김구 일파가 난징을 중심으로 중국군관학교 혹은 그 분교와 유사한 기관에 한인 청년을 다수 수용하여 중국 측과 가장 긴밀한 연락하에 흉계를 기도하고 있다."고 확신했다.[20]

나카노는 이후에도 김구의 소재에 관한 여러 정보를 통해 김구가 난징에 있다는 것을 확신하고, 1935년 1월 밀정 오대근에게 김구 암살을 지시하고 그를 난징으로 보냈다.[21]

2. 밀정 오대근의
　　실패

한인 공산주의자, 오대근

나카노가 고용한 김구 암살 공작의 실행자 오대근은 경기도 양평
군 갈산면 오빈리 출신으로, 1935년 당시 34세이니 1901년생이다.[22]
다만 그가 자라 온 환경은 알 수 없으나, 다행인 것은 1920년대 중
반 이후 국내에서의 활동을 짐작할 수 있는 한두 조각의 기록이 남
아 있다.

　오대근은 1928년 11월 상하이로 건너오기 전 경성에서 사회주의
청년 단체인 경성청년회에서 활동했다.

　경성청년회는 1924년 12월 11일 당시 국내 공산주의운동의 한
그룹인 북풍회가 청년운동에 자신의 영향력을 확대하려고 조직한
청년 단체였다.[23] 이 단체가 내건 강령은 다음과 같다.[24]

一. 우리는 우리의 전술에 필요한 사회과학의 준비와 노동 입법에 관한 기초 지식과 아울러 자연과학을 포함한 사회 위생의 교양에 치중함.

一. 우리는 우리의 역사적 임무 수행상 필요한 우애·연대의 관념과 훈련, 자연희생적 정신과 기타 계급 윤리의 교양에 노력함.

一. 우리는 과학사상의 보급을 위해 절대의 장벽이 되는 봉건적 가족제도 및 종교·사찰의 본질과 그 발달의 유래를 연구 천명함.

一. 우리는 우리의 전체가 무산계급 전술상에 일대 신세력이 되는 동시에 모든 개혁운동의 기세와 정열을 진작함.

一. 우리는 특히 무산 청년의 경제적 이익을 옹호하며 청년 노동의 착취에 반항하고 경제적 동등권을 주장하는 바에 무산 청년 계급과 아울러 무산계급적 미美의 관념의 양성에 유의함.

경성청년회는 사회과학·과학사상의 연구와 보급, 그리고 무산 청년 계급의 권리 옹호와 무산계급과의 연대를 추구한 사회주의 청년 단체였다. 사무소인 청년회관은 서울 재동 84번지에 있었다.

1926년 2월 7일 오후 2시부터 재동 경성청년회관에서 총회가 열렸다. 이날 26세의 청년 오대근은 21명의 집행위원 가운데 1인으로 선출되어 청년회의 서무부를 담당했다.[25] 1924년 12월 창립한 지 약 1년 6개월 만에 오대근이 경성청년회 중앙지도부의 1인인 집행위원에 선출되었다는 것은 그가 상당히 일찍부터 사회주의 청년운동을 활발히 해 왔음을 짐작하게 한다.

그런 오대근이 1928년 11월경 불현듯 상하이에 나타났다. 그가 왜 상하이로 갔는지는 불분명하다. 다만 그가 상하이로 망명하기 직전인 1928년 2월 국내에서는 제3차 조선공산당 사건에 이어 그해 7월 제4차 조선공산당 사건이 연이어 발생했다. 이 사건으로 수십 명의 동지들이 검거되었고, 이를 피한 일부 지도부가 상하이로 피신하는 일이 있었다. 아마 그 역시 일제의 검거를 피해 상하이로 망명했을 것으로 짐작된다.

오대근이 상하이에 도착한 후 그는 전차 차장 일을 하면서 이곳 한인 공산주의운동에 참여했다. 이 무렵 상하이에서는 중국 관내에 있던 의열단, 민족주의 진영, 그리고 상하이 한인 공산주의자들이 모두 참여한 민족유일당 건설 운동이 한창이었지만, 상하이 분위기는 심상치 않았다.

1927년 4월 장제스가 상하이에서 '제1차 국공합작'의 약속을 깨고 '반공쿠데타'를 일으킨 뒤 상하이에서는 공산주의자들에 대한 탄압이 본격화했다. 중국의 국공합작에 기대를 걸었던 국제공산당인 코민테른도 민족주의 진영과의 연대를 꾀하던 통일전선운동을 포기하고, 노동자의 헤게모니를 강조하는 '좌편향'으로 돌아섰다.

코민테른은 1928년 12월에 이른바 '12월 테제'를 발표했다. 조선공산당의 승인을 취소하고, 민족과 국적에 관계없이 한 나라 안에 있는 공산주의자는 모두 그 나라의 공산당에 가입하라는 '1국1당주의'를 선언했다. 이에 따라 상하이에서 활동하던 대다수의 한인 공산주의자들도 중국공산당에 가입하여, 장쑤성 법남구 한인지부에 소속되어 활동했다.

상하이 정국이 '반공' 분위기로 급변하자 1929년 10월 26일 중국 관내의 민족유일당 건설을 위해 조직했던 한국유일독립당 상하이 촉성회는 대표대회를 열고 "새로운 국면을 기다리자"며 해체를 결정했다.[26] 같은 자리에서 상하이 한인 공산주의자들은 이후 독립운동 방침을 논의하고 "명실공히 한국 독립운동 단체의 존재를 분명히 하여 철저하게 독립운동에 매진하자"라며 유호留滬한국독립운동자동맹을 결성했다.[27]

이로써 관내 민족유일당 운동도 사실상 무산되었고, 이후 상하이에서는 민족주의 진영과 공산주의 진영 사이에 대립과 갈등의 골이 깊어졌다.

오대근은 이렇게 민족주의·공산주의 양 진영 사이의 갈등이 깊어지는 가운데 장쑤성 법남구 한인지부에 소속되어 한인 공산주의 운동에 참여했다.

유호한국독립운동자동맹은 1929년 11월 국내에서 일어난 광주학생운동 소식을 듣고 이 운동의 진상과 일제의 잔혹성을 알리는 선전전에 나서는 한편, 교민단 등 민족주의 단체와 연합하여 상하이한인각단체엽합회를 결성하는 데 주도적 역할을 했다.

그러나 1930년 9월 유호한국독립운동자동맹의 중심 인물인 구연흠이 체포되면서 조직은 붕괴되어 거의 1년 가까이 침체 상태에 빠졌다.

그 무렵 중국공산당 상하이지부 서기가 된 조봉암이 조직 확장에 정력적인 활동을 벌여 9·18사변 직후인 1931년 12월 그동안 활동이 없어 유명무실한 상태에 있던 유호한국독립운동자동맹과 상하이한인청년동맹을 해소하고, 새로이 상하이한인반제동맹을 조직했다. 30~40명의 한인 공산주의자들이 참여한 이 동맹은 중국공산당이 주도하는 상하이반제대동맹에 가입하여 활동했다.[28]

이들은 9·18사변 후 급변한 상하이 정국의 반일 분위기에 발맞추어 적극적인 반제 투쟁에 나섰다. 이들은 중국공산당과 정세 인식을 같이하면서 중국공산당이 주도하는 가두시위와 반제 운동에 적극 참여했다. 이들은 일제의 침략에 타협적인 중국 정부와 군벌, 그리고 그들의 경제적 기반인 자본가·지주층을 비판하며 상하이의 노동자·농민 등 민중과 함께 반제 투쟁에 적극 나섰다.

상하이의 한인 공산주의자들은 일제의 침략을 단지 '민족 문제'로만 인식하고, 일제에 타협적인 중국국민당 정부와의 연대를 강조하는 민족주의 진영에도 비판적이었다. 이들은 상하이 한인 노동자들의 고통을 외면하는 교민단에 대해 '민단세 불납 운동'을 벌이는 한편,[29] 1932년 3월 윤봉길이 다녔던 종품 공사의 한인 노동자 해고에 반발하여 한인 노동자들이 파업을 일으키자 이들을 적극 지원했다.[30] 이 밖에도 이들은 3·1절과 6·10만세운동, 그리고 8·29 국치일에도 독자적으로 기념식을 거행하고 반일 선전전을 벌였다.

그러나 시간이 갈수록 상하이에서 공산주의자들의 활동은 점차 어려워졌다. 프랑스 경찰은 중국 및 일제 관헌과 협력하여 프랑스 조계 내의 한인 공산주의자들을 적극적으로 검거하기 시작했다. 1932년 9월에서 12월 사이에 조봉암·홍남표·강문석 등 법남구 한인지부와 상하이한인반제동맹의 주요 지도부 10여 명이 잇달아 체포되었다. 상하이에서는 제3국제원동부 소속인 김단야[본명 김태연] 등이 중심이 되어 한용·오대근·황윤상 등 소수의 한인 공산주의자들이 남아 겨우 명맥만 유지하는 정도였다.[31]

1933년 1월 초순, 중국공산당에서는 거의 붕괴된 상하이한인반제동맹을 복구하고 새로운 당원을 확보하여 조직을 재건하라는 지령을 내렸다. 2월 17일 남아 있던 한인 공산주의자들은 비밀리에 재건협의회를 열고, '동맹원 획득', '공개 단체 조직', '독서반 및 훈련반 조직' 등을 협의하고 상하이한인반제동맹을 재건했다. 이때 오대근은 총무부에 소속되었다. 그리고 3월 하순 조직부장 한흥민이 코민테른 제3국제원동부 소속으로 이적하면서 책임비서 오대근이 이를 겸직했다.[32]

한편 중국공산당이 1933년 6월 25일 중국반제동맹을 해체하고 이를 대신할 단체로 중국영토보장동맹회를 조직하자, 8월 4일 상하이한인반제동맹도 자체 해소하고 상하이한인독서회로 전환하여 중국영토보장동맹회에 참가했고, 오대근은 그 동맹회의 간부가 되었다.[33]

이 무렵 모스크바에서 국제레닌학교를 졸업한 박헌영은 1932년 1월 조선공산당 재건 사업을 위해 코민테른의 지시를 받고 상하이에 왔다. 그는 이곳에서 김단야과 함께 잡지 『콤뮤니스트』를 발행하는 등의 활동을 하다가 1933년 7월 체포되었다.[34] 이 사실을 안 김단야는 피신하고 이후 행방이 묘연해졌다. 이로써 사실상 상하이에서

는 적당한 지도자가 없어 한인 공산주의운동은 점차 사라졌다.[35]

오대근, 밀정으로 변절하다

————

국내에 이어 상하이에 와서도 민족 해방을 위해 공산주의운동을 이어 갔던 오대근, 그는 언제, 무엇 때문에 변절하여 나카노의 밀정이 되었을까?

오대근이 언제 전향하여 밀정이 되었는지를 짐작할 수 있는 두 가지 자료가 있다. 하나는 앞서 본 1935년 8월 히토스키가 나카노에게 보낸 편지다. 이 편지에서 히토스키는 오대근이 "법남구 집행위원으로서 활동하던 중 전향하여 당시 본부[조선총독부] 파견원을 위해 충실히 첩보 근무에 종사"했다고 했다.[36]

여기서 '법남구 집행위원'이란 중국공산당 장쑤성 법남구 한인지부를 일컫는다. 오대근이 상하이 한인 공산주의 단체에서 나름 지도부로 등장하는 때는 1933년 1월 이후다. 1932년 9월 이후 조봉암 등 10여 명의 주요 간부들이 체포되고 이어 12월 15일 홍남표가 한인지부의 재건에 노력하던 중 체포되어[37] 한인지부의 지도부가 붕괴되었다. 그리하여 1933년 1월 19일 조직 재건을 위해 한인지부 중앙위원회가 열렸고,[38] 3월 하순 조직부장 한홍민이 코민테른 제3국제원동부 소속으로 이적하면서 책임비서 오대근이 이를 겸직했다.[39] 이런 사실로 보아 오대근은 1933년 1월 이후 한인지부의 책임비서로 활동한 것으로 보인다.

또한 그는 1933년 2월, 중국공산당의 지령에 따라 재건한 상하이 한인반제동맹의 총무부를 맡아 활동했고,[40] 그리고 8월 4일 상하이 한인반제동맹을 해소하고 상하이한인독서회로 전환한 뒤에도 책임자로 활동했다.[41]

이런 그의 전력을 볼 때, 법남구 한인지부의 집행위원으로 활동한 때는 빨라도 1933년 1월 이후로 여겨진다.

그러면 오대근은 이때 전향했을까? 또 다른 자료를 보자. 오대근이 1935년 2월 난징에서 행방불명된 뒤 한국대일전선통일동맹 중앙집행위원인 김두봉의 아내 조봉원이, 1935년 4월 중순 오대근의 '밀정설'에 대해 다음과 같이 이야기했다고 한다.[42]

오대근은 공산당원일 뿐만 아니라 앞서 김수산金水山을 일본 관헌에게 밀고하여 체포하게 하였던 주구로서 주목받고 있는데도 대담하게 난징에 와서 배회하고 있었다. 마침내 이곳에서 민족파 간부의 손에 체포되었고 비상한 고문을 받고 종래의 행동 일체를 자백하였기 때문에 본년 [1935] 2월 초순 사형에 처해졌다.

오대근이 밀고했다고 한 김수산은 1933년 8월 31일 친일 단체인 상하이조선친우회 회장 유인발을 암살하려다 실패한 김익성金益星이다. 이 사건은 교민단 의경대장 박창세가 지휘했다.[43]

김익성이 유인발을 암살한 때가 1933년 8월 말이다. 이때 오대근이 일본의 '주구'로 주목을 받고 있었다고 하니, 조봉원의 말이 사실이라면 오대근이 전향한 시점은 1933년 8월 이전이다.

두 자료를 종합해 보면, 오대근은 1933년 1월에서 8월 사이 전향한 것이 분명하다.

왜 전향했을까?

분명한 이유는 알 수 없다. 하지만 당시 상하이 한인 공산주의운동이 처한 상황에서 짐작할 수 있다.

상하이에서의 공산주의운동은 1930년 이후 일제 당국과 프랑스 조계 당국의 탄압으로 주요 지도자들이 체포되고 동지들이 뿔뿔이 흩어지면서 사실상 막을 내렸다. 이런 상황에서 오대근은 어떤 선택을 해야 했을 것이다. 투쟁을 계속할 것인가, 아니면 귀국할 것인가, 그것도 아니면 전향할 것인가? 그는 이런 선택의 기로에서 전향을 택했던 것으로 짐작된다.

실패로 끝난 암살 공작

────────

나카노는 오대근에게 '김구 특별 수사 명령'을 지시하고 상하이에 있는 한인들의 눈을 피하기 위해 프랑스 조계 혁덕로赫德路 조가교趙家橋 49호 3층을 차입하여 거주하게 했다.[44] 오대근이 공동조계에서 프랑스 조계로 거처를 옮긴 것은 그가 김구 암살 공작에 본격적으로 뛰어들었음을 의미한다.

오대근은 이 과정에서도 옛 동지들과 연락하며 자신이 전향한 사실을 숨겼다.

오대근의 옛 동지이자 상하이한인반제동맹 집행위원이었던 오기만은 1931년 6월, "조선공산당의 재건을 위한 준비 공작으로 국내에 잠입하여 적색노동조합을 조직하라."는 코민테른 원동부의 지령에 따라 국내에 들어갔다. 그러나 일제의 감시와 탄압이 심하여 1933년 10월 상하이로 다시 피신해 왔다. 그가 상하이에 돌아왔을 때는 한인 공산주의운동의 주요 지도부가 체포되거나 흔적을 감추어 공산주의 조직은 거의 와해된 상태였다.

향후 활동이 막막해진 오기만은 옛 동지와의 연락선을 부지런히 찾았다. 그러던 중 옛 동지 황훈과 접선이 되어 그로부터 오대근을 소개받았다. 그는 그해 12월 중순 오대근의 거처인 공동조계 태고로太古路의 중국인 집으로 옮겨 1934년 4월 8일까지 함께 지냈다.[45]

오기만은 이후 오대근의 소개로 중국공산당 장쑤성 법남구 위원 중국인 매梅 모를 만나 자신이 국내에서 한 활동 보고서를 제출하고, 이후 지령을 기다리던 중 4월에 체포되었다. 이때는 오대근이 이미 전향한 때이므로 오기만의 체포 역시 오대근의 밀고였을 가능성이 있다.

그런데 오기만이 공동조계에 있는 오대근의 집에서 1934년 4월 8일까지 함께 지냈으니, 오대근이 프랑스 조계로 거처를 옮긴 것은 자연히 그 이후이다. 따라서 나카노가 김구 암살의 실행을 본격적으로 벌인 것도 일단 그 이후임을 알 수 있다.

그런데 나카노가 1934년 8월 6일에 갑자기 한국으로 건너가 조선총독부 경무국을 찾아 면담했다. 물론 명분은 난징군관학교와 기타 상하이 방면 한인의 최근 정세와 행동에 관해 경무국에 보고하고, 동시에 이후 방침에 관한 협의를 하기 위해서였다.[46] 겉으로는 경무국에 업무 보고 및 협의하는 것이 목적이라고 하지만, 시기를 보면 실제로는 '김구 암살 공작'을 협의하기 위한 것이었다.

왜냐하면 다음 장에서 기술할 제2차 김구 암살 공작을 보면 나카노의 후임인 히토스키는 경무국장에게 암살 공작의 진행 상황을 일일이 보고했다. 이것은 김구 암살 공작을 조선총독부와 협의, 승인 하에 추진했음을 뜻한다. 나카노 역시 마찬가지일 것이다. 나카노가 김구 암살이라는 중대한 일을 조선총독부와의 협의나 승인 없이 독단적으로 추진할 수는 없었을 것이다.

따라서 나카노는 1934년 8월 6일 조선총독부 경무국을 방문하여 김구 암살 공작을 협의하여 승인을 받았고, 상하이로 돌아온 뒤 김구 암살 공작을 본격적으로 추진했다. 아마 오대근이 공동조계에서 프랑스 조계로 거처를 옮긴 것도 나카노가 조선총독부의 승인을 받고 돌아온 뒤일 것이다.

나카노는 김구가 난징에 있다는 정보를 확인하고, 1935년 1월 오대근에게 김구 암살을 지시했다.

오대근은 1935년 1월 26일 특별공작원인 중국인 2명을 데리고 난징에 갔다. 그는 난징으로 떠나기 직전인 1월 14일, 고향에 있는 아내에게 편지를 보냈다.[47] 그 내용은 알 수 없으나 자신에게 다가올

운명을 예견하고 보낸 것은 아닐까?

난징에 도착한 오대근은 이미 그곳에 먼저 가 있던 공작원 5명을 인계받으려고 보래관寶來館에 머물고 있던 임 통역생을 찾아가 만났다. 그는 임 통역생에게서 공작원 5명의 대기 상황과 함께 '김구가 난징에 오지 않았다.'는 보고를 받았다.

난징에 김구가 없다니? 일단 일이 틀어졌다. 오대근은 그날 오후 3시 10분 보래관을 나온 뒤 행방불명이 되었다.[48]

김구는 『백범일지』에서 자싱에 있던 주아이바오를 난징으로 데려와 동거하게 된 계기를 다음과 같이 회고했다.[49]

나의 난징 생활은 점점 위험해졌다. 왜구가 나의 족적이 난징에 있다는 냄새를 맡고 상하이에서 암살대를 난징으로 파견한다는 보도를 접하였다. 공자묘 근처에 사람을 파견하여 시찰해 보니 사복 일본 경찰 7명이 대오를 지어 순찰하더라고 하였다.

김구가 회고한 이 암살대가 오대근 일행일 가능성이 높다.

그러면 행방불명된 밀정 오대근은 과연 어떻게 되었을까?

김두봉의 아내 조봉원은 "민족파에게 붙잡혀 2월 초순 사형되었다."고 했고, 신한독립당원 염온동은 모 밀정에게 "중국 관헌에게 체포되어 그 일당 7명이 모두 사형에 처해졌다."고 했다. 과연 누구 말이 사실일까?

행방불명된 오대근은 1935년 11월 난징에 있는 남의사의 비밀

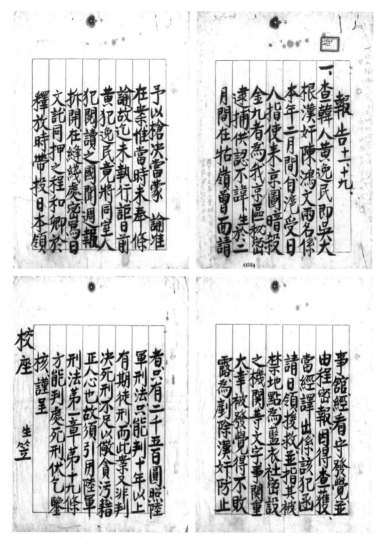

報告十九

一, 查韓人黃逸民即吳大
根漢奸陳鴻文兩名係
本年二月間自滬受日
人指使來京圖暗報
金九者爲我京區初密
逮捕供認不諱生於二
月間在牯嶺曾面請

予以槍決當蒙 謝准
在案惟當時未奉條
諭故迄未執行詎日前
黃犯逸民竟將同室人
犯閱讀之國聞週報
拆開在縫線處密將
文託同押之程和卿於
釋放時帶投日本領

事館經看守發覺並
由程密報用得查獲
當經譯出係該犯函
請日領援救並指其被
禁地點爲監衣社密設
之機關等文字事關重
大幸被發覺得不敗
露爲劇除漢奸防止

者只有二千五百圓照陸
軍刑法只能判十年以上
有期徒刑而此業文非判
決死刑不足以徵貪污藉
正人心也故須引用陸軍
刑法第一章第十九條
才能判處死刑伏乞鑒

校座
核謹呈
生笠

중화민국 국사관에 남아 있는 오대근 관련 자료의 첫 세 장과 마지막 장.(위 오른쪽에서 왼쪽으로)

기관에 수감되어 있었다.

남의사 특무처장인 다이리戴笠는 1935년 11월 19일, 장제스에게 오대근의 총살형 의견을 묻는 보고서를 보냈다. 그는,

> 한인 황일민黃逸民 즉 오대근과 중국인 매국노 천훙원陳鴻文 두 명은 올 2월 중 상하이에서 일본인의 지령에 따라 난징에 와서 김구 암살을 꾀한 자로, 우리 측 비밀 기관에서 체포하였다.

라고 보고하고, 그때 자신은 구링牯嶺에 있어서 조유條諭를 받지 못해 집행을 하지 못했다고 했다. 그런데 오대근이 같은 감방에 있던 죄수가 열람하던 주보週報를 펼쳐서 실로 제본한 곳에 몰래 일어로 "일본 영사관에게 구원을 청하고, 아울러 자신이 갇혀 있는 곳이 남의사의 비밀 기관이다."라고 써서, 그 죄수가 석방될 때 일본 영사관에 넣어 달라고 부탁했는데 다행히 간수에게 발각되었다. 다이리는 후환을 방지하기 위해서라도 오대근·천훙원 두 명에 대한 즉시 비밀 총살형을 지시해 달라고 했다.[50]

행방불명된 오대근은 중국인 매국노 천훙원과 같이 장제스의 특무 기관인 남의사에 체포되어 은밀히 감금되어 있었고, 1935년 11월 19일 이후 처형되었다.

나카노가 김구 암살 공작을 실행하면서 암살자로 밀정 오대근과 함께 일본 경찰이 아닌 중국인을 고용한 이유는 뭘까?

그는 이들이 암살에 성공했을 경우, 그 책임에서 일본은 빠지고,

대신 한인과 중국인을 범인으로 만듦으로써 김구 암살을 한인 사이의, 또는 한중 사이의 갈등으로 비치게 하여, 독립운동은 물론 한중연대에 균열을 내려는 의도였다.

그러나 나카노의 이런 계획은 결국 실패했다. 그가 1935년 2월 충청북도 경찰부장으로 승진하여 한국으로 귀환하면서, 이후 김구 암살은 후임자의 몫이 되었다.

3. 김구의
독자 세력화

한국특무대독립군 결성

한편 김구는 시시각각 자신에게 다가오는 암살의 위험 속에서도 군관 양성에 열중했다. 1934년 4월 이후 뤄양 한인특별반의 입학이 끝난 뒤에도 각지의 한인 청년들이 난징을 찾아왔다. 4월 30일 백찬기는 부산에서 탄 상하이행 배 안에서 같은 목적으로 가는 노창욱을 우연히 만났다. 노창욱은 난징에 있는 친척인 군관학교 모집원 노태연의 권유를 받고 난징으로 가는 길이었다. 백찬기는 노창욱과 함께 상하이를 거쳐 난징에 도착하여 노태연의 집에 일시 머물렀다.[51]

이틀 뒤에는, 앞서 난징에 와서 한인특별반에 입교한 전봉남의 권유로 이복인이 인천에서 같은 목적으로 왔다.[52]

김구는 노태연·안공근 등을 통해 난징에 온 청년들에 관한 보고를 받고, 방이 하나인 노태연의 집이 생활에 불편하다고 판단하고, 1934년 5월 20일경 큰 방이 5개인 유엽가 56호에 집을 새로 구하여 이사를 시켰다. 한인애국단 간부인 오면직·노종균 등도 방 하나를 함께 사용하면서 난징에 온 입교 준비생을 지도, 감독했다.

그러던 1934년 6월 중순경, 며칠 집을 비웠던 노종균이 80세 가까운 노파와 열서너 살로 보이는 남자아이를 데리고 와서 깨끗한 방에 모셨다. 입교 준비생들은 누군지도 모른 채 청소나 식사 준비 등 모든 것을 정성껏 대접했다. 2~3일이 지난 어느 늦은 밤, 60세쯤 되어 보이는 중국인 복장을 한 노동자 같은 한 남자가 찾아왔다. 이후 그는 매일 또는 하루걸러 찾아와서 노파와 아이를 극진히 모셨다.

모두들 노파와 아이, 그리고 이들을 찾아오는 노동자 같은 남자는 누구지 하며 여기저기서 수군수군거렸다. 그러자 노태연이 입교 준비생들을 모아 놓고,

"노파는 김구 선생님의 모친이시고, 아이는 그분의 자제이며, 찾아오시는 분은 바로 김구 선생님이시다. 이 일은 비밀이니 이후 이 집에 오는 사람 누구에게도 절대 말해서는 안 된다."
라며 비밀 유지를 신신당부했다.[53]

김구가 자싱에 있던 노모와 둘째 아들 김신을 이곳으로 오게 한 것이다.

그리고 6월 말경에는 간도에서 김병화가, 이어 서울 출신 이덕성과 대구 출신 김해운이 와서 군관학교 입교 준비생은 7명으로 늘어났다.[54]

난징에서 가족과 함께. 뒷줄 왼쪽부터 큰아들 김인, 김구, 작은아들 김신, 맨 앞에 앉아 있는 이는 어머니 곽낙원. 1934.

며칠이 지난 어느 날 오전 김구가 찾아왔다. 그는 입교 준비생 7명을 모아 놓고, "나는 혁명운동에 일생을 바치고 있는 김구"라며 자신의 정체를 밝히고, "여러분은 나를 수령으로 우러러 모시고 나의 명령에 복종하며 일생을 조선의 혁명을 위하여 바칠 각오가 있느냐?"라며 그들의 각오를 물었다. 입교 준비생 모두는 "몸을 바쳐 조선의 혁명을 위하여 싸우겠습니다!"라고 큰 소리로 대답했다. 우렁찬 준비생들의 대답을 듣고 김구는 한인애국단 입단 '선서식'을 거행하며 일장 훈시를 했다.

나는 어릴 적에 집이 가난하여 그때부터 생활고와 싸워 왔으므로 의지가 견고하게 되었다. 그 뒤 혁명운동에 있어서 아무리 곤란하더라도 고단하다고 생각한 일도 없거니와 일찍이 배신한 일도 없다. 그런데 내가 처음 혁명운동을 시작한 것은 조선이 한국이라고 하던 시대로, 나는 열아홉 살 때에 당시 단원 2천 명을 거느린 동학당에 입단했었다.

그 뒤 황해도의 군인과 싸워서 동학당이 패했으므로 나는 산속으로 도망쳐 중이 되었다가, 그 뒤에 국외로 망명해서 상하이에 와서 대한민국임시정부에 들어갔는데 임시정부가 넘어진 뒤에도 의연히 초지일관 변함이 없이, 지금도 또한 이와 같이 해서 조선 민중을 위하여 조국을 탈환하고, 그래서 가장 이상적인 조선국의 공산국을 건설하려고 생각하여 과거 40년간의 고생을 계속해 오고 있는 것이다.

이 긴 세월 속에서 혹은 좌절하고 혹은 배신한 동지도 상당히 있었지만, 나는 끝까지 초지初志를 관철하고 매진해 왔다. 금후라 하더라도 지금까지와 아무 변할 것이 없이 초지를 관철할 때까지는 비록 최후의 1인이 되더라도 살아 있는 동안은 혁명을 위하여 정진한다.

여러분도 오늘 이후부터 이 조선 혁명운동을 위하여 나를 도와 일어선 이상은, 나와 같이, 아니 더 이상의 결심을 가지고 조선 민중을 위하여 일생을 혁명운동에 바치기를 간절히 바라는 바이다.

그러면 나는 어디까지나 서로 돕는다는 처지에서 제군이 중국의 육군군관학교에 입학하는 데 대하여 책임을 지고 받아들이겠다.

유엽가 56호에서는 노종균이 입교 준비생을 대상으로 수시로 교육을 시켰다. 그것은 군관학교 입교를 위한 예비교육이자 혁명 정신을 일깨우기 위한 기초 교육이었다. 그 내용은 국제 정세, 한국의 농촌 문제, 그리고 세계의 혁명운동 등이었다.[55]

그러던 1934년 8월 뤄양의 한인특별반에서 중도 퇴교한 생도 25명이 왔다. 이들 가운데 안중근의 조카인 안춘생을 비롯한 17명은 8월 말 난징 중앙육군군관학교 제10기생으로 입학했다.[56] 그 무렵 상

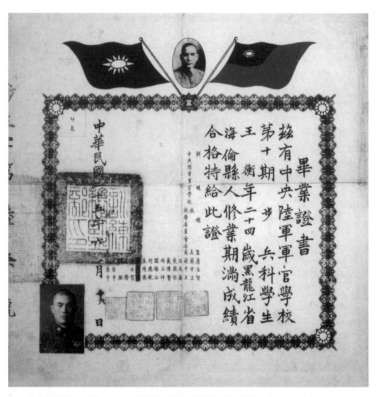

安춘생의 중앙육군군관학교 제10회 졸업장. 졸업장에 적혀 있는 왕형王衡은 그의 별명이다.

하이에서 한도원·장치문이 왔고, 군관학교가 아닌 난징중앙대학에 가기를 원했던 노창욱은 어느 날 밤을 이용하여 달아났다.

그리고 이들 입교 준비생 가운데 백찬기 등 7명은 1934년 8월 25, 26일경 중앙육군군관학교 11기 학과 시험을 보았다. 이날 시험에는 김구 계열 7명과 의열단 계열 14명 모두 21명이 참가했다. 이후 신체검사, 구술시험을 거쳐 모두 합격하여 9월 20일 입학했다.[57] 중앙육군군관학교는 중학교 졸업 이상이어야 입학할 수 있는데, 이들은 중국 당국의 특별한 배려로 이와 관계없이 합격할 수 있었다.

입학 하루 전인 1934년 9월 19일, 김구는 자파 합격자 7명을 모아 놓고 약 1시간 동안 열정적인 훈시를 했다.[58]

그대들은 전부 시험에 합격하여 이번에 중국의 군관학교에 입학하기로 되어 있는데, 그것은 다 나의 힘에 의하여 되었다는 것을 잊어서는 안 된다. 만약 그대들이 중국인이었다면 그 정도의 학력으로는 도저히 입학을 하지 못했을 것이다. 어쨌든 내일부터 입학하게 된 것을 축하한다.

그런데 그대들은 드디어 내일부터 장제스의 군관학교에 입학하게 되었으나, 그대들은 중국인이 아니다. 가령 여기에 국제적 입장에서 그대들은 형식적으로 중국인으로서 입학하는 것이지만, 그것은 여러분도 잘 알 것으로 생각하는데, 그렇게 해서 중국의 군관학교에 들어간다는 것은 중국과 한국이 공동의 원수인 제국주의 일본을 타도, 보복하기 위하여 한국과 중국은 공동전선을 펴는 것이다. [중략]

장제스는 우리들 한국 혁명가에 대하여서만 혁명적 투사를 양성하기 위하여 중국의 군관학교를 개방해 주었다. 공동의 적 제국주의 일본을 타도한다는 점에서는 한민족도 중국인도 또한 같다.

그러나 우리들의 목적은 조국의 광복이며 한민족의 안온이고, 중국은 그 나라의 번영이므로, 양자는 목적과 수단을 위하여 일시적으로는 이렇게 제휴하고 있지만 이것이 영원한 악수는 아니다. 그러므로 그대들은 비록 장제스의 군관학교에 입학하더라도 한민족 혁명의 투사로서 그 소양을 배양하는 데 있으므로 이 점을 잘 머릿속에 간직해 두고, 장제스의 군관학교에 입학해도 장제스의 군인이 되는 것은 아니다.

그대들은 중국 군관학교에 들어가도 한국의 군인이 된다는 것을 깊이 머릿속에 새겨 두고, 군관학교에 입학해도 장제스를 교장으로 생각하지 말고 어디까지나 나를 교장이라고 생각하고 모든 일을 상의하라. 그러면 나도 어디까지나 그대들 상의의 상대가 되어 주고 그대들의 힘이 될 것이다.

또 그대들은 학교에 들어가거든 충분히 공부하여 적어도 조선인의 체면을 더럽히는 일이 있다면 단호하게 엄벌할 것이니, 그런 결심으로 공부하여 중국인에게 모범이 되지 않으면 안 된다.

김구는 훈시를 통해 비록 중국 군관학교에 들어가지만 한민족의 군인이자 혁명투사가 되어야 하고, 특히 이번 입학이 순전히 "다 나의 힘" 덕분이며 "장제스가 아닌 자신을 교장"으로 생각하라고 강조했다.[59]

자신이 모집하고 추천한 청년들이 뤄양 한인특별반과 난징 중앙육군군관학교에 입학하여 체계적인 군사 훈련을 받게 되자, 김구는 자신이 구상했던 항일 특무 활동을 향후 효과적으로 실행하기 위해서도 이들을 조직적으로 관리할 필요가 있다고 생각했다. 더구나 1934년 3월 자신을 제외한 중국 관내의 주요 5개 독립운동 정당 대표들이 난징에 모여 한국대일전선통일동맹을 해체하고 민족유일당을 건설한다는 소식은 김구로 하여금 독자 세력화를 더욱 서두르게 했다.

그리하여 김구는 자신의 휘하에 있는 중앙육군군관학교 학생을 중심으로 한국특무대독립군(이하 '특무대')을 결성했다. 특무대 본부도 1934년 12월 이전 유엽가 56호에서 난징성 안 목장영木匠營 고안리高安里 1호로 옮겼다. 이곳은 붉은 벽돌로 지은 3층 집으로, 방은 1층에 1실, 2층에 2실, 3층에 1실 등 모두 4실인 독립 가옥이었다.[60]

특무대 결성에 앞서 1934년 12월 중순 고안리 1호에서는 '김구 혁명 40주년 기념 축하회'가 열렸다. 축하 식장의 정면에는 태극기와 애국단기(붉은 바탕에 검은빛의 창과 방패를 그린 것)가 교차하여 걸리고 사면에 만국기가 걸려 있는 가운데, 이날 안공근 등 한인애국단 간부와 단원, 중앙육군군관학교 재학생 등 20여 명이 참석했다. 의열단에서 내빈으로 5명이 참석했고 단장 김원봉이 축사를 했지만, 당사자인 김구는 신변 위험을 우려하여 참석하지 않았다.[61]

그로부터 며칠 뒤 일요일인 1934년 12월 30일, 고안리 1호에서 김구의 명령을 받은 안공근이 주도하여 특무대를 결성했다. 이날 결성식에는 안공근·안경근·노태연·노종균·오면직 등 한인애국단 간부와 이들이 소집한 중앙육군군관학교 재학생, 그리고 뤄양분교 중퇴생 등 30여 명이 참석했다. 이날도 김구는 신변의 위험 때문에 참석하지 않았다.

결성식을 주관한 안공근은 "우리는 백범 선생의 명령에 의하여 지금부터 김구파 학생으로서 한국특무대독립군을 결성한다."라고[62] 선언하고, "특무대는 김구를 수령으로 하여 혁명 수단에 의해 일본 제국주의를 타도하고 조선을 제국의 굴레로부터 탈피시켜 그 독립

임시정부 난징 시절의 주요 활동 관련 장소들(아래). ⓒ Google 지도 (위는 당시 제작한 난징 지도)

❶ 중화문中華門. ❷ 한국독립군특무대 본부 터. ❸ 한인특별반 졸업생 난징 거주지 터(교부영).
❹ 부자묘夫子廟. ❺ 회청교淮淸橋(김구 거주지 부근). ❻ 한인 학생훈련소 터(동관두). ❼ 바이루저우공원.
❽ 무정문武定門. ❾ 광화문光華門. ❿ 난징 대한민국임시정부 요인 거주지 터(남기가).

을 꾀하기 위해 광분하는 애국단의 별동 부대로서, 또한 장래 조선 혁명 단체를 통일시키기 위한 기본 조직으로서의 결사이다."라는 요지의 특무대 결성 취지를 역설했다.[63]

이어 오면직이 특무대 행동강령을 낭독했다.[64]

1. 이 조직은 한국특무대독립군이라고 일컫고 군사적으로 무장 수양한다.
2. 조직 목적 또는 영수의 명령에 위배하거나 혹은 다른 당파와 통교하여 동지를 적에게 팔아먹는 자는 혁명 반역자로서 처분한다.
3. 우리들은 한국 혁명을 위하여 전원이 무장하고 일본제국주의와 그 정책을 파괴하는 것을 목적으로 군사적 조직을 완성한다.

행동강령 낭독이 끝나자 안공근은

본인은 특무대에 가맹하여 김구 선생님의 지도와 명령에 절대 복종하며 본대의 규칙을 엄수할 것을 서약함.

이라는 서약서를 나누어 주고, 서명 날인 후 제출하게 했다.[65]

이어 그는 '김구 구락부'라고도 불리는 특무대 대장에 김구, 참모에 안공근, 비서에 오면직, 중대장 겸 조사부장에 노종균, 조사부원 안경근, 제1소대장 왕종호, 제2소대장 한도원, 학생부 노태연 등의 부대 편제를 발표했다.[66]

그리고 마지막으로 그는, "금후 본대의 원활한 기능을 발휘하기 위한 준비로서 대원은 금후 일요일마다 이 구락부에 출석하여 오후 1시부터 3시까지 시사 보고를 하고, 동시에 의견 교환과 토론 등을 할 것. 시사 보고는 김학무[본명 김원길], 토론은 정국광[본명 정성언]이 각각 교육을 담임할 것."을 지정했다.[67] 시사 보고와 토론을 맡은 김원길과 정성언은 한인특별반 중퇴생이다.

그리고 1935년 4월 노종균은 뤄양 한인특별반 졸업생 62명 가운데 김구파 졸업생 12명을 난징으로 데려와 특무대에 수용했다.

특무대원들은 안공근의 지시대로 휴일이나 일요일이면 본부인 고안리 1호에 모였다. 안공근은 매번 인원 점검을 하고, 때때로 노종균·오면직 등이 세계 정세, 혁명운동 등에 관한 교육을 했다. 대원들은 구락부로 사용하는 1층에 비치된 『동아일보』·『오사카매일신문』·『상하이매일신문』과 영자신문 및 잡지 『신동아』·『킹キング』 등을 보며 시사 정보를 얻기도 했다.[68]

안공근이 특무대 결성 취지 연설에서 "백범 선생은 그대들을 부대 전투를 위한 군인으로 양성하는 것이 아니"라 일제 타도를 위한 당면 수단으로서 한국·일본·만주에서 철도나 철교, 주요 기관 파괴와 요로의 대관 암살 등을 행하는 유격대로서의 특별한 전술을 구사하는 군인으로 양성하는 것이라고 했듯이,[69] 특무대는 무력 수단을 통해 일제를 응징하는 한인애국단의 별동대로서, 장기적으로는 군사적 조직을 지향했다.

다만 특무대의 상층부 조직 구성원에서 드러나듯이 소대장을 제외한 지도부 전원은 윤봉길 의거 이후 김구를 추종해 온 인물들이다. 때문에 특무대는 김구의 리더십에 절대적으로 의존하는 동시에, 그에 대한 철저한 복종을 규정함으로써 그의 정치 활동을 뒷받침하는 단체였다.[70] 특히 특무대를 "장래 조선 혁명 단체를 통일시키기 위한 기본 조직"이라고 했듯이, 김구는 이를 기초로 향후 자신이 주도하는 관내 독립운동의 통일을 꿈꾸었다. '김구 구락부'라는 별칭에서도 알 수 있듯이 특무대는 김구의 사적 조직이나 마찬가지였다.

학생훈련소를 운영하다

김구는 특무대를 결성한 지 얼마 지나지 않은 1935년 2월 안공근의 건의를 받아들여 특무대와는 별개의 조직인 학생훈련소를 설치하여 운영했다.[71]

김구가 학생훈련소를 설치한 목적은, 뤄양 한인특별반을 개설한 이후에도 여러 경로를 통해 난징 중앙대학이나 군관학교 입학을 위해 난징으로 오는 한인 청년들을 모아 군관학교 입학에 필요한 사전 예비 교육을 실시하기 위해서였다. 그래서 학생훈련소는 '몽장훈련소', '특무대예비훈련소'라고도 불렸다.

학생훈련소는 난징성 안의 중국식 단층집 2동(동관두 32호)을 빌려 그곳에 설치했다.[72] 그리고 개설 이래 각지에서 오거나 모집한 한인 청년들을 차례로 입소시켰다.

학생훈련소 대원에게는 1인당 매월 10원을 지급했다. 이 돈은 주로 부근 음식점에서 먹는 식대로 충당하고, 남은 돈 2~3원을 개개인에게 용돈으로 지급했다. 대원들은 오전 7시에 기상하고 오후 10시에 취침했으며, 일과 시간에는 대원들 가운데 중등학교 출신자나 중국어를 할 수 있는 대원들이 서로 가르쳐 주고, 군관학교 시험에 필수적인 기하·대수 등의 학과 교육은 특무대원 정성언이 담당했고, 한인애국단원 간부 노종균 등이 정신교육을 실시했다.[73]

학생훈련소에도 『조선일보』·『동아일보』·『오사카매일신문』·『대공보』·『화보』 등 각종 신문과 『신동아』·『신조선』 등의 잡지를 비치하는 외에 각종 서적을 갖춘 도서실을 마련하여 면학을 권장했다. 그리고 이곳에는 한인애국단 간부를 제외하고는 특무대 대원들조차 무단출입을 통제할 정도로 대외적으로 비밀을 유지했다.[74]

학생훈련소는 노종균이 책임을 맡았다.[75] 김구의 아들 김인도 대원들과 함께 생활하면서 이들의 일상을 관찰했다.[76]

1935년 5월 말 대원 수가 30여 명으로 늘어나 장소가 비좁아졌고, 6월에는 그 존재가 일제의 정보망에 노출되어, 학생훈련소를 장쑤성 쉬안성현宜興縣 장주진張渚鎭 용지산龍池山 산록의 징광사澄光寺라는 사찰로 옮겼다. 이때부터 학생훈련소는 노종균을 대신하여 자싱에서 온 엄항섭이 관장했다.[77]

김구는 1935년 7월 중순경 안경근을 데리고 징광사로 왔다. 그는 학생들을 모아 놓고 "나의 경력 중 재미있는 부분을 조금 이야기하겠다."라고 말한 뒤 약 한 시간 동안 다음과 같은 훈화를 했다.[78]

내가 젊었을 때 인천감옥을 나와서 남조선 지방으로 여행하였을 때 경상남도 깊은 산속의 어느 절에 묵게 되었다.[79] 2, 3일 묵고 있었더니 승려 한 분이 와서 나에게 이 절의 승려가 되라고 권하였다. 최초에는 거절하였으나 집요하게 권유하므로 반농조로 승낙하였더니 마침내 정말로 진짜 승려가 되고 말았다. 그래서 두발을 깎아 버리고 다른 중들과 함께 불도의 공부를 하였다. 처음에는 신참이라고 하여 다른 중들이 모질게 대하므로 울었던 일도 수차례 있었다.

그 후 1년 남짓 지나니 무슨 일에나 익숙해져서 노승으로부터도 신용을 받게끔 되었다. 그러나 중이 되는 것이 나의 참된 목적이 아니므로 기회만 있으면 산을 내려가서 나의 집으로 돌아가 하루빨리 부모의 안부를 알고 싶었다.

그럼에도 그 절은 그 무렵 상당히 나를 귀여워해 주므로 그리 간단히 절을 나올 수도 없고 하여 여러 가지로 거짓말을 해서 절에서 내보내 주도록 부탁하였던바, 그로부터 반년 후, 즉 중이 되고 1년 반 후에 겨우 허락받아서 산을 내려와 걸어서 황해도의 집으로 돌아왔다.

집에 돌아와 보니 내 얼굴이 너무나 변해 있으므로 늙은 양친은 나를 자기의 아들이 아니라고 말할 정도였다. 나는 그래서 마음을 가다듬고 양친이 돌아가실 때까지 집을 나가지 않겠다고 결심하였었다.

이때 제일 슬프고 잊혀지지 않는 일은 최초에 절에 가서 중이 될 때 삭발로, 나의 긴 두발을 깎아 내릴 때였다. 너무나도 슬퍼서 눈물이 나왔다.

지금 이와 같은 절에 오니 그때의 일이 생각나므로 조금 이야기하였으나 제군들은 부모 곁을 떠나서 타향의 땅, 더구나 이와 같은 절에서 생활하는 일은 필시 쓸쓸함을 느끼겠지. 또 한편으로 혹은 무의미하게 생각할지도 모르겠으나 이것은 모두가 조국 광복을 위한 준비교육인 것이니 착실하게 공부해 주기 바란다.

또한 제군들은 긴 두발을 5부로 짧게 깎을 때는 매우 아깝고 또 원통했을 것이나 이것 역시 조국 광복을 위한 일이라고 생각해 주기를 바란다.

앞으로도 기회를 보아서 훈화를 할 작정으로 있다.

김구는 과거 일제가 시해한 민 왕후의 원수를 갚는다며 황해도 안악군 치하포에서 일본인 쓰치다 조스케土田讓亮를 때려죽인 일로 인천감옥에 갇혔다가 탈옥한 뒤 마곡사에서 겪은 외롭고 고단했던 옛일을 얘기하며 대원들을 위로하고 격려했다. 김구는 이후 이곳에서 3일을 머문 뒤 혼자 난징으로 돌아갔다.[80]

그러나 징광사에서의 학생훈련소 생활도 오래가지 못했다. 1935년 9월 초 징광사와의 임대계약 기간이 만료되어 대원들은 9월 15일부터 3일간에 걸쳐 다시 난징으로 돌아왔다. 대원 가운데 이전부터 공산주의 색채가 짙다고 의심받아 왔던 김령·김화·이경우·김인철 4명은 고안리 1호 특무대 본부에 수용하고, 나머지는 김구 모친이 있던 난징성 안 팔보후가八寶後街 23호에 합숙했다.[81]

안공근은 징광사에서 돌아온 뒤 특무대 본부에 따로 수용된 김령 등 4명에게 여비 10원씩을 주며 귀향하라고 명령했다. 이에 불만을 품은 김화와 김인철은 1935년 9월 20일 특무대를 빠져나와 이청천에게 갔다. 김령과 이경우는 9월 21일 상하이로 탈출하여 고향에서 보내올 여비를 기다리던 중 10월 2일 상하이 일본 총영사관에 검거되었다.[82] 대원 2명이 체포됨에 따라 학생훈련소가 일제에게 노출될 것을 우려하여, 10월 6일 학생훈련소를 난징성 안 남기가藍旗街 8호로 다시 이전했다. 이때 김구의 모친은 다른 곳으로 이전했다.[83]

이 무렵 학생훈련소의 분위기는 매우 술렁이고 있었다. 김구가 "9월 초순까지 예비 훈련을 한 후에 중국 군관학교에 입학한다."라고 약속한 날짜가 한참 지났기 때문이다.

김구는 이 사태를 극복하려고 중국 당국에 군관학교 또는 기타 다른 방면에 이들을 입학시키는 문제를 교섭했다. 그러나 중국 당국이 일제의 계속되는 항의에 외교적 마찰을 우려하여, 군관학교 입학은 사실상 기대 난망이었다.[84]

김구는 학생훈련소를 남기가 8호로 이전한 1935년 10월 6일 밤 그곳을 방문하여 대원들에게,

"군관학교의 입학은 점점 희망이 없어지고 있다. 제군들이 희망하는 기타의 학교 또는 기술학교에 소개하여 입학시키려고 하니 잠깐 이곳에서 기다리기 바란다."

라고 얘기하고 돌아갔다. 이튿날 다시 안공근이 찾아와서,

"군관학교 문제는 전연 희망이 없는 것은 아니다. 지금 쓰촨四川 방면에 있는 장제스에게 전보를 보내어 소개 중이므로 잠시 기다려라."

하며 동요하는 대원들을 진정시키려 했다.[85]

그러나 대원들 사이에는 군관학교 입학이 불가능할 수 있다는 불

안감에 불만과 불평이 터져 나왔고, 이후 학생훈련소를 탈출하는 대원이 속출했다.

결국 김구는 1935년 10월 23일경 학생훈련소를 찾아와 대원들에게 '군관학교에 입학할 수 없게 되어 유감이다.'는 뜻을 표했다. 안공근과 노종균은 대원들에게 귀향 여비로 15~20원을 지급했다. 이후 대원들은 하나둘 학생훈련소를 떠났고, 최종적으로 겨우 9명만이 남아[86] 학생훈련소는 사실상 폐쇄된 것이나 마찬가지였다.

떠나는 자와 남는 자

1934년 2월 뤄양에 한인특별반을 개설한 이후 난징을 찾아온 한인 청년들은 누구였고, 그들은 무슨 희망을 가지고 왔을까? 모두가 처음부터 조국 광복을 위한 독립운동을 하려고 왔을까?

1934년 4월, 시기적으로 한인특별반 입교가 불가능해진 뒤에도 군관학교 내지 중앙대학 등에 입학하려고 난징에 온 한인 청년들의 망명 동기나 경로는 특무대원 현철진이 벌인 다양한 입교생 모집 활동에서 잘 드러난다.

현철진은 함북 함흥에서 태어났으나 집이 훈춘琿春으로 이주하여 이곳에서 초등학교를 졸업하는 등 어린 시절을 보냈다. 그는 1930년 4월 옌지현延吉縣 룽징의 은진중학 2학년에 편입하여 신문 배달을 하며 이듬해 3월에 졸업을 하고, 1932년 4월 평양 숭실전문학교에 입학했다. 그는 1934년 2월 상하이에 있는 삼육대학신학원에 진학하려고 학교를 중퇴하고 상하이로 왔다. 하지만 삼육대학신학원 입학이 여의치 않자 3월 난징 금릉대학에 입학하려고 난징으로 갔으나 이마저도 여의치 않았다. 그는 돈도 겨우 2원밖에 남아 있지 않은 절박한 상황에서 다행히 신한독립당원 박진일을 알게 되었다. 박진일은 그의 딱한 사정을 듣고,

"중국 군관학교에 들어가면 1년 만에 졸업하고, 졸업 후에는 중국의 어떤 학교에도 입학이 가능하다. 학비가 모자란 자는 우선 군관학교에 입학하여 그 후에 희망 학교에 진학하는 것이 최상의 방법이다. 당분간 군관학교 뤄양분교에 입학하면 어떤가?"
라며 군관학교 입학을 권했다.

별다른 선택의 여지가 없던 현철진은 그가 권한 대로 1934년 3월 14일 뤄양으로 가서 노종균을 만나 한인특별반에 입학했다. 그는 8월 한인특별반을 중퇴하고 김구를 따라 난징으로 돌아와서, 김구에게 자신은 본래 신학대학에 가려고 난징에 왔다고 설명하고, 김구의 주선으로 난징 중앙대학에 다니게 되었다.[87]

현철진은 1934년 12월 김구의 지시에 따라 평양 숭실중학에 다니던 황세청에게 난징으로 "즉시 오라!"라는 통보를 했다.[88]

황세청은 숭실중학에 다닐 때인 1933년 6월경 잡지 『삼천리』에 게재된 난징비행학교 기사를 읽고 기회를 보아 이 학교에 가겠다고 결심하고 있었다. 마침 현철진이 난징에 간다는 소식을 듣고 그를 찾아가 자신의 뜻을 얘기하고 나중에라도 난징에 갈 방안을 부탁

했다. 황세청은 1934년 12월, "즉시 오라! 이쪽의 상황은 좋다."라는 현철진의 통보를 받고 한 치의 망설임도 없이 평양을 출발하여 1935년 1월 난징에 와서 학생훈련소에 입소했다. 황세청 역시 그해 3월 자신의 지인인 평양 광성고등보통학교 교사 김길봉에게 난징에 올 것을 권유하는 편지를 보냈다.[89]

한편 현철진은 1935년 2월 국내의 『조선일보』에 "조선인 학생이 면서 성적 우수자는 난징으로 오길. 관비 입학의 길이 있음."이란 기사를 투고했다. 뜻밖에 이 기사를 보고 1935년 4월 룽징의 은진중학 출신인 송몽규와 김용섭이 난징으로 현철진을 찾아와 역시 학생훈련소에 입소했다. 이때 송몽규는 왕위지로, 김용섭은 장유보로 이름을 바꾸었다.[90]

이전 한인특별반에 입학했거나 이후 난징으로 와 특무대나 학생훈련소에 입소한 한인 청년들은 모두 이름을 중국인 이름으로 바꾸어 사용했다. 변성명을 하는 이유는 일제가 이 사실을 알 경우 일어날 중국 당국에 대한 일제의 항의와 외교적 마찰을 피하고, 나아가 일제로부터 자신을 보호하기 위한 것이었다.

또한 현철진은 1935년 3월 은진중학 시절 지인인 황국주에게 난징에 온 이후 자신의 근황을 소개한 뒤 "학비 없이 난징 방면에서 공부하기를 희망하는 조선 청년이 있으면 수 명 모집하여 난징으로 보내라."는 통신을 보냈다. 황국주는 이 통신을 받고 난징으로 가기로 결심하고, 이 내용을 친구인 나사행에게 얘기하여 같이 가기로 했다. 나사행은 다시 자신의 집에 하숙하던 은진중학생 이인용에게

현철진이 『조선일보』 1935년 2월 17일 자에 기고한 「중국의 학창생활」 1회분의 일부.

난징에 같이 갈 것을 권유했다. 이들 3명은 1935년 5월 10일 난징에 도착하여 현철진의 소개로 학생훈련소에 입소했다.[91] 이 밖에도 현철진은 자신의 아내의 남동생 최진무를,[92] 그리고 아내 소개로 베이징 모 대학에 다니고 있던 황해도 안악인 출신 김상직을 소개받아 학생훈련소에 입소시켰다.[93]

또한 현철진은, 자신이 직접 모집한 것은 아니지만, 1935년 6월 특무대원이자 은진중학 선배인 정봉한이 "지금 이곳에 오면 학비 면제로 상급학교에 진학할 수 있다."라고 보낸 통보를 받고 난징을 찾아온 정빈을 특무대에 가입시키고 학생훈련소에 입소시켰다. 8월 1일에는 정봉한의 동생이자 특무대원인 정봉한이 보낸 같은 내용의 통보를 받고 난징에 온 김상희·이성춘을, 이어 9월 2일 역시 학생훈

련소 대원 김병간의 권유로 난징에 온 문시황을 차례로 학생훈련소에 입소시켰다.[94]

이 밖에도 군관학교 모집원 이광복의 권유로 1935년 1월 29일 이재천·이재현 형제가 상하이에서 난징으로 왔고,[95] 4월에는 상하이에서 한인섭과 김령이 난징으로 왔다. 한인섭 역시 신징新京(현 창춘)에서 동업자였던 자동차 운전수 이경우에게 "자네가 오면 학비 면제 입학을 알선하겠다."고 통보했고, 이경우는 1935년 6월 17일 난징에서 한인섭을 만나 학생훈련소에 입소했다.[96]

이처럼 1934년 4월 이후 20세 안팎의 한인 청년들은 만주와 국내 등지에서 다양한 경로를 통해서 난징으로 왔다.

각지의 한인 청년들이 난징에 오는 경로는 상하이의 이광복처럼 김구가 각지에 심어 놓은 군관학교 입교생 모집원이 모집한 경우도 있지만, 앞서 난징에 온 지인의 '난징으로 오라'는 권유를 통보받고 오는 경우, 또는 국내에서 발행되던『삼천리』·『별건곤』과 같은 잡지는 물론 현철진이『조선일보』에 투고한 기사를 보고 오는 경우 등 다양했다. 특무대원인 백찬기 역시 1933년 8월『별건곤』에 게재된 "난징 중앙대학 학비 면제 입학"이라는 광고를 보고,[97] 또한 1934년 2월 뤄양 한인특별반에 입교한 서울 출신 전봉남도『삼천리』에 게재된 중국 항저우비행학교 생도 모집 광고를 보고 난징 유학을 결심한 경우다.[98]

주목할 것은 이들 청년들이 난징에 오게 된 동기 내지 배경이다. 대다수 청년들은 '면비 입학'과 같은 상급 학교 진학이 목적이었다.

20세 전후의 청년들인 이들은 일제 치하에서 태어나 성장했고, 아예 학교를 다니지 못했거나 보통학교 또는 중학교를 졸업하고 농사를 짓거나, 우유 배달, 자동차 운전수, 사환 등으로 종사하는, 장래를 기대할 수 없는 직업이 대다수였다. 한마디로 이들은 식민지하에서 민족적 차별과 멸시 속에서 도무지 자신의 앞날을 기대할 수 없는 전형적인 식민지 청년이었다. 때문에 이들에게 '면비 입학'을 강조한 중국 군관학교나 난징 중앙대학 입학은 자신들의 불우한 처지를 극복할 수 있는 좋은 기회였다.

물론 이들 가운데는 진학이 목적이 아니라 국내나 간도에서 항일운동을 하다가 일제의 탄압을 피해 상하이나 난징으로 망명하는 경우도 있었다. 함북 길주 출신인 김령은 룽징에서 동흥중학교에 다니면서 공산주의 학생 비밀결사인 혁명학우회·반제동맹 등에 가입하여 활동하다가 일제의 탄압을 피하여 1932년 7월 고향 길주로 돌아왔다. 그는 이곳에서 좌익농민조합 건설 운동을 벌이다 체포를 피해 1934년 12월 상하이로 도피했다. 이곳에서 그는 중국 항공학교 입학을 조건으로 난징 군관학교 입학을 준비 중인 한인섭을 만나 그와 함께 1935년 4월 난징으로 와서 학생훈련소에 입소했다.[99]

이런 다양한 성장 배경과 망명 동기를 가진 청년들은 1919년 3·1운동을 전후하여 일찍부터 중국으로 망명하여 줄곧 독립운동을 해온 김구나 안공근·노종균·오면직 등 한인애국단 지도부와는 독립운동에 대한 신념과 사명에서 정서적으로 많이 달랐다. 전부는 아니겠지만 상당수 청년들이 학생훈련소 생활을 감내한 것은 김구가 약속한 '상급 학교 진학' 즉 군관학교 입학을 위해서였다. 때문에 그 약속이 지켜지지 않을 때 학생훈련소는 언제든지 무너질 수 있는 여지가 있었다.

뿐만 아니라 특무대원이나 학생훈련소 대원 가운데는 당시 관내 독립운동의 방법이나 이념과 관련하여 김구 등 지도부와는 다른 생각을 가진 청년들도 있었다.

룽징의 은진중학 출신이면서 매주 일요일 김구 구락부에서 열린 특무대원의 정세 토론을 맡았던 정성언은, 1935년 5월 하순 특무대 정례 집회에서 「해외 민족운동의 비판」이란 제목의 연설을 했다. 그는 이 연설에서,

> 현재 조선 혁명운동 단체는 해외에 다수 산재해 명칭은 다르지만 목적은 같으므로 협동전선을 펼쳐야만 함에도 불구하고, 늘 파벌 투쟁을 반복하여 각자 세력 확장을 위해 배타적 행동으로 나오고 있는 것은 유감이다. [중략] 또 각 단체의 수령은 현재 조국인 조선에 대한 인식이 부족해 있는 것 같다. [중략] 우리는 장래 각 단체의 수령에게 기회 있을 때마다 조선의 실정을 이야기하고, 파벌 투쟁을 청산케 하여 통일적인 강력한 단체를 결성하여 강력한 일본제국주의에 저항하도록 노력할 필요가 있다.

라고 하며, 파벌 투쟁으로 단결하지 못하는 기성 운동을 강도 높게 비판하면서 관내 독립운동 단체의 통일을 강조했다. 특히 그는 각 단체의 수령이 너무 오랫동안 조국을 떠나 있었기 때문에 일제

의 폭정과 그로 인한 비참한 조국의 실상을 모르는 현실을 우려했다.[100]

정성언은 이어진 정세 토론에서,

"결국 조선의 독립은 군인의 양성으로는 이룰 수 없으니, 조선 안의 노동자와 농민층에 파고 들어가서 공산주의를 선전하여 대중의 힘으로써 자본주의를 청산하고 혁명에 의하여 조선을 독립시킴과 동시에 공산주의 사회로 되게 해야 한다."

라는 결론을 도출했다.[101] 그러나 그가 토론을 통해 이끌어 낸 결론은 공산주의에 대한 부정적인 '반공의 입장'인 김구와 크게 달라 채용되지 않았다.

당시 난징에서는 한국대일전선통일동맹을 중심으로 '임시정부 해체'를 전제로 한 독립운동 정당 통일 운동이 활발히 진행되고 있었고, 김구는 이를 적극적으로 반대했다. 더구나 김구는 1920년대 국민대표회의나 민족유일당 건설 운동이 모두 공산주의자들의 분열 책동으로 실패했다고 굳게 믿어, 공산주의에 대해서는 매우 적대적이었다.

이후 정성언은 공산주의자 이정환을 만나 1935년 8월 말 공산주의 단체인 혁명동지회를 비밀리에 결성했다. 여기에는 학생훈련소 대원 가운데 간도 또는 은진중학 출신인 정봉한·문시황·김용섭·김석우·김원영 등은 물론 특무대원인 중앙육군군관학교 10기생인 최능희·최익성·백낙칠·뢰진, 그리고 뤄양 한인특별반 중퇴생인 김학무·최창한 등이 참여했다.[102]

정성언 등을 비롯한 이들 혁명동지회 회원 대다수가 옌지현 룽징의 은진중학 출신이었다. 1920년대 후반 이 지역에서는 공산주의운동이 고조되어 은진중학을 졸업한 이들 상당수가 민족운동에 참여하고, 그들 대부분이 공산주의에 기울어 있었다.[103]

이처럼 독립운동 방법과 이념에서 김구 등 한인애국단 지도부에 실망한 정성언 등 혁명동지회 회원은 그나마 김구에게 걸었던 자신들의 마지막 희망인 '상급 학교 진학'마저 불가능해지자 학생훈련소를 떠나기 시작했다.

김구는 뤄양 한인특별반 졸업생 가운데 일부를 일제의 동향 파악과 군관학교 입교생 모집을 위해 국내를 비롯한 각지로 파견했다.

노종균은 1935년 9월 '일본제국주의의 군사 정황', '일제 당국 밀정의 활동 상황' 등을 탐지할 목적으로 정희동을 상하이에 파견했다.[104] 엄창복은 10월 안공근의 지령으로 중국 망명 전 자신이 근무했던 개성자동차부에 취직하여 동지를 획득하고, 한국 내의 독립운동 정세, 일제 관헌의 기밀 등을 탐지하여 보고하라는 지령을 받고 파견되었으나, 11월 3일 개성역에 내리자마자 검거되었다.[105] 이 밖에도 간도 출신인 심간천은 5월에 하얼빈으로, 황해도 곡산 출신인 최용국은 9월에 만주로 각각 파견되었다.[106]

학생훈련소 대원인 황세창은 1935년 5월 안공근으로부터,

"이번에 자네를 군관학교 생도 모집을 위해 조선에 파견하기로 하였으니 평양으로 돌아가서 신체 강건한 청년들을 가능한 많이 모집하여, 금년의 개교일은 9월이므로 여름방학을 이용해서 권유하여

보내도록 하라."

라는 지령을 받고, 5월 30일 평양에 도착하여 숭실학교 학생 박선일 등을 대상으로 입교생 모집 활동을 하던 중, 6월 12일 평양 헌병분대에 체포되었다.[107]

현철진의 권유로 난징에 온 황국주는 1935년 6월 초 안공근으로부터 다음과 같은 밀명을 받고 한국에 파견되었다.

1. 다수의 군관학교 입교생을 모집하여 난징에 보낼 것.
2. 개성 송도보통학교 체조 교사 이 아무개, 숭실전문학교 체조 교사 아무개, 서울의 조선일보사 내의 조철호를 포섭하여 난징에 보낼 것.
3. 충남 예산으로 가서 윤봉길 가족을 위문하고 난징으로 보낼 것.
4. 서울 삼각정 함태영 치과의원의 아무개가 소지한 안중근의 원고를 사올 것 등

그러나 그는 여비와 공작비로 준 300원을 탕진하고 돌아왔다. 더구나 그는 자신의 은진중학 선배이자 일제의 톈진 특무기관 밀정인 임병웅에게 포섭된 사실이 드러나 학생훈련소에서 제명되었다.[108]

1935년 10월 안공근은 나사행에게 군관학교에 입학할 수 없으므로 고향으로 돌아가 대기하면서 군관학교 입학 희망자를 모집하여 내년 9월까지 난징으로 보내고, 다수의 청년 학생들에게 민족의식을 주입하여 동지를 포섭하고 독립운동을 배양하라고 지시했다. 나사행은 10월 15일 난징을 출발하여 11월 12일 고향에 왔으나 10여

한국국민당청년단이 김구의 회갑을
기념하여 증정한 깃발. 1936.

일 후에 개천경찰서에 체포되었다.[109]

학생훈련소는 1935년 9월 이후 약속한 군관학교 입학이 불가능하다는 것이 현실화되면서 급격히 무너졌다. 더구나 1936년 1월 한인애국단의 중견 간부이자 김구의 충실한 부하였던 노종균과 오면직이 민족운동에 전념하지 않는 특무대의 활동과 안공근의 전횡에 불만을 품고 특무대원 장천민 등과 함께 상하이로 가서 비밀결사 한국맹혈단을 조직하여 활동함으로써[110] 특무대도 사실상 이름만 남게 되었다.

그러나 끝까지 특무대에 남은 난징 중앙육군군관학교 재학생과 일부의 학생훈련소 대원들은 1936년 11월 김구가 한국국민당의 전위 조직으로 조직한 한국국민당청년단에 흡수되어, 이후 김구의 중요한 정치적 세력 기반이 되었다.

한편 김구가 특무대와 학생훈련소를 기반으로 독자 세력화를 강화하는 사이 또다시 '임시정부 해체'를 전제로 한 한국대일전선통일동맹의 전선 통일 바람이 거세게 일어났다.

1919년 3월 상하이로 건너와 임시정부의 문지기가 되었을 때 그 감격을 생각하면, 김구는 '임시정부 해체'를 전제로 한 통일운동을 결코 두고만 볼 수 없었다. 그동안 임시정부와 일시 떨어져 있었지만, 김구는 다시 통일운동을 반대하며 임시정부 사수를 주장하는 송병조·차이석 등 임시정부 사수파와 함께 바람 앞에 등불 같은 신세가 된 임시정부를 되살리기 위해 적극적으로 나섰다.

4장

3인의 수 싸움
−2차 김구 암살 공작

1. 히토스키의
치밀한 계획

세 가지 공작 방안

나카노에 이어 조선총독부 상하이 파견원이 된 히토스키 도헤이 역시 전임 나카노가 고심했던 "도쿄 사쿠라다문 밖 대역사건의 주범인 김구의 처치" 문제를 가장 중요한 임무로 여겼다.[1]

히토스키는 1901년 일본 시즈오카현靜岡縣 슨토군駿東郡에서 태어났다. 그는 스물세 살인 1923년 12월에 고등시험 행정과와 사법과에 합격한 일본 제국의 인재였다. 그는 1927년 6월 조선총독부 사법관 시보가 되어 한국에 건너와서, 이듬해 평양지방법원 판임관 견습으로 근무했고, 1929년 3월 신의주지방법원 판사로 부임했다. 1930년 조선총독부 농무과로 전직하여 전라남도 소작관이 되었고, 1931년 2월 도경시道警視에 취임하여 경기도 보안과장으로, 이듬해 12월

히토스키 도헤이. 『조선신문』, 1935.
3. 10.

에는 도 이사관으로 승진하여 경기도 내무부 지방과장으로 근무했다.[2]

조선총독부에서 사법·행정 실무를 두루 익힌 히토스키는, 1935년 2월 16일 사무관으로 승진하여 조선총독부 경무국 보안과 겸 총독관방 외사과 근무를 발령받았다. 이날 동시에 나카노가 충청북도 경찰부장으로 발령이 나면서, 히토스키는 나카노의 후임이 되어 상하이로 파견되었다.[3]

상하이에 온 히토스키는 밀정들을 동원하여 김구에 관한 정보를 수집, 분석하면서 김구 처치 문제 해결에 골몰한 결과, 세 가지 암살 공작 방안을 강구했다.[4]

첫째 방안은 김구의 반대파를 이용하여 암살하는 공작이다.

1935년 6월 20일부터 난징에서 한국대일전선통일동맹의 주창과 관계된 가장 유력한 단일 대당의 조직 계획이 있다. 이 신당 조직의 계획에 처음부터 반대 입장을 견지해 왔던 것은 한국독립당의 일부 및 김구 일파의 한인애국단이다. 이에 신당 조직파의 급진 분자인 의열단·신한독립당 등의 소속 청년은 모두 김구에 대해 반감을 품고 있으므로 이들 과격분자를 매수, 회유하여 소기의 목적을 달성한다.

둘째 방안은 내부 분열을 이용하는 암살 공작이다.

한인애국단은 원래 김구 개인이 독재하는 바이며, 이미 이청천·박찬익 등이 김구로부터 소외되어 괴리되어 있다. 그 후로도 이런 종류의 내홍은 속속 발생할 것이 예상되므로, 이를 가지고 그 내용을 교묘히 조장, 이용하여 최종 목적을 이룬다.

셋째 방안은 무정부주의자를 이용하는 암살 공작이다.

김구 일파의 한인애국단과 떼려야 뗄 수 없는 관계를 지속한 한인 무정부주의자가 있다. 이 무정부주의자 가운데는 일본 및 중국의 동지도 다수 섞여 있고, 운동 자금의 많은 부분을 중국 부호들이 지출하고 있다. 이들은 때때로 의외의 흉포한 행위를 감행한 일이 있다. 또한 김구·안공근 등과도 밀접한 연락을 하고 있기 때문에 이들의 거처를 파악하는 데 많은 편의가 있어 무정부주의자들을 역이용하는 것 역시 한 방법이다.

히토스키는 김구 암살을 위한 세 가지 공작 방안을 염두에 두고 여러 정보를 수집하여 때가 오기를 기다리는 한편, 전임 나카노 때부터 밀정 노릇을 해 온 임영창林英昌에게 김구 일파 및 그 반대파와 접촉하도록 은밀히 독려했다.

히토스키는 두루 수집한 정보를 바탕으로 세 가지 공작 방안 가운데 현실 가능한 한 방안을 택했다.

그가 판단하기로, 첫째 방안은 1935년 7월 조선민족혁명당(이하 '민족혁명당')이 결성된 뒤 그 지도부가 반대파인 김구를 신당의 집행위원장으로 영입하려는 움직임이 있어 불가능하다고 판단했다. 둘째 방안으로 상하이에 와서 김구와 안공근의 횡포에 불만을 표출한 노종균과 오면직에 대해 공작에 들어갔으나, 이후 이들이 안공근에 게 연행되어 자싱에 연금되었기 때문에 밀정 임영창이 이들과 접촉 할 방법이 없어 실패했다.[5]

히토스키가 첫째, 둘째 방안이 불가능하다고 판단한 근거는 모두 사실이 아니다. 민족혁명당에서 김구를 집행위원장으로 영입하려는 움직임도 없었고, 노종균과 오면직은 안공근에게 연행되어 자싱에 연금된 것이 아니라 1933년 10~11월에 김구의 부름을 받고 자싱에 간 것이었다. 아마 밀정의 잘못된 정보에 근거한 판단이었던 것으로 짐작된다.

이제 그에게 남은 마지막 선택지는 셋째 방안, 즉 무정부주의자 를 역이용하는 공작 방안밖에 없었다. 그동안 안공근을 통해 김구와 함께 테러 공작에 종사해 왔던 무정부주의자 정화암·이달李達 등이 최근 김구와 불화가 생기면서 경제적으로 곤란해한다는 소문에 따라 이들을 이용하기로 했다.[6]

히토스키가 생각하기에 우선 해야 할 일은 이 공작에 무정부주의자 정화암을 자연스럽게 끌어들이는 것이었고, 이를 위해서는 밀정 임영창과 정화암의 만남이 필요했다.

히토스키는 한국대일전선통일동맹 간부인 김규식이 1935년 6월 3일 상하이에 온다는 정보를 입수했다. 그는 임영창에게 김규식에 게 접근하여 정화암을 소개받도록 계획을 세웠다. 계획대로 임영창 은 6월 19일 김규식을 통해 정화암을 소개받아 그와 친분을 맺는 데

성공했다.[7]

이제 이 공작을 추진하기 위한 정말 중요한 일이 남았다. 자신들이 꾸민 공작임을 전혀 눈치 챌 수 없도록 자연스럽게 정화암을 암살 공작에 끌어들이는 일이었다. 이 일은 김구 암살 공작의 첫 단추를 꿰는 일이었다.

고민하던 히토스키에게 1935년 8월 1일 뜻밖의 기회가 찾아왔다.

암살 공작의 첫 단추를 꿰다

―――――

1935년 8월 1일 김오연(오연은 김복형의 호)이 프랑스 공부국에 체포되어 일본 총영사관에 인계되었다.

김오연은 평안북도 의주 출신으로 3·1운동을 전후하여 상하이에 왔다. 1919년 4월 임시정부가 수립되자 그해 10월 내무부 서기에 임명되었다.[8] 이후 노동국 서기 등을 지내다 1920년 상하이미술전문학교에 입학하여 1924년 1월 졸업했다.[9] 그는 무정부주의자들과 친분을 맺고 미술학교 교사와 흥사단 단원으로 활동하고 있었다.

히토스키는 김오연이 김구·안공근의 주선으로 뤄양군관학교에 취직했다가 상하이로 돌아온 뒤 집에서 하는 일 없이 지내자, 이를 수상히 여기고 일본 총영사관에 통보하여 수배를 부탁했다. 그가 직접 김오연을 체포하지 않은 것은 프랑스 조계에서 신분을 위장하여

대한민국임시정부 및 임시의정원 신년축하식. 1921. 1. 1. 첫째 줄 왼쪽에서 세 번째가 김구, 셋째 줄 왼쪽에서 네 번째가 김오연(김복형)이다.

활동하는 조선총독부 상하이 파견원에게는 "조선인 체포의 지휘권이 없"었기 때문이다.[10]

히토스키의 부탁을 받은 일본 총영사관은 김오연의 구인장에 대한 프랑스 총영사관의 협조를 구한 다음, 일본 경찰을 보내 1935년 7월 26일 김오연의 집을 수색했다. 다행히 이날 김오연은 외출하여 집에 없었기 때문에 체포되지 않았다.

나중에 집에 돌아온 김오연은 식구들로부터 일본 경찰의 수색 얘기를 들었다. 그는 '무슨 일이지?' 하고 걱정이 앞섰다.

그가 일본 측 정보에 밝은 임영창을 찾아가 조언을 구하자 임영창은,

"중국 국적을 소유하고 있고 중국 중등학교 교원이니, 신분증명서를 가지고 프랑스 공부국 정치부장[11]을 방문하여 양해를 구하시오. 정치부장에게는 내가 의뢰해 두겠소."

라며 별일 아니라는 듯이 프랑스 총영사관 공부국에 가 보라고 했다.

다음 날 김오연은 임영창이 시킨 대로 프랑스 총영사관 공부국에 갔으나 중국어 통역이 없어 그날은 그냥 돌아왔다.

그는 다음 날인 1935년 8월 1일 공부국을 다시 찾아갔다. 그런데 공부국에서는 다짜고짜 일본 총영사관의 수배자라며 그를 체포하여 일본 총영사관에 넘겼다.[12]

정화암은 김오연이 체포됐다는 소식을 듣자마자 곧바로 임영창을 찾아갔다. 정화암이,

"일본 경찰이 왜 김오연을 체포하였는지 그 까닭을 아시오?"

라고 묻자 임영창은,

"[이번 일은] 종래 일찍이 없었던 프랑스 공부국의 처사요. 김오연이 최근 김구파에서 분리되어 돌아옴으로써, 김구파가 다가올 재난을 우려하여 프랑스 공부국에 밀고한 것은 아닌지 의심이 됩니다."

라며 김오연의 체포에 김구파가 개입한 듯이 얘기했다. 이 말을 들은 정화암은,

"김구의 부하 안공근이 며칠 전에 상하이에 온 일이 있소. 그렇다면 조사해 보겠소."

하고 도저히 믿을 수 없다는 표정을 지으며 임영창과 헤어졌다.[13]

임영창은 정화암과 헤어진 뒤 곧바로 히토스키에게 가서 정화암을 만나 나눈 대화를 보고했다. 히토스키는 이때 무릎을 쳤다. 그러면서 임영창에게,

"동지 김오연이 일본 측에 인도된 것은 안공근의 간사한 꾀에 기인한 것으로 정화암이 맘을 먹도록 복수를 선동하라."

라고 독려했다.

정화암은 후일 회고록에서 이 일에 대해 다음과 같이 기술했다.[14]

김오연이 프랑스 공부국에 와 떠드는 것을 보고 그곳에 근무하는 러시아 사람이 일본 영사관에 알려 체포해 간 것이었다. [중략] 그러나 취조 과정에서 일본 형사는 그가 한커우청당漢口清黨 운동 때 중국공산당과 관련된 사실을 추궁하였던 것이다.

그는 깜짝 놀랐다. '어떻게 이것을 알았을까?' 이 일을 알고 있는 사람은 화암과 안공근뿐인데 [중략] 김오연은 자기가 잡혀 오게 된 동기를 알 만했다.

취조 형사에게 화암과 안공근 중에 누가 이것을 말해 주었는지 물었다. 형사는 안공근이라고 말했다.

안공근은 러시아어가 유창했다. 그는 프랑스 공부국의 정보 담당인 러시아인과 친분이 있었고, 이 러시아인은 일본 영사관 사람들과 잘 알고 지내는 사이였다.

나와 김오연과 안공근과의 사이를 알아낸 일본 영사관은 남화연맹과 애국단[한인애국단] 사이를 이간시켜 서로 죽고 죽이게 하는 비극을 연출시

킬 계략으로 계획적으로 김오연을 체포, 구금해 놓고 넌지시 이것을 그에게 알려 준 것이다.

김오연이 "자기가 잡혀 오게 된 동기"를 취조 형사에게 물었다고 한 것으로 보아, 이 회고는 정화암이 나중에 석방된 김오연에게서 들은 얘기이다.

정화암의 회고를 요약하면, 김오연이 체포된 것이 안공근 때문이란 것이다. 안공근이 한커우청당 운동 때 김오연이 중국공산당과 관련된 사실을 프랑스 공부국의 정보 담당인 러시아인에게 말했고, 이 사실이 그 러시아인을 통해 일본 총영사관에 알려지게 됐다는 것이다.

사실 이 이야기는 히토스키가 김오연을 일본 총영사관 경찰부에 수배를 요청한 이유, 즉 '김오연이 김구·안공근의 주선으로 뤄양군관학교에 취직하였다.'는 것과 다르다. 그 이유는 이 공작을 기획한 히토스키의 속임수 때문이었다. 히토스키는,

"이번에 김오연이 프랑스 공부국에 체포되어 일본 총영사관에 인도된 것은 김구·안공근 등의 김오연에 대한 함정책인 것으로 하고, 프랑스 공부국 정치부장 샤를리Sarly에게 안공근이 김오연의 종래 행동을 참소讒訴한 결과로 본다면 가장 합리적인 트릭이 되므로 김오연에게 그 사실을 암시하고, 그를 면회 온 처자를 통해 김구·안공근 등의 냉혹한 처사를 정화암에게 내통하면 김구·안공근에 대한 정화암의 반감을 일층 격발할 수 있을 것이다."

라며,[15] 이번 공작의 성공을 기대했다.

김오연이 취조 형사에게 들었다는 이야기는, 김구 암살 공작에 정화암을 끌어들이기 위한 히토스키의 트릭 즉 속임수였다.

정화암은 이런 히토스키의 내밀한 트릭을 눈치 채지 못했지만, 적어도 김오연의 체포가 남화연맹과 한인애국단을 분열시키려는 계략임은 알아챘다.

정화암은 1935년 8월 2일 밤 임영창을 다시 만나,

"김구를 죽이는 것은 이미 결정했소. 지금 우리 파에서는 실행을 담당할 인물이 적고, 안공근은 자주 이곳을 왕래하고 있으므로 천천히 체포 수단을 강구하겠소."

라며 자신의 생각을 말했다.

대신 그는 김구를 암살하는 조건으로 김오연의 석방을 요구했다. 그리고 이 조건을 확실히 하기 위해 임영창이 입회한 자리에서 석방을 보장할 일본 총영사관의 책임자 1명과의 회견을 요구했다.[16]

보고를 받은 히토스키는 '정화암에게 1935년 8월 4일 정오에 난징로에 있는 팔레스호텔에서 만나자고 하라.'고 지시했다. 대신 이날 약속 장소에는 정화암이 요청한 일본 총영사관의 책임자가 아닌 자신과 임 통역생이 함께 나가기로 했다.

히토스키는, 정화암이 일본 총영사관 직원을 만나자고 한 것은, 임영창이 일본 총영사관을 출입하는 것으로 잘못 알고 한 요구라고 판단했다. 그는 만약 정화암의 요구대로 하면 이 일에 일본 총영사관도 개입하게 되어 일이 복잡해질 수도 있고, 자칫 이 일로 일본 총

영사관에 누를 끼칠 수도 있다고
판단하고 잔꾀를 부렸다.

그 잔꾀란, 임영창이 일본 총
영사관 부영사 사에키를 찾아가
김오연의 석방 문제를 물으니,
그가 '한인의 처분은 항상 조선
총독부 파견원의 양해를 얻어 처
리하니 오히려 그에게 탄원하는
것이 적당하며, 그에게 말해 두
겠다.'라는 얘기를 들은 것처럼
하고, 자신이 대신 약속 장소로

상하이 난징로의 모습. 1900년대 초.

나가기로 한 것이다. 한편 히토스키 자신이 직접 정화암을 만나기
위해 나가기로 한 데는 다른 이유도 있었다. 그는 정화암을 만나 그
들 일당이 김구 암살에 진정성이 있는지 여부를 직접 확인하고 싶었
던 것이다.

그런데 정작 정화암은 약속한 8월 4일 정오보다 두 시간 앞선 오
전 10시에 임영창에게 연락하여 팔레스호텔이 아닌 하비로 길가에
서 만났다.

정화암은 임영창에게 명분을 중시하는 독립운동가로서 자신의
생각이 잘못됐다고 판단되어 맘이 바뀌었다며,

"김구를 죽이는 것은 이미 정해진 방침이오. 이를 일본 측에 통지
하고 그 조건으로 김오연의 신병 석방을 구하는 것은 비열한 수단이

오. 한국으로 호송을 결정하면 석방 운동도 소용없으므로, 조선총독부 파견원과 회견하는 것도 아무 소용이 없소.

우리는 끝까지 우리의 신념에 따라 행동할 것이며, 만약 우리들이 김구를 죽임으로써 장래 김오연의 처분에 다소라도 이익이 된다면, 실행 후 우리가 김오연을 대신하여 김구를 죽였다는 사실을 일본 관헌에게 알리시오.

이미 동지 이달을 보내어 김구가 자싱에 있는지 아닌지 조사 중인데, 판명되면 곧바로 실행에 착수할 예정이오."
라고 말했다.[17]

히토스키는 정화암이 약속과 달리 오전 10시에 길거리에서 임영창을 만난 것은 '체포를 우려한' 때문이라고 생각했다. 그는 정화암을 직접 만날 기회를 놓쳤지만, 밀정 임영창과 접촉한 정화암이 동지 김오연을 밀고한 김구와 안공근을 죽이겠다고 자발적으로 나섬으로써 자신이 기획한 김구 암살 공작의 첫 단추를 꿰는 데는 일단 성공했다고 판단했다.

2. 암살 실행자로 나선
아나키스트 정화암

정화암, 임영창과 암살 공작을 진행하다

히토스키는 무정부주의자들의 행동은 상식적으로 판단할 수 없을 정도로 제멋대로이기 때문에 셋째 공작 방안을 선택할 경우 자신의 계획이 성공할 수 있을까 하며 항상 의심했다. 그런데도 그가 무정부주의자 정화암을 김구 암살의 실행자로 선택한 데는 나름 이유가 있었다.

첫째, 정화암을 중심으로 하는 무정부주의들은 이미 B.T.P단(흑색공포단)[18]을 조직하여 아리요시 주중 공사의 암살을 기도한 것 외에도, 김구 등의 사주를 받아 옥관빈·옥성빈 등을 암살하고, 근래에는 조선인거류민회 고문 이용로를 암살하는 등 이런 종류의 범죄 행위의 상습 범인으로서 암살 실행자로 적당하다는 점.

둘째, 종래 무정부주의자 등은 김구·안공근 등과 연락을 하고 있어 그들의 잠복 장소를 알아내는 데 편리하고, 또한 김구·안공근 등의 용모와 태도를 잘 알고 있기 때문에 암살에도 착각할 우려가 없는 점.

셋째, 정화암 일당의 자발적 행위로서 유출자誘出者와 결행자와의 연결이 좋아, 따라서 뒤탈이 나지 않을 점.

넷째, 본 공작 결행의 지휘상 정보가 새지 않을 것이라는 점.

다섯째, 김구는 일본 관헌이 일치하여 도살屠殺을 희망하고 있으므로 김구를 죽이는 것은 김오연의 죄를 경감하는 데 일조할 것이라고 지나치게 믿고 있는 점.

등이었다. 또한 '정화암은 이번 암살 공작의 자발적 결행자이기 때문에 여러 하수인의 경비 외에는 아무런 사전 비용이 들지 않는다'는 점에서도 히토스키는 이번 공작에 가장 적합한 인물이 정화암이라고 판단했다.

히토스키는 밀정 임영창도 의심하면서도 일단 믿기로 했다. 왜냐하면 그는 이번 공작을 위해 안공근과의 관계를 정화암에게 털어놓았기 때문에, 만약 정화암이 다시 김구에게로 돌아설 때는 그도 자신의 생명을 보장받을 수 없다는 것을 알고, 이를 각오하고 이번 공작에 임했다고 믿었다.[19]

김구 암살 공작의 첫 단계가 성공한 뒤 임영창은 상하이에서 장소를 옮겨 가며 정화암을 만나 김구의 소재 파악 및 암살 공작 진행 상황 등을 협의하고 그 결과를 곧바로 히토스키에게 보고했다.

정화암(1896~1981).

히토스키는 정화암이 자신의 처소를 끝까지 임영창에게 밝히지 않고, 또한 그와 만날 때는 항상 만나기 직전에 전화를 하거나 심부름꾼을 보내 만날 장소와 시간을 통보하는[20] 방식이 맘에 걸렸다.

하지만 다른 쪽으로 생각해 보면, 그가 만나는 임영창이 일본 총영사관을 드나드는 인물이기 때문에 자칫 일본 경찰에게 체포될 수도 있다는 우려 때문에 나온 행동일 거라고 히토스키는 이해했다.

정화암은 1935년 8월 6일 오후 5시 남시南市 소서문 밖 서문채관西門采館에서 임영창을 만나 뜻밖의 이야기를 하고 사라졌다.[21]

"김구 처치에 대한 반대급부로 요구한 김오연의 석방을 깨끗이 취소하겠소. 안공근은 상당한 책사이기 때문에 그를 그대로 두면 김구를 처치하는 데 지장이 있소. 먼저 그부터 정리하고, 그런 후에 김구에게 가는 것으로 합니다. 우리가 결심한 이상 반드시 결행합니다. 단 시간문제요."

임영창의 보고를 받은 히토스키는 일을 보다 확실히 하려면 김구·안공근에 대한 정화암의 복수심에 더욱 큰 불을 지를 수 있을 만한 정보가 있으면 좋겠다고 생각했다. 그는 다음 날인 8월 7일 임林 통역생을 불러, 일본 총영사관에 유치 중인 김오연에게 김구 일파와의 관계를 취조하게 했다.

이날 취조는 임 통역생이 묻고 김오연이 답하는 형식으로 이루어졌다.[22]

문 취미는?

답 예술가로서 생활해 왔다. 원래 양화洋畵를 전수하였으나 취미로 남화南畵를 연구하고 현재까지 양화·남화의 교사가 되어 약 20년간 중등학교에 봉직하고, 작년 봄 4월 처의 큰 병 때문에 간호할 사람이 없어 사직하기까지 약 600원여를 저축하고 있다. 이 돈을 가지고 처의 간호를 하여 상처喪妻를 면했다. 그래서 올 8월 1일 난징 중앙대학의 지인인 교수에게 복직을 부탁했는데 주선을 했다는 소문이 있었다. 이외 취미로서 바둑을 잘 두어 초단 이상의 기량이라고 믿는다.

문 김구·안공근과의 관계는?

답 안공근과는 10여 년 전부터 고서화·골동품의 감정을 의뢰받아 교제해 왔으나 최근에는 안공근의 안목도 상당히 진척되었다. 그 당시는 장물만을 사서 구하고 있었다. 그러나 때때로 뜻밖의 물건이 있어 1원에 넘겨받은 것을 28원에 판 일도 있다.

최근 안공근 집에는 개칠향改七薌의 사녀仕女, 고기패高其佩의 지화指畵 등의 뛰어난 작품이 있고, 기타 석불·조각류가 다수 있다. 그는 이에 수천 원을 저축하고 오늘에 이른 것으로, 나도 상당한 영향을 받았다. 김구와는 전연 관계가 없다.

문 김구·안공근의 주선으로 학교 교사가 된 것은 아닌가?

답 결코 아니다.

문 김구 일파로부터 미움을 산 원인은 없는가?

답 결코 없다.

문 이번에 체포, 인도되게 이른 데에 짐작 가는 것이 없나?

답 없다.

문 프랑스 공부국 출두를 누구와 상담하였는가?

답 상담한 일 없다.

문 정화암·임영창 등과 밀회한 적 없는가?

답 그런 일 없다.

문 무엇 때문에 체포되었는가?

답 짐작이 가지 않는다.

문 단체에는 어떤 관계가 있나?

답 현재 아무런 관계가 없다. 원래 흥사단장 안창호와 친해 흥사단원이
됐는데, 흥사단은 수양 기관인데도 정치운동을 하고 때로 임시정부
를 지지한다고 생각하였고, 또는 이에 반대하는 등 변절이 매우 심하
여 탈퇴하였다. 그 후 관계한 단체는 없다.

문 무정부주의자 중에 아는 이는 없는가?

답 상하이에 왔을 당시 서애감사로西愛甘斯路에 거주하였다. 당시 옆집
에 김종선金鍾善이란 자가 있었는데(목하 만주국 사회국장임) 마작대장
이라 하여 교제한 적이 있다. 당시 홍남표·유자명·정해리 등도 알고 지
냈다. 김종선은, 종교는 인종을 초월하고 오락은 주의를 초월하기 때
문에 여러 색깔의 주의자와 교제하는 것은 주의적 교제가 아니라 오
락적 교제라고 말하였다.

김오연은 임 통역생에게 자신과 김구·안공근과의 관계를 전혀 인정하지 않았다. 때문에 히토스키가 의도한 취조 목적은 이뤄지지 않았다.

임영창은 1935년 8월 12일 오후 7시, 프랑스 조계 사교斜橋 단봉루丹鳳樓 지점에서 다시 정화암과 만났다. 이날 정화암은 임영창에게 김구와 경쟁 관계에 있는 김원봉·이청천도 김구 암살에 동의했다고 하면서,

"나는 그 후 난징에 가서 극비리에 이청천·김원봉을 만나 본건에 대해 협의를 하고 왔소. 두 사람 모두 김구와 안공근의 처치에 관해서는 진심으로 찬성을 표하고, 그 후의 성명서에 대해서도 동의를 얻고 군君[김구]에 대한 죄증罪證을 모으기로 하였소.

김구는 안공근과 함께 항저우에 잠복하고 있는 것이 확실하고, 조소앙·조완구 등의 탈퇴조와[23] 교류하며 신당(민족혁명당)에 대한 대항책을 강구하고 있고, 이에 대해 김원봉·이청천 등 신당파는 그 행위를 매우 증오하고 있소.

오늘내일 중에 처치하는 것은 불가능하지만 반드시 결행합니다. 김구도 결국 나의 손으로 처치할 수밖에 없으므로 그 결심을 하고 있소."

라고 얘기하고, 이어 목소리를 낮추고는,

"이 암살 건을 재료로 하면 상당한 자금을 얻을 수 있을 텐데… 나는 지금 경제적으로 매우 어렵소."

라며 돈 이야기를 슬쩍 흘렸다.[24] 그러자 임영창은,

"안공근을 처치하는 데에는 당신들의 성의와 실력을 인정합니다. 하지만 돈을 마련할 방법을 강구하려고 해도 아무런 재료가 없어서 누구와도 교섭할 수 없소."

라며 부정적인 반응을 보이자, 정화암은 주의主義를 위해 행동하는 지사로서 금전 문제를 언급하는 것이 매우 고통스럽다는 듯이,

"물론 안공근을 처치한 후에도, 또 김구를 처치한 직후에도 지장이 없소. 요要는 나의 도주·피신 비용을 구할 수 없다는 것이오. 이 일은 당신과 나 사이의 극비 맹약에 불과하니 그냥 마음속에 묻어 두기 바라오."

라고 얘기하고는 이어서,

"이전 이광복李光福이 체포되었을 때[25] 김구 등은 중국인 변호사를 매수하여 집요하게 석방 운동을 벌였음에도 불구하고 이번 김오연의 경우에는 그런 일이 없었소. 그들이 냉혹하고 인정이 없는 것은 이 일 하나만 보아도 명백하여 결코 용서할 수 없소."

라며,[26] 김구에 대한 격한 적개심을 드러냈다.

히토스키는 임영창의 보고를 받고 매우 흡족해했다. 그는 임영창이 정화암에게 김구 일파에 대한 반감을 적극 선동하고 있고, 이 때문에 정화암은 밀정 임영창을 더욱 신용하고 있어, 자신의 계획대로 공작이 잘 진행되고 있다고 믿었다.

히토스키는 또한 자기 나름대로 김구의 소재를 파악하는 데 신경을 곤두세웠다. 그는 일본 총영사관 등 상하이의 여러 특무 기관이 수집한 정보를 바탕으로 김구의 소재지 파악에 노력했지만, 여전히

오리무중이었다. 기관에 따라 '뤄양설', '장닝진설', '자싱설' 등이 난무했다.

히토스키는 이런 다양한 정보 가운데 자신이 파악한 정보와 헌병대에서 파악한 정보가 일치한 '자싱설'에 주목하고, 김구의 얼굴을 아는 밀정을 자싱에 보내어 확인하기로 했다.

그는 1935년 8월 14일 임 통역생을 난징에 보내 그곳에서 활동하고 있는 또 다른 밀정 김불동金不同[27]에게 자싱에 몰래 가서 김구의 소재지를 찾도록 지령했다. 그에 따라 자싱으로 갔다가 8월 23일 상하이로 돌아온 김불동은 자싱에서 김구·안공근의 흔적을 찾지 못했다고 보고했다.

한편 8월 16일, 정화암은 임영창에게 연락하여 이날 정오에 단봉루에서 만났다. 정화암은,

"오늘 밤 난징에 가서 자금을 준비해 올 예정인데 그사이 '마스크'[변장용]를 준비해 두시오. 동지들이 조사한 결과 김구는 자싱에 잠거한 것이 확실한데 안공근의 소재는 아직 판명되지 않았소. 2, 3일 후 반드시 상하이로 돌아올 것이오."

라고 말하곤 헤어졌다.[28] 그가 난징에 가서 자금을 구할 예정이라고 한 것은, 이미 김구 암살에 동의했다고 한 김원봉·이청천에게서 구할 모양이었다.

정화암과 만난 지 이틀이 지난 1935년 8월 18일 정오, 임영창은 프랑스 조계 관생원冠生園에서 안공근을 만났다. 안공근은 만나자마자 김오연 얘기부터 꺼냈다.

"김오연이 체포되었다고 하는데, 아무리 자신이 있다고 하더라도 공부국 등에 스스로 출두한 것은 매우 어리석은 짓이오. 15년은 구금될 것이오. 최근 정화암과 회견한 일이 있었소? 만약 있다면 그들의 태도를 탐사해 두기 바라오. 일본 무관과의 교섭은 어떻게 되었소? 만약 면회가 안 된다면 도리가 없소."

안공근(1889~1940?).

임영창은 3일 뒤인 1935년 8월 21일 정오, 같은 장소에서 안공근을 다시 만났다. 그는 이날도 김오연의 얘기를 계속했다.

"김오연은 종래 우리의 문필가로 활동했던 자로, 우리가 배포했던 홍커우 사건의 전말서도, 옥관빈 사건 후의 성명서도 모두 그가 입안한 것이오. 그리고 그는 상하이 무정부주의파의 최고 고문으로서 이용로 사건도 그를 통해 들었는데 그다음 날에 결행했소.

또한 그는 우리가 뤄양군관학교에 청년을 입교시킬 때도 크게 활약하여 10여 명을 소개하였는데, 우리와 틀어지게 된 원인은 '아나키스트 한인을 위해 구제금 2,000원의 지출을 김구에게 압박하였으나 김구가 거절한 것', '이봉창, 윤봉길 등의 유족 구휼금 각 5,000원의 지급을 요구한 것', '종래 월액 100원인 자기 보수를 200원으로 올려 달라고 강요한 것' 등이오. 김구는 윤봉길, 이봉창의 유족에게는 각각 지급을 완료했다고 설명했으나, 김오연은 서상석徐相錫[29]이 윤봉길 유족에 대해 조사한 결과 구휼금을 아직 받지 못했다고 반박하다가 결국 말다툼이 되어 김구와 결별하기에 이른 것이오.

김오연이 체포된 이상 우리들의 종래 행동을 나쁘게 얘기하는 것은 물론 무슨 악담을 할지 알 수 없지만, 각오한 이상 그들은 난징·항저우 등지에서 '김구 일당은 혁명 전선의 적이며 몰아내지 않으면 안 된다.'라는 소문을 퍼뜨리고, 중국 측 요인에게도 험담을 한 흔적이 있어 각각 자초지종을 해명하여 이미 모두 양해를 얻어 두려워할 바가 없소."

안공근은 김구와 김오연이 결별하게 된 이유를 자세히 설명하면서 김오연에 대해 매우 부정적으로 얘기했다.[30]

히토스키는 임영창이 보고한 안공근의 말을 전적으로 믿지 않았다. 그는 1935년 8월 28일, 임 통역생을 불러 임영창이 보고한 안공근의 말을 김오연에게 전하고, 다시 취조하여 사실 관계를 확인하라고 지시했다.[31]

문 안공근 및 김구와의 관계를 지금 다시 생각하여 바로 진술하라.

답 전에 진술한 대로, 그 외 진술할 만한 것이 없다.

문 안공근이 말했다는 것을 듣건대, 훙커우 사건, 옥관빈 사건 당시 김구 일파가 배포했던 성명서는 네가 기안을 대필했다고 하는데 사실인가?

답 그런 일 없다.

문 중국 무정부주의자의 최고 고문격으로서 교제한 적이 있지 않는가?

답 그런 적 없다.

문 그렇다면 누구누구를 아는가?

답 (답하지 않음)

문 유기석·정화암·유자명·정해리·김동선·이달·천리방 등은 모르는가?

답 유기석·정화암·유자명·정해리·김동선 등은 벗들이고, 김동선은 무정부주의자가 아니다. 기타는 알지 못한다.

문 김구 일파가 주도한 뤄양군관학교에 청년을 모집하여 파견한 일이 있지 않은가?

답 그런 일 없다.

문 무정부주의자의 생활 보조비 2,000원을 김구 일파에게 요구한 적이 없는가?

답 결코 없다.

문 이봉창·윤봉길 등의 유족 구휼금의 지급을 김구에게 요구한 적이 없는가?

답 없다.

문 서상석이란 자를 모르는가?

답 평양 출신으로서 흥사단원이고 공평사[32] 판매부 부원이라면 알고 있다.

문 서상석에게서 윤봉길 유족의 구휼금 문제를 듣지 않았는가?

답 들은 적 없다.

문 자신의 보수 100원을 200원으로 증액 청구한 일이 없는가?

답 단호히 없다. 김구 등의 돈을 빌리느니 중국 측의 학교에 취직하는 것이 낫다.

김오연은 임 통역생의 질문을 전부 부정하고는,

"만약 내가 흥사단에 가맹한 것이 죄라면 죽어도 할 말이 없다. 그러나 무정부주의파라든가 김구파라든가의 죄명일 때는 죽어도 눈을 감을 수 없을 것이다."

라고 하며, 안공근의 말이 전부 거짓이라며 자신의 결백을 다시 한 번 강조했다.

임 통역생의 보고를 받은 히토스키는,

"임영창이 보고한 안공근의 말을 전폭적으로 믿을 수 없지만, 동시에 김오연의 주장 역시 아무런 증거가 없고, 질문에 대해서는 쉽게 진실을 토로하지 않을 것이다."

라고 판단했다.[33]

이처럼 히토스키는 밀정 임영창은 물론 정화암도 온전히 믿지 않은 채, 돌다리도 두들기고 가듯이 가능한 한 임영창이 보고한 내용들을 확인하면서 암살 공작을 진행했다.

뜻밖의 공작 자금 요구

임영창은 지난 1935년 8월 16일 김구와 안공근의 소재지를 찾겠다며 난징으로 떠났던 정화암을 약 3주가 지난 9월 7일 오후 7시 단봉루에서 만났다.

정화암은 임영창에게,

"오늘로부터 10일 정도 전에 천리방을 난징에 보내어 안공근의 소재를 적극 탐사시켰는데, 김구와 같이 쉬저우徐州에 가서, 안정근이 빌린 집에 몰래 숨어 지내고 있는 것을 알아냈소.

이곳에는 노백린의 조카 노태연이 외부 경계를 담당하고, 특히 일본인의 내왕에 주의하고 있다고 하오. 사건은 자못 간단하게 성공할 수 있을 것으로 예상되오.

김구 등이 쉬저우에 간 것은 난징 회의의 결과로서, 그 후 자싱으로 갔고, 최근 다시 쉬저우로 옮겼소.

김구는 모친에게도 자신의 거처를 알려 주지 않고 중국인 여자와 같이 쉬저우로 옮겼소. 쉬저우에서는 안정근 부부가 보살피고 있소.

이 문제에 대해 김원봉을 상하이로 불러 숙의할 예정인데, 그는 단순한 파괴주의자가 아니고 뒷일을 고려하는 인물이므로 다소 주저할 것이오.

우리들은 절대적 파괴주의자로서 반드시 결행할 예정이오.

안공근은 가족이 상하이에 있기 때문에 적어도 한 달에 한 번 이곳에 오는데, 이후 상하이에 오는 기회를 탐지하면 단호히 처분할 것이오. 그가 돌아다니는 곳인 난징·상하이 모두 충분히 조사를 마쳤소."

라며 김구와 안공근이 쉬저우에 숨어 지내고 있다고 했다.[34]

1935년 9월은 김구가 쉬저우가 아닌 난징에 있으면서 민족혁명당의 창당에 반대하며 항저우에 있는 임시정부 사수파와 손을 잡고 임시정부 재건을 위해 협의하던 시기이다. 다만 김구와 같이 있다는 중국인 여자 주아이바오, 그리고 김구의 모친이 난징에 있다는 정화암의 얘기는 상당히 믿을 만한 정보였다.

그리고 일주일 뒤인 1935년 9월 14일 오후 7시경 단봉루에서 임영창을 다시 만난 정화암은,

"안공근은 장남 우생을 9월 5일 프랑스 파리에 유학시키려고 난징까지 배웅하러 와서 머물고 있소. 난징에서 안공근이 숨어 지내는 곳은 5, 6곳으로 모두 조사를 마쳤는데, 천리방 등이 그 소재를 밝혀내면 곧바로 판명될 것이오."

라고 자신의 동지들이 안공근을 열심히 뒤쫓고 있다고 하면서, 어디서 들었는지 그는,

"이달 29일 출항하는 평안환平安丸으로 혹시 김오연이 한국으로 호송될지도 모르지요."

라며, 암살 공작을 서둘러야 그를 구출할 수 있을 거라며 우려를 표했다.[35]

임영창은 9월 16일 히토스키를 찾아가 정화암이 제공한 정보를 보고했다.

히토스키는 김구의 '쉬저우 잠적설'에 대해 반신반의했다. 그는 이미 다른 정보를 통해 쉬저우에서 가까운 룽하이隴海에서 안공근의 별명인 이석천李石川에게 보낸 엽서를 발견한 사실을 알고 있었지만, 여전히 확신할 수 없었다.[36]

다만 히토스키는, 9월 29일 출항하는 평안환으로 김오연이 한국으로 호송될지 모른다며 정화암이 암살을 서두르려 한다는 보고를

듣고, 김오연을 이용하여 김구와 안공근에 대한 정화암의 복수심을 선동한 자신의 계획에 더욱 기대를 걸었다.

그래서 그는, 김오연에 대한 취조가 이제 겨우 한두 차례밖에 이루어지지 않아 당분간은 석방이 늦어질 수밖에 없으므로, 그사이 김오연이 가족과 면회할 때 고통을 호소하게 만들어 정화암의 복수심을 더욱 격발시키기로 했다.[37]

그러면서도 그의 마음 다른 한구석에는 지난 1935년 8월 16일 정화암이 흘렸다는 공작 자금 문제가 마음에 걸렸다.

그가 이 공작의 결행자로 정화암을 선택한 여러 이유 가운데 하나가 정화암이 동지 김오연의 복수를 위해 자발적으로 참여하여 사전 경비가 필요치 않았기 때문이다. 그는 약속은 하지 않았지만, 그들이 암살을 결행하면 임영창의 보수와 그들의 도피 자금 정도는 지급해야 할 것으로 예상하고 있었다.[38]

그런데 히토스키는 이런 자신의 예상이 빗나갈 것 같은 예감이 들었다. 정화암이 민족혁명당에 접근하여 자금을 염출하는 것이 쉽지 않을 것으로 보였기 때문이다.

그가 판단하기에, 정화암 일당이 김원봉·이청천 등의 민족혁명당에 접근하여 김구 암살에 대한 양해가 이루어졌다는 임영창의 보고, 그리고 이번 암살 공작을 전혀 모르는 밀정 고일신高日新[39]이 보내온 김구와 김원봉의 관계에 관한 보고를 대비하여 보면, 정화암의 자금 마련 계획이 그럴듯하다는 생각은 들었다.

왜냐하면 고일신이,

"최근 민족혁명당과 무정부주의자 사이에 밀접한 제휴가 성립한 반면에 무정부주의자와 김구 일당은 물과 불처럼 서로 용납할 수 없는 알력을 낳고 있습니다."

라고 보고했기 때문이다.[40]

그러나 '김구 암살'이라는 사건의 중요성과 그것이 이후 중국국민당 정부는 물론 여타 독립운동 진영에 미칠 파장을 고려할 때, 과연 김원봉과 이청천이 공작 자금을 지원할까 하는 의문이 꼬리를 물었다.

히토스키의 고민이 시작되었다. 그는 "비밀리에 임영창을 통해서 정화암에게 필요한 자금 및 도주 여비를 지급하는 것은 목적 달성을 서두르게 하는 한 방법"이라는 생각도 들었다.

하지만, 혹시 정화암이 '대역사건의 수괴' 김구를 암살하는 것이 일본 측이 진실로 바라는 것이기 때문에 이를 미끼로 암살 결행을 늦추거나, 자금 부족을 호소하며 계속 돈을 요구하거나, 돈을 받고 도망하지는 않을까 하는 부정적인 생각도 그의 머릿속을 떠나지 않았다.

그래서 그는 대안으로, 임영창의 재산을 전당 잡혀 자금을 마련한 듯이 가장하여 암살 결행에 필요한 여비만을 먼저 지급하고, 성공한 후 도주 여비를 지불하겠다고 하는 것이 안전하겠다고 판단하고,[41] 이 생각을 임영창에게 일러 주었다.

이제는 멈출 수도 없는 상황에서 히토스키는 임영창으로 하여금 정화암과의 접촉을 밀접하게 하여 열심히 감시하는 방법밖에 없다고 생각하고 계속해서 암살 공작을 진행했다.

지난 9월 14일 만남 이후 근 한 달 가까이 소식이 없던 정화암에게서 '10월 14일 오후 2시 프랑스 조계 김신부로金神父路 모퉁이에 있는 치야카린 카페에서 만나자'는 연락이 왔다.

이날 히토스키가 우려한 대로 정화암은 암살 실행자 2명을 선정했다며 공작 자금을 요구했다. 정화암은 임영창에게,

"4, 5일 전 동지 유기석이 상하이에서 돌아와 성내 모처에서 3일 동안 김구 암살 건에 대해 협의하였는데, 민족혁명당 방면의 공기도 더욱 무르익고 있으므로 속히 결행하기로 하고 담당자 2명을 선정하였소. 이들 2명은 이 일이 최후일 수 있다며 굳은 결의를 하고 있으니 쉬저우까지의 여비와 도주 여비로 1명당 150원씩을 지급해 주기 바라오."

라며 암살 실행자 2명의 여비로 총 300원을 요구했다.

임영창은 히토스키가 일러 준 대로, 전부터 알고 지내던 인도인 모 고리대금업자에게 자신의 집을 저당하여 돈을 마련할 계획이고, 일이 성사되는 대로 주겠다고 약속했다.

그러자 정화암은,

"유기석이 보내온 보고에 따르면, 김구가 쉬저우 공안국의 보호 아래 숨어 지내고 있는 것은 확실하오. 노태연이 안공근의 주선에 의해 쉬저우 공안국의 조사원에 임명되어 오로지 김구의 신변을 경계하고 있소. 그리고 안공근은 일전 난징에 가서 장쑤성 주석 천귀푸에게 한국독립당 재건설의 이유를 보고하고 양해를 구한 뒤, 전

장·자싱을 거쳐 최근 항저우에 숨어 지내며 활동 중이오."
라고[42] 하며, 김구가 쉬저우에 있음을 확신에 찬 듯이 말했다.

임영창은 곧바로 히토스키를 찾아가 보고했다. 임영창은 정화암에게 약속한 대로 공작 자금 300원을 빠른 시간 안에 마련하여 주어야 했다. 그래서 그는 히토스키에게 자기가 받는 월 수당을 가불해 달라고 요청했다.

임영창의 보고를 받은 히토스키는 자신이 기획한 김구 암살 공작이 막바지에 이르고 있다는 판단이 서자, 이 공작이 과연 성공할지, 밀정 임영창과 정화암을 어디까지 믿어야 할지 온갖 생각이 들었다. 그는 다시 한번 임영창이 보고한 정보를 하나하나 따져 보았다.

그가 가장 궁금한 것은 김구의 소재지였다. 윤봉길 의거 이후 수년 동안 상하이에 있는 여러 특무 기관들이 총동원되어 김구를 뒤쫓았지만 여러 설만 분분할 뿐이었다. 지난 7월 20일 임영창이 항저우 서냉西泠호텔에서 김구를 만나고 왔다고 한 이후 그의 소재는 여전히 오리무중이었다. 그런데 정화암 등이 김구가 쉬저우에 숨어 지내고 있다고 확신하고 공작을 진행하고 있으니, 지금으로서는 그들을 믿을 수밖에 없다고 판단했다.

김구의 그림자나 마찬가지인 안공근의 소재와 관련해서는, 지난 1935년 9월 29일 밀정 김불동이 항저우에 안공근이 나타났다고 보고했고, 정화암 역시 안공근이 최근 항저우에 있다고 했기 때문에 정화암이 주장한 김구의 '쉬저우 잠거설'을 믿기로 했다.[43]

히토스키는 밀정 임영창 역시 끝까지 믿어도 될지 따져 보았다.

정화암 등 무정부주의자들은 경제적으로 너무 어려운 나머지 '일본 측의 원수' 김구 암살을 구실로 돈을 뜯어 내려는 계략일 수 있지만, 임영창은 살아가는 데 경제적으로 전혀 부족함이 없는데도 처음부터 이 공작을 담당해 왔다. 그리고 하루라도 빨리 목적을 이루어 고향 평양으로 돌아가려고 하는 점으로 볼 때, 임영창이 정화암과 결탁하여 자신을 함정에 빠뜨리는 일은 단연코 없을 것이라고 생각했다.

히토스키는 생각이 이에 이르자, 일단 정화암과 임영창을 믿고 공작을 계속 진행하기로 했다. 이런 종류의 공작은 은밀히 행하는 것이기 때문에 공작 대상자를 직접 만나 볼 수 없어 전폭적으로 신뢰할 수는 없지만, 일을 여기까지 진행한 이상 밀정의 면목을 중시하는 것이 지당하다고 생각하고 여비 300원의 지급을 승낙했다.[44]

이제 김구 암살 공작은 '김구 암살'이라는 최종 목적지를 향하여 나아가는 길뿐이었다.

실패인가, 속은 것인가?

김구 암살을 위한 모든 준비가 끝났다. 히토스키는 일단 임영창과 정화암을 믿기로 했다. 쉬저우에서 김구를 암살할 실행자 2명도 확정되었고, 이들에게 필요한 여비와 도주 경비 300원을 지불하기로 결정했다. 이제 남은 것은 암살의 성공 여부였다.

드디어 1935년 10월 19일 오후 7시, 정화암은 임영창을 만나 김구 암살을 결행할 때가 왔다며 약속한 자금을 요구했다.

임영창은 현재 인도인 고리대금업자와 교섭 중이고, 보증인 2명 가운데 1명의 승낙을 받지 못해 잠시 유예 중이라면서, 자금을 빌려 제공하는 이상 반드시 성공해야 재빨리 이를 일본 군부에 팔아 자신의 채무를 변제하고 아울러 도주 여비도 마련할 수 있다며, 김구 암살의 성공 가능 여부를 노골적으로 물었다.

이에 정화암은,

"난징에는 현재 나월환·이태연·이현근 중에서 파견할 계획이오. 이들은 모두 경험자이므로 실패의 염려 또한 없소. 나월환은 현직에 있는 까닭에 출장할 수 있을지 알 수 없으므로 이태연·이현근이 행하게 될 것이오. 나도 난징에 가서 유기석과 협의하여 2명을 지휘할 계획이니 안심하시오."

라며 확신에 찬 듯 말하고, 내일 이곳에서 만나 약속한 자금을 주면 자신은 바로 난징으로 출발하겠다고 했다.[45]

보고를 받은 히토스키는 임영창에게 암살 결행자 2명의 쉬저우까지의 여비 300원을 주고, 암살 결행 직후 일본 군부에 재빨리 사건을 팔아야 하기 때문에 결과를 즉시 임영창 앞으로 전보로 통지하도록 정화암에게 분명히 전달하라고 주의를 주었다.[46]

1935년 10월 21일 오후 6시, 치야카린 카페에서 임영창이 정화암에게 약속한 300원을 건네자, 정화암은 의외로 자금이 빨리 해결되어 감사하다며 반드시 결행하겠다고 맹서한 뒤,

"23일 밤 난징으로 출발하여 유기석과 충분한 협의를 마치고, 이태연·이현근 2명을 보낼 계획이오."

라며, 암살 결행 즉시 전보 또는 상하이에 있는 동지를 통해 통지하겠다고 약속했다.

보고를 받은 히토스키는, 정화암이 난징으로 간다고 한 23일에 마침 김불동이 상하이에 돌아오자, 그에게 이번 공작의 개요와 정화암· 이현근 등의 인상을 자세히 설명하고, 가능한 한 그들을 미행하여 쉬저우에서 이 공작의 현지 진행 상황을 즉시 보고하라고 지시하고, 그날 밤 출발시켰다.[47]

화살은 이미 시위를 떠났고, 공작의 성공 여부는 하늘에 달렸다. 히토스키는 무정부주의자들이 조만간 쉬저우에서 일대 파란을 일으키리라 기대했다. 그러면서도 여전히 불안감이 엄습해 왔다.

그는 생각했다. '이번 공작이 성공한다면 한인애국단도 곧바로 해체될 것이다. 그러니 내가 상하이에 근무하는 한 이런 공작을 끝까지 계속하리라.' 마음속으로 다짐했다. 어쩔 수 없이 세 가지 공작 방안 가운데 가장 '졸책'인 세 번째 '무정부주의자를 이용하는 방안'을 택했지만, 만약 이번 공작이 실패하면 이 방안을 중지하고 다시 기회가 무르익기를 기다려 두 번째 방안인 김구 일당의 내홍을 격화시켜 최종 목적을 이루겠다고 그는 다짐했다.[48]

거의 한 달이 다 가도록 쉬저우로부터 어떠한 전보도, 다른 무정부주의자로부터 아무런 연락도 없어 초초히 기다리던 1935년 11월 22일, 드디어 정화암에게서 만나자는 연락이 왔다. 임영창은 초조한 마음을 억누르고 프랑스 조계 백이로白爾路 화동공우華東公寓에서 그를 만났다.

정화암은 임영창에게 쉬저우에 갔던 일을 설명했다.[49]

"10월 26일 난징의 동지 이태연과 이현근 두 명을 쉬저우에 파견하여 극력 김구의 존재 여부를 파악하여 일거에 목적을 이루려고 독려했으나, 두 사람은 김구를 발견할 수 없었소. 할 일 없이 시간만 보내고 있을 때 우연히 11월 1일 난징에서 왕징웨이汪精衛 저격 사건이[50] 갑자기 일어났소. … 난징 정부는 이 사건의 이면공작이 '아날' 계에 의해 결행되었다는 것을 탐지하고, 난징에 있는 중국인·한인의 아날계 인물에 대한 일제 검거를 단행하여 이미 300여 명이 검거되었소.

때문에 우리들 중 '아날'파로서 거의 공인되어 있는 자는 중국 거리에 잠복할 수 없어 속속 이곳으로 피난해 왔소. 쉬저우의 이태연·이현근 등도 그곳 관헌의 추궁이 급했기 때문에 어쩔 수 없이 돌아왔소. 은밀히 조사해 보니 김구는 10월 20일경부터 난징으로 돌아가 있었던 모양으로, 그 사실을 알지 못하고 쉬저우에 동지를 파견함으로써 실패하고 말았소."

기대가 크면 실망도 크다고 했던가. 정화암의 얘기는 한마디로 '실패'였다. 아니, 암살을 시도조차 못 한 채 돌아왔다고 했다. 그러면서 정화암은, 지금은 시국이 적당한 시기가 아니므로 반드시 그 목적을 달성할 날이 있을 것이라고 변명했다.

사실 이 무렵 김구는 난징과 항저우를 오가며 임시정부의 재건에 분주했다. 그는 1935년 10월 19일 항저우에서 개원한 임시의정원에 참여했고, 이어 11월 2일 임시의정원 회의를 항저우에서 자싱으로 옮겨 임시정부 사수파와 함께 국무위원 5명을 새로 선출하고 임시정부를 재건했다.

임영창은 정화암과 헤어진 뒤 히토스키를 찾아가 정화암 일파의 이번 암살 공작에 대해,

"그들에게 속았다고 생각하지 않지만, 그들이 김구의 소재 탐사에 주도면밀하지 못했던 점과 왕징웨이 사건이 돌발하였기 때문에, 이번에는 공작이 성공할 수 없었다고 생각합니다."
라고 보고했다.

또한 1935년 11월 3일 난징에서 돌아온 밀정 김불동도 쉬저우에서 한 명의 한인도 만나지 못했고, 아무런 이변도 없었다고 보고했다.[51]

히토스키는 임영창과 김불동의 보고를 받고, 처음부터 가장 졸책이라고 생각하며 가장 우려했던 일이 일어남으로써 몹시 창피하다는 생각이 들었다. 그는 정화암이 1935년 10월 23일 밤 난징으로 간 것은 사실이나 "본건 공작을 당초부터 의심하고 있었듯이 근래 생활에 곤궁했던 무정부주의자 일당이 김구 암살을 핑계로 임영창에게 여비 명목으로 300원을 편취한 것으로 판단하고" 결국 이번 공작은 "무정부주의자를 이용하려다가 그들에게 이용당하는 바가 되어" 실패했다고 결론지었다.

그리고 그는 이제 김구 암살의 방법은 "김구 일당의 내홍에 편

승하든가, 아니면 개인적 원한을 이용하는 방법밖에 없으니, 시기의 도래를 기다리려고 한다."며[52] 다시 한번 김구 암살의 결의를 다졌다.

3. 2차 암살 공작의
진상

밀정 임영창은 누구인가?

———

히토스키가 이번 공작을 자신이 기획한 세 가지 방안 가운데 가장 '졸책'이라고 평가했듯이, 공작은 정말 '졸책'으로 끝나고 말았다.

그런데 이 공작의 진행 과정을 보면, 과연 히토스키가 계획하여 조선총독부 경무국에 보고한 대로 암살 공작이 진행되었을까 하는 의문이 든다.

첫째, 히토스키의 결론대로 정화암이 역이용한 것이라고 하더라도, 과연 정화암이 언제든지 일본 경찰에게 체포될 수 있는 위험을 무릅쓰고 김구를 암살하려는 공작에 자발적으로 참여했을까 하는 의문이다.

둘째, 밀정 임영창은 김오연·정화암·안공근과 친분이 있을 뿐만 아니라 1935년 7월 20일 항저우에서 김구를 만났다고 했는데, 임영창과 네 사람과의 관계가 과연 사실일까 하는 의문이다.

셋째, 임영창이 정화암에게 듣고 히토스키에게 보고한 정보들 가운데는 사실과 다른 정보도 있었지만, 난징에서 김구와 동거하고 있던 중국인 여인 주아이바오와 모친에 관한 정확한 정보들도 있었는데 이것을 어떻게 알았을까 하는 의문이다.

이 모든 의문의 한가운데 있는 인물은 바로 밀정 임영창이다. 이 의문을 푸는 열쇠는 이 공작의 설계자인 히토스키와 결행자인 정화암 사이에서 가교 역할을 한 밀정 임영창의 실체를 밝히는 일이다.

히토스키가 조선총독부 경무국에 보고한 제1호에서 제8호에 이르는 8건의 「대김구 특종 공작에 관한 건」 어디에도 임영창의 정체를 알 수 있는 직접적인 정보는 단 한 줄도 없다. 다행히 이 의문을 풀 수 있는 단서는 둘째 의문, 즉 임영창·안공근·김오연·정화암의 관계에 있다. 이 공작의 진행 과정을 보면, 임영창은 안공근·김오연과 이미 아는 사이였고, 정화암과는 김규식을 통해 알게 된 사이였다고 했다.

정화암은 자신의 회고록에 김구 암살 공작과 관련된 내용을 일부 남기고 있다. 이 내용을 히토스키의 공작 보고서와 비교해 보면 임영창이 누구인지 확인할 수 있다.

정화암은 김오연이 체포되던 상황을 다음과 같이 회고했다.[53]

> 김오연은 허 장로許長老와는 처남 매부 사이인데, 그 집에 살고 있는 조카

허열추가 어느 날 집을 나오다 일본 형사들이 그의 집으로 들어가는 것을 보고, '김오연 때문에 허 장로의 집을 수색하는구나.' 직감하고, 김오연에게 가서 빨리 피신하라고 일러 주었다.

김오연은 그길로 나의 집으로 왔다. 오후 3시쯤 김오연의 딸이 일본 형사들이 집을 수색하고 갔다고 알려 왔다.

나는 '이 일은 심상치 않은 일이며, 김오연을 체포할 계획이 돼 있는 것이 아닌가? 그렇다면 반드시 집 부근에 형사가 잠복해 있을지 모른다.'는 생각에, 김오연에게 집에 가는 것을 말렸고, 김오연은 사흘 동안 나와 함께 있었다.

그리고 사흘 뒤 김오연은 아무리 생각해도 자기가 경찰에게 수색을 당할 이유가 없다며 프랑스 영사관 공부국에 가 무슨 일인지 알아보겠다고 하였다. 내가 말렸지만 결국 공부국에 갔다가 그는 돌아오지 않았다.

정화암이 기억하는 김오연의 체포 과정은, 1935년 '7월 26일 일본 총영사관에서 김오연에 대한 구인장을 발행하여 그 집행을 프랑스 영사관 공부국에 위촉해 두었고, 그의 집을 수색하였으나 그가 없어 체포를 못 하였는데, 8월 1일 공부국을 찾아온 그를 체포하여 일본 총영사관에 인계하였다.'는 히토스키의 보고와 일치한다.

따라서 김오연이 체포되는 과정을 다시 재구성하면, 1935년 7월 26일 일본 총영사관 경찰이 김오연의 집을 수색했고, 그 소식을 들은 김오연은 곧바로 정화암의 집으로 피신했다. 이곳에서 3일을 지낸 김오연은 7월 30일 자신의 집으로 돌아갔고, 이때 임영창을 만나 사정을 말한 뒤 다음 날인 31일 프랑스 공부국에 갔으나 중국어 통역이 없어 돌아왔다. 그리고 다음 날인 8월 1일 김오연은 다시 프랑스 공부국에 갔다가 체포되어 일본 총영사관으로 인계되었던 것이다.

또한 김오연의 체포 소식을 들은 정화암은 "위혜림으로 하여금 알아보게 했더니 이미 일본 영사관으로 넘어가 있었다."라고 회고했다.[54]

이 부분 역시 "일파[김오연]의 체포를 들어 알게 된 정화암이 곧바로 임영창을 찾아 그간 사정을 묻자 임영창은 사정을 일일이 설명하"였다고[55] 한 히토스키의 보고서와 일치한다.

따라서 히토스키가 김구 암살 공작에 동원한 밀정 임영창과 정화암이 말한 위혜림은 동일 인물이다. 이 같은 사실은 히토스키의 보고서 가운데 8월 2일 상황에서도 확인할 수 있다.

정화암은 김오연이 체포된 것이 안공근 때문임을 알았고, 이것이 "나와 김오연과 안공근과의 사이를 알아낸 일본 영사관은 남화연맹과 애국단 사이를 이간시켜 서로 죽고 죽이게 하는 비극을 연출시킬 계략"임을 간파했다. 그는 일본의 계략에 말려들 이유도 없고 또 안공근과 시비를 따지는 것도 부질없다고 판단하고 위혜림에게,

"우선 김오연을 빼내야 할 게 아니오? 영사관에 잘 이야기해 보시오."

하니, 위혜림은 그길로 일본 총영사관으로 가,

"남화연맹과 애국단의 감정이 지금 날카롭게 대립되어 금방 어떤

참극이 벌어질 듯하니, 김오연을 내보내서 그것을 부채질하도록 하라고 꼬여, 김오연을 데리고 나왔다."

고 정화암은 회고했다.[56]

　이 부분은 임영창이 1935년 8월 2일 정화암을 만난 뒤 히토스키에게 보고한 내용과 일치한다. 즉 임영창은 '정화암이 김오연에 대한 복수로 김구를 죽이기로 결정하고 그 대가로 김오연의 석방을 요구하였고, 이에 대한 확인을 위해 일본 총영사관 관헌과의 회견을 요구하였다.'고 보고했다. 이때 히토스키는 "임영창이 일본 총영사관에 출입하고 있는 것으로 잘못 알고" 있다고 하며, 잔꾀를 부려 자신이 대신 나가는 것으로 했다.[57]

　정화암이 위혜림에게 일본 총영사관에 가서 김오연을 빼내 오라고 한 것과 히토스키가 임영창의 보고를 받고 "잘못 알고" 있다고 한 부분에서 임영창이 위혜림임을 다시 확인할 수 있다. 다만 정화암은 위혜림이 김오연을 일본 총영사관에서 곧바로 데리고 나온 것으로 회고하고 있으나, 이것은 사실이 아니다. 김오연이 정확히 언제 일본 총영사관에서 풀려났는지는 확인할 수 없으나,

　　김오연에 대해서는 아직 이곳 총영사관에서도 1, 2회 신문을 했을 정도이고, 그 취조가 늦어진다면 도저히 당분간 석방을 예상할 수 없습니다.

라고 히토스키가 보고한 것이 1935년 9월 21일이다.[58] 그러니까 김오연은 아무리 빨라도 9월 21일 이전까지는 석방되지 않았다.

이 밖에도 1934년 프랑스 총영사관 공부국의 정보 역시 임영창이 위혜림임을 확인해 준다. 이에 따르면 "조지 웨이George WEI가 현재 조선총독부 상하이 대표인 M.K 나카노를 위한 정보원으로 일하고 있다."고 했다.[59] 같은 기관의 또 다른 정보에 의하면 조지 웨이의 주소와 일본 비밀 요원 위혜림의 주소가 '부르자가 310호'로 일치한다.[60] 따라서 이 '조지 웨이'는 히토스키가 말한 "전임 나카노 사무관 시절부터 주로 이 방면에 활약해 왔던 임영창" 즉 위혜림인 것이다.[61]

그리고 히토스키는 무정부주의자를 이용하는 암살 공작에 정화암을 끌어들이려고, 임영창으로 하여금 1935년 6월 3일 상하이에 온 김규식에게 접근시켜 그를 통해 정화암을 알게 되었다고 했다.[62]

그런데 정화암이 임영창 즉 위혜림을 알게 된 경위는 히토스키의 얘기와는 완전히 다르다.[63]

나는 상하이의 우리들 사회에서 가장 절친한 사이였던 오산 이강李剛으로부터 위혜림을 소개받았다. 이강은 1928년 샤먼廈門에서 일경에게 체포되어 본국으로 송환되어 옥고를 치른 후 다시 중국으로 왔다.

그런데 어느 날 부인의 신장병이 재발되어 재수술을 받아야 할 형편이었으나 입원비가 없어 할 수 없이 김구를 찾아갔다. 그때 임시정부는 홍커우공원 사건 후 중국 정부로부터 재정적 후원을 받고 있는 때였으므로 이강의 요청을 들어줄 수도 있었으나, 김구의 당시 입장은 그의 마음대로 돈을 지출할 수가 없었다.

그래서 이강은 나를 찾아와 하소연을 하
게 됐고, 위혜림을 나에게 소개해 주었다.
어느 날 나는 중국 음식점에서 이강·김오
연·위혜림과 자리를 같이했다.

이강(1878~1964).

정화암은 이강의 소개로 위혜림을 알
게 되었고, 이때 김오연도 그 자리에 있
었다. 이들이 만난 시기는 "홍커우공원
사건 후"라고 했으니 1932년 4월 29일 이후이다. 그리고 정화암은,
1932년 11월 톈진에서 일제 경찰에 체포되어 고문사한 우당 이회영
을 밀고한 밀정을 찾아내려고 위혜림에게 조사를 시킨 적도 있었다
고 했다.[64]

정화암의 회고가 사실이라면, 그는 1932년 4월 29일 이후부터 11
월 이전 사이에 이강의 소개로 위혜림을 알게 되었다. 김오연도 마
찬가지다. 위혜림을 정화암에게 소개한 이강은 1920년 12월 블라디
보스토크 신한촌에서 기독교청년회 총무를 지냈는데, 그때 위혜림
이 명예총무를 지내서 두 사람은 일찍부터 잘 알던 사이였고,[65] 이강
과 김오연은 상하이 홍사단 원동지부의 같은 단원이었다.

따라서 '임영창이 1935년 6월 3일 상하이에 온 김규식을 통해 정
화암을 소개받았다.'는 히토스키의 보고는 일단 사실이 아니다. 이
미 정화암과 아는 사이인 임영창 즉 위혜림은, 히토스키에게는 자신
이 정화암과 모르는 사이인 것처럼 하고 정화암과 만났을 가능성이

있다.

다음으로 궁금한 것은 위혜림과 안공근의 관계이다. 정화암은 두 사람의 관계에 대해,

> [위혜림은] 하얼빈에서 상하이에 온 후 임시정부의 안공근에게 포섭되어, 그의 장벽에 가려 상하이에서 일어나는 독립운동을 위한 모든 행동은 오직 안공근의 손에 의해서만 이루어지는 것으로 알고 있었다.
>
> 안공근은 늘 위혜림의 집에 드나들면서 그의 가족들과 친분을 두터이 하여 그의 부인도 안공근의 말에는 절대 복종하는 형편이었다.

라고 회고했다.[66]

정화암의 얘기에는 안공근에 대한 '뼈 있는' 비판이 스며들어 있지만, 안공근과 위혜림이 아주 친밀한 사이였음을 짐작할 수 있다.

윤봉길 의거 당일 아침, 김구의 부탁으로 김구와 윤봉길에게 아침을 대접했던 김해산은 1932년 5월부터 12월까지 위혜림과 동거하면서 둘의 관계에 대해 이런 얘기를 들었다고 했다.[67]

> 나는 몇 년 전에, 위혜림과 한국인 안공근이 대공원 근처에 도박장을 설립하자는 한 광둥인의 술수에 수천 달러를 사기당하였다는 말을 들었다. 위혜림과 안공근은 돈을 나누는 것 때문에 다투었으나, 1932년 4월 홍커우공원의 폭탄 사건으로 안공근이 잠적한 1932년 5월까지 둘 사이의 관계는 지속되었다.

내가 위혜림과 같이 지내는 동안 그는, 만일 안공근이 자본을 갖고 오면 마약공장을 차리겠다고 말하곤 하였지만 아무 일도 되지 않았다.

안공근과 위혜림은 서로 필요한 정보를 주고받는 사이에 그치지 않고, '도박'이나 '마약 밀매'와 같은 '불법적'인 경제적 이익을 도모한 긴밀한 관계였다. 당시 프랑스 조계에서 일본인을 위해 일하는 친일파들에게는 일본 당국이 "무기와 마약 밀매 및 매춘업과 관련하여 이들에게 편의를 봐주고 있"었기[68] 때문에 위혜림에게는 도박·마약 밀매 같은 사업이 어려운 일이 아니었다. 프랑스 총영사관 공부국의 정보에 따르면, 위혜림은 1936년 3월 당시 "마약 밀매상으로 잘 알려져 있으며, 최근 베이징로 378호에 그의 판매소를 열었"다고 했다.[69]

한편 위혜림이 상하이에 왔을 무렵 안공근은 무정부주의자들과 친밀한 관계를 유지하고 있었고, 1925년 4월에는 자신이 약방을 개업하려고 얻은 빈집을 정화암의 부탁을 받고 그들의 아이스크림 가게로 쓰도록 내줄 정도로 정화암과는 각별한 사이였다.[70]

안공근은 1930년 4월 20일 유기석의 주도 아래 남화연맹을 결성할 때 함께했고, 이후 임시정부와 김구 측에서 활동했다. 1931년 8월 만주에서 상하이로 온 정화암도 남화연맹에 가입하여 활동했는데, 이런 점에서도 둘 사이의 각별한 관계를 알 수 있다.

이런 관계 때문에 김오연이 체포됐을 때 김오연 본인이나 정화암이 가장 먼저 위혜림에게 달려간 것이고, 두 사람은 위혜림이 일본 총영사관을 드나든다는 사실을 알고 만난 것임을 알 수 있다.

이중 첩자, 위혜림

위혜림은 어떤 인물이기에 정화암과 안공근, 심지어 김구까지도 알고 지냈을까?

위혜림의 본명은 위수덕韋洙德이며, 1891년 평양에서 태어나 숭실대학 2년을 수료했다.[71] 이후 일본에 유학하여 메이지대학明治大學 신학부를 졸업한 뒤[72] 1915년에 귀국하여 선천신성학교宣川信聖學校 교사로 재직했다.[73] 이후 조선은행의 은행원이 된 그는 블라디보스토크 지점에 근무하게 되면서 가족과 함께 연해주로 이주했다. 그는 1920년 3월 1일 블라디보스토크 신한촌에서 열린 '독립 선언 1주년 기념식'에 참석하는 등[74] 연해주 한인 사회의 주요 인사들과 교분을 맺어 나갔다.

그러나 연해주의 상황이 급변했다. 1920년 초에 미국·영국·프랑스·이탈리아가 러시아혁명을 저지할 목적으로 시베리아에 파견했던 간섭군을 철병했다. 그러나 시베리아에 대한 영토적 야심을 가진 일제는 자국의 간섭군을 철병하지 않고 시베리아를 점령할 기회만 엿보고 있었다. 그 기회가 생각보다 일찍 찾아왔다.

1920년 3월 12일 한인 무장부대가 러시아 빨치산과 연합 부대를 형성하여 아무르강 하구 니콜라옙스크尼港를 공격하여, 5일 동안 낮

밤으로 일본군과 벌인 치열한 전투 끝에 일본군을 전멸시키는 사건이 일어났다(니항 사건).[75]

연해주와 아무르주에 주둔하고 있던 일본군은 이 사건을 구실로 4월 4일 밤부터 블라디보스토크·우수리스크·하바롭스크 등지에 대한 전면적 공격을 단행했다. 이 과정에서 블라디보스토크

연해주의 4월 참변을 일으킨 일본군(위)과 연해주 지방도시 스파스크달니의 참사 현장(아래).

의 한인 개척 마을인 신한촌은 그야말로 쑥대밭이 되었다.

일본군은 1920년 4월 4일 밤 신한촌을 포위하고 니콜라옙스크 사건에 대한 보복으로 무차별 사격을 가했다. 이들은 무고한 한인들을 무참히 학살했다. 이날 밤에만 300여 명의 한인들을 닥치는 대로 체포했다. 이러한 무차별 학살은 하바롭스크·우수리스크 등지의 한인 마을에서도 일어났다.[76] 이른바 연해주의 '4월 참변'이란 사건이다.

'4월 참변' 이후 연해주 일대의 한인 단체는 지하로 숨거나 해체되었다. 당시 연해주의 대표적인 독립운동가였던 최재형도 이때 살해되었다. 연해주를 장악한 일제는 이곳을 장기적으로 지배할 목적

으로 각지에 친일 단체를 조직했다. 대표적인 단체가 4월 블라디보스토크에서 조직된 조선인거류민회였다.

한 차례 피바람이 신한촌을 휩쓸고 간 뒤, 그해 12월 8일 이강 등은 해체된 기독교청년회의 부흥에 나섰다. 그는 조선총독부에서 파견한 기토 가쓰미木藤克己 통역관을 찾아가 설득하여 '기독교청년회가 명실名實이 상반相反할 때, 즉 항일운동을 할 때는 언제라도 해산시킨다.'는 조건 아래 블라디보스토크 일본 총영사의 허락을 받아 기독교청년회를 부흥했다. 이때 이강은 총무에, 위혜림은 명예총무에 선출되었다.[77]

위혜림은 기독교청년회 명예총무 자격으로 1921년 3월 22일 캐나다 선교사가 신한촌에 와서 담화를 할 때 이강과 함께 참여했고,[78] 기독교청년회 음악단이 4월 20일 고국 공연을 떠날 때도 이강과 함께 책임자가 되어 적극 지원했다.[79] 10월에는 임시정부의 러시아령 우수리스크 주재 임시외교위원에 임명되기도 했다.[80]

그러다가 연해주 한인 사회에 '위혜림이 밀정'이라는 소문이 은밀히 돌기 시작하면서 위기를 맞았다.

1923년 초에 신한촌으로 돌아온 전 임시정부 국무총리 이동휘가 4월 7일 위혜림을 불렀다. 이동휘는 초면인 위혜림에게 자신이 이곳을 떠나 있을 때 경제적으로 힘들었던 자신의 가족을 도와준 일에 우선 감사의 뜻을 표하고, 이어 정색을 한 뒤,

"나의 부하들이 자네의 행동에 불만을 품고 살해하라고 나를 압박하는데, 지금 조선은행 지점에 근무하는 것은 옳지 않으니 바로

『동아일보』 1939년 11월 8일 자 기사 「통쾌한 인격자: 혜신양행 위혜림 씨」에 소개된 위혜림.

그만두게!"

라며 엄중 경고를 했다.

위혜림은 즉각 신변의 위험을 느끼고, 조선은행의 양해를 얻어 이틀 뒤인 1923년 4월 9일 도망가듯 귀국했다. 그러나 그는 이미 1922년에 기토 통역관[81]의 밀정이 되어 한인들의 정보를 다른 곳과 내통했다고 했다.[82] 위혜림은 "조선은행원으로 근무하다 일본 육군 특무반(첩보부)에 스카우트되어 첩보 조직에 들어갔다."고[83] 했는데, 아마 이때가 그가 밀정이 되었다고 한 1922년이 아닐까 한다.

한국에 귀국한 위혜림은 1925년 9월 가족을 데리고 하얼빈으로 이주했다가 1926년 다시 상하이로 왔다. 그는 그해 12월 29일 임시 의정원에서 평안도 의원으로 보선되었고,[84] 또한 대한교민단 단장 을 역임하다가 1928년 3월에 사직했다.[85]

그가 교민단장을 그만둔 지 얼마 되지 않아 국내 신문에 그에 관한 매우 불미스런 기사가 보도되었다. 이 기사에 따르면, 1928년 4월 2일 밤에 무역상 연태양행 점원인 위혜림이 친구 박영봉 및 다른 점원 등과 공모하여 그 양행의 지배인을 밖으로 불러내어 단도와 권총으로 협박하고 현금 10만 원을 강탈하려다 공부국 경찰에게 체포되어 일본 총영사관에 인도되었다고 한다.[86]

위혜림이 일본 총영사관에 인도된 후 어떤 처분을 받았는지는 현재로서는 알 수 없다. 이후에도 그가 상하이에서 계속 활동한 것으로 보아 별다른 처벌을 받지 않은 것으로 보인다. 왜? 의문이 들지 않을 수 없다. 위혜림이 이 일을 계기로 다시 밀정이 된 것인지, 아니면 상하이에 올 때부터 밀정의 사명을 받고 위장 망명한 것인지 분명하지는 않다.

정화암은 이런 위혜림에 대해,

어느 땐 일본 총영사관에 드나들면서 정보를 제공해 주기도 하고, 어느 땐 누구 못지않게 적극적으로 독립운동에 가담하여 활동하기도 했다.

라는 얘기도 했다.[87] 김구도,

일본인으로서 우리 금전을 먹고 밀탐하는 자도 여러 명 있었다. 위혜림 군의 알선으로 여러 명 알게 되었다.

라며 정화암과 비슷한 얘기를 했다.[88]

이런 사실에서 위혜림은 전형적인 이중 첩자였을 가능성이 높다.

위혜림의 행적과 관련하여 더욱 놀라운 사실은 해방 이후 그의 행적이다. 정병준은 김구를 암살한 안두희의 이후 행적을 연구한 논문에서,

> 1959년 안두희가 서울 수도방위사단 사령부 고급부관(대령 계급)으로 오사카에 나타나 경무대 기관원이던 위혜림·나카지마 등과 북송선 폭파 공작을 벌였으나, 정보 누설로 공작에 실패한 후 귀국하였다.

고 했다. 그리고 위혜림은 해방 직전에 "상하이에서 아마가스甘粕 기관의 하부 조직인 무라이村井 기관의 기관장을 지냈고", 해방 후에는 "맥아더 사령부 정보참모부 휘하 특수 공작 기관이던 캐논 기관 Cannon Agency에서 일했"고, 이 기관이 해산된 뒤에는 "이승만의 도쿄 주재 사설 기관인 경무대 기관에서 일했다."고 한다.[89]

위혜림과 김구의 질긴 악연은 충격이 아닐 수 없다. 해방 전 김구 암살 공작에 밀정 노릇을 했던 위혜림이 해방 후에는 이승만 사설 기관의 부하가 되어, 김구를 암살한 안두희와 함께 재일교포의 북송선 폭파 공작을 함께한 이 사실이.

정화암은 과연 김구를 암살하려 했나?

———

그렇다면 위혜림이 히토스키에게 보고한 김구 암살과 관련한 정화암의 말과 행동이 모두 사실인지, 아니면 꾸며낸 것인지, 그것도 아니면 히토스키의 주장대로 경제적 곤경에 처한 정화암 등 무정부주의자들에게 이용당한 것인지 의문이 아닐 수 없다.

정화암은 상하이 일본 총영사관에서 김오연을 체포한 이유가, "나와 김오연과 안공근과의 사이를 알아낸 일본 영사관은 남화연맹과 애국단 사이를 이간시켜 서로 죽고 죽이게 하는 비극을 연출시킬 계략으로 계획적으로 김오연을 체포, 구금해 놓고 넌지시 이것을 그에게 일러 준 것이다."라고[90] 하여 김오연의 체포를 "김구와 나 사이의 와해 공작"이라고 파악했다.[91]

그리고 위혜림은, "일본 영사관으로 가, 남화연맹과 애국단의 감정이 지금 날카롭게 대립되어 금방 어떤 참극이 벌어질 듯하니, 김오연을 내보내서 그것을 부채질하도록 하라고 꼬여, 김오연을 데리고 나왔다."고 했다.[92]

이처럼 정화암은 김오연의 체포가 김구와 자신의 분열을 노린 일제의 계략임을 처음부터 알았다.

그래서 정화암은,

"안공근과 시비를 하게 되면 일본 놈들의 계략에 말려들게 되는 것이다. 이들의 계략을 간파한 내가 그런 어리석은 짓을 하겠는가?" 하며 위혜림에게는,

"일본 형사들이 묻거든 곧 큰 싸움이 벌어질 것이라고 대답하시오."

라고 당부했다.[93]

정화암이 회고한 이 내용만 보면, 그는 오직 체포된 김오연을 구할 목적으로 밀정 위혜림과 함께 마치 히토스키의 김구 암살 공작에 말려드는 체하며 이를 역이용한 셈이 된다.

정화암은 회고록에서 여기까지만 기술하고 있다. 임영창(위혜림)이 히토스키에게 보고한 내용, 즉 임영창이 1935년 8월 4일부터 11월 22일까지 수차례 상하이에서 장소를 옮겨 가며 정화암과 만나 추진했던 김구 암살 공작에 관한 이야기는, 그의 회고록에 단 한마디의 언급도 없다.

왜 정화암은 여기서 기억을 멈추었을까? 그의 회고록대로라면 위혜림이 김오연을 일본 총영사관에서 데리고 나왔기 때문에 더 이상 위혜림과 이 일로 만날 이유가 없다. 그런데 김오연이 언제 석방되었는지는 정확히 알 수 없으나, 앞서 언급했듯이 정화암의 회고록과 달리 김오연은 최소한 1935년 9월 21일까지 일본 총영사관에 구금되어 있었다. 때문에 김오연의 석방이 목적이었다면, 정화암은 위혜림이 히토스키의 김구 암살 공작을 진행하는 동안 그와 계속 만나지 않을 수 없었다. 더구나 히토스키가 김구 암살 공작과 관련하여 조선총독부 경무국에 보고한 내용, 즉 1935년 8월 4일 이후 정화암과 위혜림이 수차례 만나 나눈 대화를 모두 위혜림 혼자 꾸며낸 것이라기에는 내용이 너무 방대하고 자세하다. 상하이에 있던 위혜림이 항저우·난징·자싱 등지에서 일어난 그 많은 정보를 자작하기에는 현실적으로 무리가 있다. 또한 히토스키가 정화암과 위혜림을 계속 의심하면서 또 다른 밀정을 시키거나, 또는 다른 첩보기관에서 수집한 정보를 통해 위혜림의 보고를 하나하나 확인한 점에서도, 히토스키를 속이는 이 같은 행동은 너무도 위험한 모험이며 현실적으로 불가능한 일이다.

따라서 정화암은 위혜림과 짜고 김오연을 석방시키는 한편, 활동자금을 마련하려는 속셈에서 히토스키의 공작을 역이용했을 수도 있다. 이 부분은 앞으로 더 확인해 봐야겠지만, 그렇더라도 정화암의 입장에서 이 일은 스스로 감추고 싶은 기억일 수 있기 때문에 고의적으로 김구 암살 공작에 관련된 부분만큼은 회고록에서 언급을 회피했을 것이다.

이런 사실은 김구가 1937년 9월 17일 전장鎭江에서 무정부주의자 유자명을 통해 정화암에게 보낸 친필 편지에서 어렴풋이 짐작할 수 있다.[94]

> 서로 과거의 모든 것을 잊고 주의·주장을 초월하여 이 기회에 손을 잡읍시다. 나는 지금 자금도 생겼고, 기계(권총, 기타 흉기의 뜻)도 입수했습니다. 김원봉 일당 약간 명을 제외하고, 나머지 광복운동자는 전부 의사소통을 보았습니다. 이번 기회에 옛날처럼 사이좋게 일을 하고 싶습니다. 속히 협의하고 싶으니 와 주십시오.

이때는 중일전쟁 직후로, 김구가 중심이 되어 중국 관내와 미주의 민족주의 우파가 참여한 한국광복운동단체연합(광복진선)을 결성하여 임시정부 중심의 대동단결을 주장하던 때이다. 김구가 친필 편지에서 말한 '과거의 모든 것'이란 아마 옥관빈 암살 사건 후 있었던 '참간장'의 명의 문제로 남화연맹과 한인애국단의 합작이 깨어져 그동안 불편했던 관계를 뜻할 것이다.

김구가 이런 과거를 잊고 다시 합작의 손을 정화암에게 내민 것은, 정화암이 히토스키의 계략을 알고 이에 말려들지 않으려 한 것과 같은 마음일 것이다. 다만 위혜림이 이후에도 밀정 노릇을 계속하는 것으로 보아, 히토스키는 이 사건을 정화암에게 역이용당한 것으로 인식하고 위혜림을 의심하지 않은 것만은 분명하다.

5장

김구의 가슴에 박힌 흉탄
－3차 김구 암살 공작

1. 임시정부
존폐의 기로에서

임시정부를 해체하고 유일당을 건설하자

————

김구가 난징을 중심으로 군관 양성에 전념하고 있는 사이, 중국 관내에서는 또다시 독립운동 정당의 통일 바람이 거세게 불었다.

한국대일전선통일동맹(이하 '통일동맹')은 1934년 3월 1~3일 난징에서 한독당 대표 김철·김두봉·송병조 등을 비롯한 5개 독립운동 정당 대표 12명이 참가한 가운데 제2차 대표대회 및 한국혁명각단체 대표대회를 열었다.

회의에서는,

본 동맹의 목적인 조선 혁명 역량을 총집중하여 진실로 대일전선의 통일·확대·강화를 도모하려면, 현재와 같은 각 혁명단의 제휴만으로는 도저히 바라는 목적을 달성하기는 불가능하다.

는 비판이 제기되었고, 이를 타개하기 위한 대책으로 다음과 같은 세 가지 방안이 제의되었다.[1]

> 제1, 종래와 같은 중앙 간부만의 기관으로 하지 않고, 다수 투사를 집결하여 대동단결하에 적극적으로 공작을 하든가,
>
> 제2, 가맹 단체는 물론 기타 각 혁명단을 전부 해소하고 혁명 동지 즉 단원을 통일동맹에 합류시켜 단일 대동맹을 조직할 것.
>
> 제3, 이를 위해서는 혁명단 외곽에 있는 한국임시정부도 폐지할 것.

한마디로 통일동맹은 중국 관내 혁명 단체의 총집합체로서 혁명 전체의 이익을 목표로 결성했지만, 조직적 측면에서 가맹 각 단체의 연락 기관의 성질에 불과하여 대일전선의 통제 강화를 꾀하려던 당초의 목적에 부합하지 않는다는 것이었다.[2]

그래서 독립운동 정당의 협의체 성격인 통일동맹에 참여한 5개 정당을 해소하고, 당원들이 개별 참여하는 대동단결체 즉 민족유일당을 건설하자는 것이었다. 그렇게 할 경우 이 당은 중국 관내 독립운동의 최고 기관이 되어 임시정부와 조직 성격상 양립할 수 없기 때문에[3] 자연스럽게 '임시정부 폐지'가 유일당 조직의 전제가 되었다.

회의에서 '대동단결하자'는 제1항은 별다른 이견 없이 가결되었

다. 참가 대표들은 중앙집권적인 통일 정당을 결성해야 한다는 데는 동의했다. 하지만 자신이 속한 정당을 해소하는 문제에는 의견의 차이가 있었다. 그래서 각자 자신의 소속 단체에서 이 문제를 협의하여 의견을 모은 뒤 1년 후인 1935년 2월 26일 제3차 대표회의를 열기로 했다.

제2차 대표회의 뒤 자신이 속한 정당으로 돌아간 각 단체 대표들은 대표회의에서 제의한 3개 안건을 두고 논의를 했다. 그 결과 한독당을 제외한 나머지 단체에서는 찬성을 하고, 단일당 조직을 위한 대표회의 참가를 결의했다.[4]

한독당 역시 이 문제를 협의하려고 제3차 대표회의를 얼마 앞둔 1935년 2월 15일과 17일 항저우에서 제7차 당대회를 열었다. 임시정부의 여당이기도 한 한독당 입장에서는 '임시정부 해체' 문제는 '뜨거운 감자'가 아닐 수 없었다.

김두봉은 통일동맹 2차 대표대회에 참가한 한독당의 대표 자격으로 제의안 제3항 '임시정부 해체' 문제에 대해 다음과 같이 보고했다.[5]

동[통일동맹] 집행위원회의 대부분의 의사는 정부의 해소와 대동단결 조직이었으나 지장이 될 임정 문제는 혁명단체 대표자회의에서는 일절 토론하지 않고, 신조직이 성립한 후 제1기 집행위원회에서 임시정부를 해소하지도 않고 지지하지도 않고 다만 사무를 정지하는 것으로 결정하는 것이 가장 양책이라는 데 일치하였다.

김두봉(1890~?).

김두봉의 보고가 끝나자 대회장은 크게 술렁였다. 여기저기서 찬성과 반대의 목소리가 터져 나왔다. 회의에서는 의견이 하나로 모아지지 않고 '임시정부 및 임시의정원의 해체와 신당 참여안'과 '한독당 및 신당의 임시정부 지지안'의 둘로 갈라졌다.[6]

이날 회의 결과는 단일당 결성은 시기상조이고 '임시정부 적극 지지', '한독당 해체 불가', '신당 불참여'를 결정하고, 이를 통일동맹에 통보했다.[7] 한독당은 '단일당 결성을 시기상조'라며 반대했지만, 단일당을 창당할 경우 이후 독립운동의 주도권을 단일당 창당을 주도해 온 의열단과 신한독립당에게 넘겨줄 우려가 있고, 나아가 그동안 한독당이 확보해 온 기득권은 물론이고 상하이를 중심으로 한 자신들의 활동 기반마저 상실할 우려 때문에 반대했다.[8]

한독당의 불참 통보를 받은 통일동맹은 한독당을 참가시키려고 1935년 2월 26일 열기로 한 제3차 대표회의를 6월 20일로 연기했다.[9] 그사이 김두봉은 반대파와 중립파를 적극 설득하며 한독당의 당론 변경에 나섰다.

한독당은 통일동맹 3차 대표회의 참여 문제를 다시 논의하기 위한 임시 대표대회를 5월 25일부터 3일간 항저우에서 열었다. 대회에서는 7차 당대회 당시 중립파들이 찬성파에 적극 가담함으로써 7

차 당대회의 결정을 번복하여 통일동맹 제3차 대표회의 참여를 결정하고, 최석순·양기탁·조소앙을 정대표로, 김두봉·박창세·이광제를 부대표로 선임했다. 임시 대회의 결정에 반발한 반대파인 송병조·차이석·조완구 등은 '임시정부 사수'를 주장하며 한독당을 탈당했다.[10]

한독당이 단일당 결성에 찬성으로 돌아서면서 통일동맹은 예정대로 1935년 6월 20일 제3차 한국혁명단체대표회의를 난징에서 열었다. 회의는 일사천리로 진행되어 관내 기존 정당·단체를 해소하고 단일당 참여를 결의했다. 7월 5일 마침내 중국 관내 독립운동의 단일당인 조선민족혁명당(이하 '민족혁명당')을 결성했다. 이에 따라 한독당도 해소되어 일단 역사의 뒤안길로 사라졌다.

김구의 임시정부 재건

임시정부가 수립된 초기 김구는 내무총장 안창호에게 '정부의 문지기'를 청원했다. 안창호가 경무국장에 임명하자 김구는,

"나는 순사의 자격도 되지 못하는데, 어찌 당할 수 있겠소?"

하며[11] 임시정부의 영원한 문지기를 자처했다. 이런 김구에게 임시정부 해체는 청천벽력이었다.

윤봉길 의거 후 두 해 가까이 임시정부와 결별하고 독자 세력화에 노력해 왔던 김구에게도 바람결에 '임시정부 해체'와 '신당 조직'

소문이 들려왔다. 하지만 스스로 어떻게 할 수 없는 답답함으로 시간을 보내고 있던 1935년 3월 1일, 조완구가 항저우에서 난징으로 급히 자신을 찾아왔다.

조완구는 그동안 '당신이 재정을 투명하게 공개하지 않고, 안공근 이외의 사람의 말을 듣지 않는' 점 등에 대해 주변 사람들이 불만이 많고 비판을 한다고 전하고, 통일동맹의 신당 조직에 대해 의견을 물었다.

김구는,

"재정을 공개하지 않은 것은, 중국 측과의 관계 및 국제 문제를 야기할 우려 때문에 비밀로 할 수밖에 없었다. 안공근은 중국인 사이에 신용이 좋고 또한 나를 위해 열심히 일하고 있다."

고 해명하고, 이어 통일동맹의 신당 조직에 대해서는,

"나의 경험상 통일 문제는 소리만 클 뿐이고 실實이 뒤따르지 않는 감이 있기 때문에 찬동하기 곤란하다."

라며[12] 반대 입장을 분명히 했다.

지푸라기라도 잡아야 할 처지였던 임시정부 사수파인 조완구는 김구의 소신을 듣고 안도의 한숨을 쉬며 항저우로 돌아갔다.

이후 통일동맹이 신당 조직을 구체화하자 김구는 이에 대한 자신의 반대 입장을 대외적으로 천명하며 임시정부 사수의 입장을 분명히 했다.

김구는 조완구를 만나 임시정부 사수파의 입장을 확인한 뒤 통일동맹의 신당 조직에 대한 자신의 목소리를 내기 시작했다. 그는

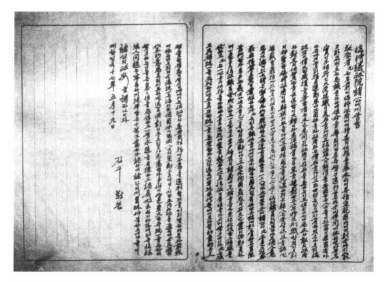

김구가 임시의정원 의원들에게 보낸 「임시의정원 제공諸公에게 고함」. 1935. 5. 19.

1935년 5월 19일 「임시의정원 제공諸公에게 고함」이란 서한을 보내어 신당 결성의 반대는 물론 임시정부로의 복귀 의사를 밝혔다.[13]

　　임시의정원 제공諸公에게 고함

　　삼가 말씀드립니다.

　　구九는 연전에 임시정부에서 특무의 임무를 받들어 그 지정 범위 안에서 지금까지 능력이 닿는 대로는 충성을 다하여 사명을 욕되지 않도록 노력 진행하던바, 지금 전해들은 바에 의하면 아주 명실이 부합하지도 않는 대당 조직의 미명을 가지고 임정 법인의 해소를 함부로 꾀하는 인사들이 있다 하니 [이는] 아니지 않는가.

아직까지는 우리 독립운동계에 대단체들과 정부라는 분에 넘치는 이름을 가지고 출세했던 일까지 있었으나 우리 임정같이 위대한 성적을 거둔 것은 보고 듣지 못하였구나. 정부의 존재를 필요로 하는 이도 모두 열에 일곱은 역사와 적敵의 정부와 대립의 성질만을 말함이 큰 실수이다. 동양의 화근인 일황을 처벌하고 그의 장군과 신하를 법에 따라 죽이는 것이 우리의 신성한 임시정부이다. 한족의 피를 가지고 국권, 국토를 광복하려는 한인은 모두 임정을 진심으로 옹대할 의무가 있다.

우리 정계는 세상에 드문 나쁜 사례가 있다. 자기 필요로 임정 직원이 되었다가도 개인 의사의 불만이 있는 시는 헌신짝 버리듯이 반역을 꾀함이 1, 2인에 그치지 않았다. 지금에 제공諸公이, 구 역시 그런 의리도 신뢰도 없는 자들과 같다고 간주하는가.

구는 비록 직임職任을 가질 수는 없으나 국민 된 책임만은 마음속 깊이 새기고 모험 분투한다. 이봉창·윤봉길 양 의사가 결코 자기 일신만을 위한 충성의 발동이 아니고, 전부터 내려온 순국 의열의 영령이 총동원하여 한편으로 임정 직원에 계시고, 한편으로 이봉창·윤봉길·유상덕·최흥식 제의사諸義士 선봉을 삼아 동쪽과 북쪽을 정벌한 권위를 의지하고, 구는 일심으로 임무를 다하여 위로 선열의 영혼을 위로하고 이어서 임정의 책무를 다하고자 노력 중이다.

구는 결코 민족 통일을 반대하지 않고 진정한 통일을 요망한다. 그러나 과거에 군사 통일, 국민대표회의 등에서보다 질적·양적으로 확실한 신념이 생길 때까지는 임정에서 위임한 특무의 본의를 수행할 것을 미리 말하여 둔다. 전○前○에 의하여 우리의 금후 통일은 해외 몇몇 단체나 몇

몇 인사의 책동으로만 넉넉지 않고 내외지를 통하여 전 민족의 대표적 의사로 되지 못하면 과거 연극이 도로徒勞 될까 염려한다. 사건이 이와 같이 중대한즉, 통일을 위하여 노력하는 이들은 조급함을 꾹 참고 한때 고생으로 영원히 편안함一勞永逸을 목표하고 진지하게 임하기 바라며, 더욱 임정 법인 문제를 쉽게 꺼내는 것은 천만부당하다. 인認하여 제공에게 주제넘게 우러러 고하오며, 아울러 제공의 정안政安을 기원하나이다.

대한민국 17년 5월 19일 김구 삼가 아룀

김구는 임시의정원에 보낸 서한에서 먼저 임시정부와 자신과의 관계를 강조했다. 즉 자신은 그동안 비록 임시정부에서 떨어져 있었지만 여전히 임시정부에서 자신에게 부여한 특무 공작을 진행하고 있었고, 지금은 통일을 논할 때가 아니며 더구나 '임시정부 해체' 주장은 천만부당하다며 신당 조직을 적극 반대했다.

이어 1935년 7월에는 광둥 중산대학교 한인 학생들이 발행하는 기관지『광光』7호에 투고한 글에서 김구는,

임시정부를 구성하는 자연인에 대해서는 얼마든지 허물을 나무랄 수 있지만 법인인 임시정부의 적혈구인 정부 자체에 대해서는 누구도 손을 댈 수 없음을 정중히 언명한다.

라며 임시정부의 존재 의미 자체를 강조하고, 특히 신당 창당 운동에 대해서는,

과거 통일운동의 실패는 같은 자리에서 맹약하고 단체를 조직하면서, 조직한 후에는 표변하여 탈퇴하고 다시 새로운 단체를 조직하였다. 새로운 단체를 조직하면 이를 제지하는 것이 당연한데도 다시 이들과 손을 잡고 일하려 한다. 이것이 즉 과거의 통일운동이다.

라며[14] 과거 실패한 통일운동의 사례를 들어 신당 조직을 강하게 비판했다.

한편 민족혁명당을 창당하면서 임시정부의 국무위원 7명 가운데 김규식·조소앙·최동오·양기탁·유동열 등 5명이 임시정부를 떠나고, 임시정부 사수파인 송병조와 차이석만 남았다. 사실상 임시정부는 해체된 것이나 마찬가지였다.

임시정부 사수파의 입장에선 무정부상태나 마찬가지인 상황에서 임시정부를 재건하는 것이 무엇보다도 시급했다. 한독당 이사장이자 국무위원 주석인 송병조는 한독당 광둥지부장인 김붕준, 지부 간사인 양우조 등과 연락하는 한편, 민족혁명당에 참가했으나 불만을 품고 있던 조소앙 일파의 탈퇴를 조장하고, 이시영·조완구 등을 매개로 이동녕을 통해서 김구와의 제휴에 노력했다.[15]

1935년 9월 5일, 김원봉 등 의열단계의 태도에 불만을 가진 조소앙·박창세·박경순·문일민 등 조소앙 계열이 한독당 재건을 선언하고 민족혁명당을 탈당했다. 이들은 송병조 등 임시정부 사수파와 손을 잡고 임시정부 재건에 나섰다.[16]

송병조 등 임시정부 사수파는 1935년 10월 열릴 예정인 임시의

자싱 시절의 임시정부 국무위원. 앞줄 왼쪽부터 조완구, 이동녕, 이시영. 뒷줄 왼쪽부터 송병조, 김구, 조성환, 차이석.(위)

자싱에서 기록한 대한민국임시의정원 제29회 회의록. 1936. 11. 14.(아래)

정원 정기회에서 민족혁명당에 반대하는 임시정부 사수파, 민족혁명당에서 탈당한 조소앙 등 옛 한독당 계열, 그리고 김구 계열 등을 규합하여 임시정부를 재건할 계획이었다.

먼저 1935년 9월 1일 임시의정원 상임위원회에서는 민족혁명당에 참여하면서 국무위원직을 사면 청원한 유동열·양기탁·조소앙 등 5명을 해임했다. 이어 10월 19일 항저우에서 송병조·차이석·조완구·문일민·조소앙·김붕준·박창세·양명진이 참여한 가운데 의장 송병조의 개회로 제28회 임시의정원 정기회를 개최했다. 이어 속개된 10월 22일 회의에서는 의원의 사면안, 결산 및 예산안을 처리하고, 이어 민족혁명당에 참가한 국무위원 유동열·양기탁·김규식·최동오·조소앙의 사직서를 수리했다.[17]

그런데 결원이 생긴 국무위원 5명의 보궐선거에서 예상치 못한 문제가 일어났다. 조소앙은 '재건' 한독당파인 박창세·문일민을 국무위원으로 선출하려 했다. 그러나 송병조 등 임시정부 사수파와 김구가 이를 적극 반대하여 좌절되었다.[18] 임시정부 재건 과정에서 드러난 김구와 조소앙의 갈등은 9·18사변 이후 임시정부의 항일 노선과 재정 문제로 인해 둘 사이에 있었던 갈등의 연장이었다.[19]

이 때문에 임시의정원 회의는 1935년 10월 23일에서 11월 1일까지 개회를 계속했으나 '재건' 한독당 계열의 의원들이 참여하지 않음으로써 정회가 이어졌다.[20] 결국 임시의정원은 조소앙 계열을 제외한 채 항저우에서 자싱으로 자리를 옮겨 11월 2일 임시정부 사수파와 김구 계열만으로 의회를 속개했다. 김구는 당시 상황을 이렇게

회고했다.[21]

　이 무렵 나는 임시정부가 무정부상태라는 조완구 형의 친서를 받고 심히
　분노하여 급히 항저우로 갔다. 그곳에 주재하던 김철은 이미 병사하였
　고, 5당 통일에 참가하였던 조소앙은 벌써 민족혁명당에서 탈퇴하였다.
　그때 항저우에 주거하던 이시영·조완구·김붕준·양소벽·송병조·차이석 등
　의원들과 임시정부 유지 문제를 협의하였다. 그 결과 의견이 일치되어
　일동이 자싱에 도착하여 이동녕·안공근·안경근·김구 등이 남호南湖에 놀
　잇배 한 척을 띄우고 선중에서 의회를 개최하였다.

　　자싱의 호수 한가운데 배를 띄워 임시의원원 정기회의를 속개한
날은 1935년 11월 2일이었다. 이날 임시의정원에서는 결원된 국무
위원 5명을 대신하여 이동녕·이시영·김구·조완구·조성환을 선출
했다.

　　다음 날 열린 국무회의에서 주석에 이동녕, 내무장에 조완구, 외
무장에 김구, 군무장에 조성환, 법무장에 이시영을 임명하고, 재무
장과 국무원 비서장에는 송병조·차이석을 각각 유임시켰다. 이렇게
임시정부가 재건되자 곧바로 이 사실을 알리는 포고문을 국무위원
전원의 명의로 발표했다.[22]

　　그리고 김구는 1935년 11월 초순 송병조와 협의하여 그달 하순
경 항저우에서 임시정부의 여당이자 자신의 정치적 기반인 한국국
민당을 창당했다. 이어 12월 항저우에 있던 임시정부 판공처와 한국

국민당을 전장으로 옮겼다.[23] 임시정부는 이제 전장에서 두 번째 이동 시기를 맞았다.

이렇게 하여 중국 관내는 민족주의 우파인 임시정부와 좌파인 민족혁명당이 양립하는 가운데, 임시정부는 김구가 주도하는 새로운 시대를 맞이했다.

2. 이운환,
김구를 쏘다

전장에서 창사로

임시정부가 재건됨으로써 이제 중국 관내의 독립운동 정국은 김구가 주도하는 임시정부와 김원봉이 주도하는 민족혁명당이 중국 정부의 지원을 받으면서 독립운동의 주도권을 두고 서로 경쟁하는 양상이 되었다. 민족혁명당은 창당 당시 '임시정부의 해체'를 주장했다. 반면 임시정부는 이를 반대하고 재건한 입장이기 때문에 양측 사이의 갈등은 당분간 피할 수 없는 상황이었다.

국무위원의 재구성 등 내부 정비를 마친 임시정부는 1936년 11월 25일 포고문을 공포하여 다시 한번 '임시정부 해체'를 전제로 한 통일동맹의 신당 조직 과정을 비판하고, 임시정부 깃발 아래 통일하자고 강조했다.[24]

[전략] 강적 일본을 이기고 한국의 독립을 완성하는 데는 우리 전 민족의 총역량이 아니면 우리의 성공을 기필期必하기 어려운지라. 그런고로 본 정부에서 과거 십수 년간 전통적 정책으로써 전 민족의 일치단결을 부르짖고 그의 완성을 희망하였으나, 이 아름다운 이름이 도리어 어떤 부분의 이용 자료가 되어, 겉으로는 통일을 표방하여 가지고 속으로는 자기들의 다른 욕망을 이루기 위하여 갖은 술책을 응용하였기 때문에, 그 결과는 도리어 운동 전선을 분산시키고 국민의 이목을 혼란케 하여 우리 운동의 기세를 감쇄시켰으니, 그 경험한 실례가 한둘이 아니거니와, 최근에도 역시 이 조류가 오히려 흐르고 있음을 알 수 있도다. 그네인들 어찌 짐짓 그러하였으리오. 어떤 정세와 일시적 착각에서 그리된 것이니, 그들도 과거를 청산하고 앞날의 일치가 있기를 바라고 기다리는 바이라. 조국 광복만을 유일한 목표로 하고 임시정부를 중심으로 하여 이루어지는 그 통일이 오직 우리가 기대하는 통일이니, 작금 미주에서 진행되고 있는 통일운동이 이 원칙에 근거한 것이라고 볼 수 있도다. 우리는 민족의 전통적 사상과 우리 운동의 기본적 정신을 기초로 하여 되는 순결 무이한 그런 통일 단결만을 우리는 찬양하고 그를 촉진시키기에 힘쓸 뿐이니, 이 원칙을 기본으로 하여 위선 주의가 같고 목적이 같고 절차가 같은 각 단체는 피차 연결의 형식하에서 굳게 단결하여, 우리의 운동 전선을 통일하고 운동 역량을 충실히 하기를 거듭 외치노라. [후략]

이렇게 임시정부는 과거 통일전선운동이 실패한 이유가 특정 세력의 겉 다르고 속 다른 욕망 때문이었고, 그런 연장선에서 민족혁명당 조직을 신랄하게 비판했다. 그러면서 임시정부를 중심으로 한 통일만이 '순결 무이한' 통일 단결이라며 임시정부 중심의 통일을 강조했다.

그러나 임시정부가 내부를 정비하고 대외적 활동을 본격적으로 전개하려는 시기에 중국 정세는 급박하게 돌아갔다. 1937년 7월 7일 일제가 중일전쟁을 도발한 것이다.

1937년 7월 6일 베이징 루거우차오盧溝橋 동북쪽의 중국군 관할 구역에 일본군이 침입하여 사격 훈련을 했다. 다음 날 밤 야간 훈련 중이던 일본군 1개 중대 부근에서 수십 발의 총성이 들렸다. 이에 일본군 중대장은 병사들을 집결시켜 점호를 했는데, 일본군 사병 1명이 보이지 않았다. 일본군은 즉각 병사 1명의 실종 보고를 상급 부대에 했다. 그리고 일본군은 7월 8일 새벽,

"중국군의 사격을 받았다!"

"중국군이 일본 병사를 납치해 갔다!"

라며 루거우차오를 수비하던 중국 제29군을 공격했다.

7월 7일 훈련 중 사라진 일본 병사는 당시 용변 중이었고, 20분 후에 돌아왔다. 일본군이 중일전쟁의 구실로 삼은 '루거우차오 사건'은 이렇게 조작한 사건이었다.

일제는 '속전속결로 전쟁을 끝낸다'는 전략 아래 일본 본토에서 3개 사단, 만주에서 2개 여단, 조선에서 1개 사단을 각각 화북 지역에 보내 병력을 증강한 뒤, 7월 28일 화북 지방에 대한 전면적인 침략을 개시했다.

중일전쟁의 도화선이 된 루거우차오 사건 다음 날 루거우차오 앞에서 만세를 부르는 일본군. 1937. 7. 8.(위)

루거우차오 사건 이후 베이핑(베이징)에 입성하는 일본군. 1937. 8. 13.(아래) © ASSOCIATED PRESS

일본군은 1937년 7월 30일, 베이징과 톈진을 잇달아 점령하는 등 파죽지세로 밀고 내려왔다. 일본 본토와 한국, 타이완에서 날아온 비행기들이 상하이·항저우·난징 등지를 무차별 폭격하기 시작했다. 중국은 이에 맞서 8월 7일 전면 항전을 결의했다.

일본군의 침략으로 중일전쟁이 일어나자 임시정부에서는 "제2차 세계대전의 폭발이 눈앞에 다가왔으므로 우리들이 기대하는 기회도 눈앞에 다가왔다."고 정세를 판단하고, "우리들의 최후의 목적을 완수하기" 위한 일대 혈전 대책 마련을 서둘렀다.

임시정부는 1937년 7월 15일 국무회의를 열고 군무부 관할 아래 군사위원회를 설치하기로 했고, 16일에는 유동열·이청천·이부원· 현익철·안경근·김학규를 군사위원회 위원 겸 상무위원으로 선임하고, 구체적 군사 계획을 수립하여 제출하도록 했다.[25] 8월 8일 국무회의에서는 군사위원회에서 제출한 군사 계획안을 접수하여 결정했다. 군사 계획안은 '특무 사업에 관한 건'과 '군사 시설에 관한 건' 두 가지였다.

'특무 사업에 관한 건'은 "중일전쟁이 개시된 금일 특무 공작을 적극 진행할 필요가 있으므로 이에 관한 모든 사무를 김구에게 전임하기로" 결정했다. '군사 시설에 관한 건'은 "원수 왜노倭奴를 박멸하고 우리의 최후 목적을 달성하려면 무력에 의존하지 않을 수 없으므로" 군무장으로 하여금 이에 대한 적절한 방침을 연구하여 제출하도록 했다.[26]

이와 함께 한국국민당은 1937년 8월 17일, '재건' 한독당과 조선

혁명당·한인애국단·미주대한인국민회 등 9개 민족주의 우파 단체가 참여하는 한국광복운동단체연합회(이하 '광복진선')을 결성했다. 광복진선은 12월 초 민족혁명당이 조선민족해방동지회동맹·조선혁명자동맹과 연합하여 결성한 조선민족전선연맹과 함께 관내 민족주의 좌우 전선의 유력한 통일 전선체로 활동했다.

한편 중일전쟁의 전세는 하루가 다르게 변했다. 화북 지역을 단숨에 점령한 일본군은 1937년 8월 13일, 중국 최대 항구 도시인 상하이를 공격함으로써, 전쟁은 화북 지역에서 화남 지역으로 확대되었다. 일본군의 총구가 점차 난징을 향해 오는 가운데, 임시정부에서는 10월 11일 국무회의를 열고 최후 혈전을 위한 군대 편성 계획을 확정했다.

이날 국무위원들은 "ㅇㅇ연대의 군대를 편성하여 독립전쟁의 기본 부대를 삼기로 결정하"고, 우선 대부대를 지휘할 많은 간부 인재의 양성을 위한 "속성훈련과를 설치하여 제1기에 초급장교 ㅇㅇ명을 양성하기로 결정하"고, 다음과 같은 정부의 시정방침을 공포했다.[27]

임시정부에 당국當局한 이들이 과거에 있어서도 앞날의 광복 대계를 위하여 고심하고 노력하지 아니함은 아니었으나, 내외 정세의 불리와 우리의 역량이 미치지 못함으로써 볼만한 발전이 없었음에 대하여는 개탄함을 마지아니하던 바이어니와, 이제 중일전쟁은 개시되어 중국 상하의 장렬한 전면적 항전이 전개되고 왜적을 복멸覆滅할 내일이 가까운 이때에,

우리 임시정부에서는 전국 동포의 열렬한 기대와 성원 위에서 대용단을 내려 천재일시千載一時의 이 절호한 시기에 적응할 대계획을 수립하고 착착 진행케 되었으니, 즉 특무와 군사에 전력을 기울이는 것이 이것이다. 특무 사업으로 말하면 언제나 필요한 일일뿐더러 전시를 당한 이때에 더욱 필요한 일이므로 그 공작을 다그치게 진행하는 것도 지극히 타당한 바이어니와, 대부대적 군사 활동을 하기 위하여 기본 군대의 편성을 계획하는 한편, 또 장래에 더욱 많이 수요될 것을 위하여 초급장교를 짧은 기간에 일변으로 양성하기로 함은 더욱 적당한 조치라고 아니 할 수 없는 일이다.

이처럼 임시정부에서는 중일전쟁에 부응하여 특무 활동과 함께 대대적인 군사 계획을 준비하고자 했으나, 일본군은 전혀 여유를 주지 않았다.

일본군은 상하이에서 중국군의 강력한 저항에 부딪혀 약 3개월을 지체했지만, 1937년 11월 초순 결국 상하이를 점령했다. 이어 일본군은 난징을 향해 공격하기 시작했다. 일본군 비행기는 밤낮없이 난징을 폭격했다. 김구 역시 난징에서 잠을 자다 일본군의 공습을 받기도 했다.

상하이전쟁은 점점 중국 측이 불리하게 되어 왜 비행기의 난징 폭격이 날로 심해졌다. 회청교 집에서 나는 초저녁에 적기로 인해서 곤란을 받다가, 경보 해제 후 잠이 깊이 들었는데, 갑자기 잠결에 공중에서 기관포

소리가 들렸다. 놀라 자리에서 벌떡 일어나 방문 밖에 나서자, 벽력이 진동하며 내가 누웠던 천장이 무너져 내렸다. 뒷방에서 자는 주아이바오를 불러내니 죽지는 않았다. 뒷방에 같이 사는 이들이 흙먼지를 헤치고 나오는데, 뒷벽은 무너지고 그 밖에는 시체가 헤아릴 수 없었다.[28]

일본군이 빠른 속도로 난징을 향해 공격해 오자 중국국민당 정부는 충칭을 전시 수도로 정하고, 각 기관을 분주히 옮기기 시작했다. 임시정부 역시 안전한 곳으로 옮겨야 했다. 김구는 임시정부를 후난성湖南省 창사로 옮기기로 결정하고, 광복진선의 3당인 '재건' 한독당과 조선혁명당, 한국국민당 당원과 그 식구 100여 명은 물론 상하이와 항저우에 있는 동지들에게도 난징으로 모이라는 소집령을 내렸다.

특히 김구는 안공근을 상하이로 파견하여 안공근의 식구와 큰형수(안중근 의사의 부인)를 기어이 모셔 오라고 거듭 부탁했다. 그런데 안공근은 자기 식구들만 데리고 왔을 뿐 큰형수를 데려오지 못했다. 김구는 그런 안공근을 크게 꾸짖었다.[29] 김구는 안후이安徽 둔계중학屯溪中學에 다니던 작은 아들 신信을 불러오고 어머님을 모셔 와 안공근 식구와 같이 영국 윤선輪船으로 한커우漢口를 향해 먼저 떠났다.[30]

김구는 난징을 떠날 때 그동안 자신을 돌봐 주었던 주아이바오에 대한 후회와 아쉬움을 훗날 이렇게 회고했다.[31]

난징에서 출발할 때 주아이바오는 본향인 자싱으로 돌려보냈다. 그 후 종종 후회되는 것은 송별할 때 여비 100원 밖에 주지 못하였던 것이다. 근 5년 동안 한 갓 광둥인으로만 알고 나를 위하였고, 모르는 사이 부부같이 되었다. 나에 대한 공로가 없지 않은데, 내가 뒷날을 기약할 수 있을 줄 알고 돈도 넉넉히 돕지 못한 것이 유감천만이다.

주아이바오朱愛寶.

김구의 소집령에 따라 난징에 모인 동포 100여 명은 중국 목선 한 척에 모두 타고 1937년 11월 23일 창사를 향해 출발했다.[32]

김구가 한커우에 도착하여 창사로 가니 선발대인 조성환·조완구 등이 전장에서 임시정부 문서와 장부를 가지고 난징 일행보다 먼저 도착해 있었다.[33] 난징 일행은 12월 11일 창사에 도착했다.[34]

창사에 도착해 보니 이전부터 김구와 친한 장쯔중張治中이 후난성 주석에 부임하여 안전에도 만사 순탄했고, 중국 정부로부터의 재정 지원과 주미 동포들의 원조도 있어 창사에서의 생활은 '고등 난민' 이라고 할 정도로 순조로웠다. 하지만 김구에게는 알 수 없는 어둠의 그림자가 다가오고 있었다.

김구, 이운환의 흉탄에 쓰러지다

창사에서의 생활이 안정을 찾자, 김구의 한국국민당, 이청천의 조선혁명당, 조소앙의 '재건' 한독당 사이에 그동안 논의해 오던 3당 통일 문제가 다시 진행되었다. 3당은 1938년 5월 7일[35] 조선혁명당 당사인 남목청楠木廳에 모여 3당 통일 문제를 협의하기로 했다.

이날 김구는 약속 시간에 맞추어 조선혁명당 당사인 남목청에 갔다. 동지들과 기쁜 마음으로 인사를 나누고 자리에 앉아 연회가 열릴 때, 낯익은 한 청년이 갑자기 들이닥쳐 권총을 난사했다.

첫발에 김구가 맞고 중상, 제2발에 현익철이 중상, 제3발에 유동열이 중상, 제4발에 이청천이 경상을 입었다.

현익철은 창사의 상아의원에 도착하자마자 절명했다. 김구와 유동열은 입원하여 치료를 받은 지 한 달 만에 함께 퇴원했다.

범인은 난징에서부터 '상하이로 특무 공작을 가고 싶다.'고 하여 김구가 금전 보조를 해 준 적이 있는 조선혁명당원 이운환이었다. 중국국민당 정부에서 그를 긴급 체포했고, 혐의범으로 박창세·강창제 등도 구금했다. 그러나 당시 일본군에 쫓기던 중국의 사정 때문에 제대로 조사를 하지 못하고 모두 풀려났다.[36]

사건이 발생한 지 한 달 뒤인 1938년 6월 15일 임시정부 국무위원 6인은 이 사건에 대해 다음과 같은 입장을 발표했다.[37]

이제 한 가지 불행한 일을 보도하게 되니 대단히 유감됩니다. 다름이 아

가슴에 총탄을 맞고 회복 중인 김구. 왼쪽부터 상아의원 원장, 서양인 의사, 김구.(원 안은 총탄을 맞은 자리)(위)

김구가 총상 치료를 받은 상아의원. 현재는 중남대학교 의대 부속의원으로 사용하고 있다.(아래)

니라 최근 이곳에서 한 가지 상스럽지 못한 일이 생겨서 백범 김구 동지가 총상을 당하여 일시는 자못 중태였으나 입원 치료 1개월 만에 천행으로 완치하여 퇴원하였습니다. 이제 그 전말의 대개를 말하면 이러하외다. 백범 동지가 한국국민당에도 이사장의 직이 있는 관계로 이곳에 있는 우리 광복진선의 한 우당인 조선혁명당 간부 동지들과 더불어 감정도 더욱 친밀히 하고, 각 당의 통일 문제도 협의하기 위하여 지난 5월 7일에 조선혁명당 동지들로 하여금 약간의 음식을 준비케 하고 그네들의 처소에서 그의 간부 7~8인으로 더불어 한 식탁에서 회식을 하였는데, 이때에 마침 극악한 반동분자 이운환이란 자가 실내를 향하여 권총을 난사하는 통에 백범 동지는 흉부를 맞아 중상하고, 현익철 동지는 흉부를 맞아 당장에 운명하고, 유동열 동지는 요부를 관통하여 역시 중상하고, 이청천 동지는 손에 찰과상을 당하여 자택에서 치료하고 [중략] 범인 이운환이란 자로 말하면 본래 조선혁명당 당원으로서, 반동사상을 품고 우리 운동계의 중요 인물들을 살해하려는 음모가 있다는 말을 탐문하고 그 당에서 그자를 출당시키고 개신改新하기를 바랐던바, 그자가 더욱 험악한 뜻을 품고 마침내 이 같은 재앙을 일으켰는데, 그놈이 한 짓은 실로 극흉 극악치 않다고 할 수 없습니다.

임시정부에서는 김구 등을 암살하려고 한 남목청 사건은 반동사상을 품어 조선혁명당에서 쫓겨난 조선혁명당원 이운환이란 자가 저지른 '극흉 극악'한 짓이라고 했다.

반면 일제는 독립운동 단체의 대동단결은 한국인 고유의 파벌투

310

쟁 때문에 실현이 매우 곤란했다고 하면서 이 사건을 다음과 같이 파악했다.[38]

한국광복운동단체연합회[광복진선]에서도 작년[1937] 8월 결성 당초에는 반김원봉을 목표로 하여 표면적으로는 통일 태세를 갖추었으나, 그 후 반년도 되지 않아 김구파 한국국민당 일파와 이청천파 조선혁명당 내 일부 분자 사이에 내홍을 낳기에 이르렀다. 간부 지위의 쟁탈 내지 자금 분배에 기인한 분쟁은 마침내 김구 암살 테러 사건[미수]으로 폭로되었다. 즉 조선민족혁명당에서 탈출한 조선혁명당 이청천·강창제·박창세 등 10명에 대해 김구는 절대로 차별 대우를 하지 않는다는 조건으로 표면 합류의 명분 아래 이들을 자신의 지배 아래 두려고 하였다. 그 후 조선혁명당 일파를 물질적·정신적으로 상당히 차별 대우를 하고, 창사에 있을 당시부터 중국국민당 정부에서 원조 받은 자금의 분배는 김구파의 당원 및 가족에게는 대인 1인 매월 10원, 소인 5원을 지급하고, 이청천파의 당원 및 가족에게는 대인 1인 월 7원, 소인 반액을 지급하는 등 차별하였다. 또한 올 4월경부터 '김구는 반대분자 이운환을 암살할 계획 중이다'는 소문이 있자 이청천 일당의 일부에서는 극도로 분개하여 조선혁명당 간부 중 강창제·박창세·이운환 등은 공공연히 김구를 공격하고 쌍방 대립 항쟁하게 됨으로써 동당 간부 이청천·현익철·유동열 등은 김구에게 영합하여 강창제 등 3명을 제명 처분하였다.

이 때문에 제명된 3명은 은밀히 복수의 계획을 품고 있던 중, 올해 5월 조선혁명당 이청천·현익철 등은 김구에게서 다액의 활동 자금의 원조를 받고, 그 사례로 김구 초대의 연회를 열고 김구 등 간부가 모이자 이운환은 박창세에게 빌린 권총을 휴대하고 그곳에 잠입하여 김구와 현익철을 저격하였다.

일제는 '조선혁명당 일파를 물질적·정신적으로 상당히 차별 대우'한 김구에게 불만을 품은 박창세·강창제·이운환 등이 조선혁명당에서 제명되자, '공공연히 김구를 공격하던' 이운환이 박창세에게서 권총을 빌려 김구 등을 암살하려고 했다고 암살 배경을 분석했다.

과연 이 사건은 임시정부 국무위원들이 주장한 것처럼 '반동사상을 품은 이운환 개인의 일탈'이었을까? 아니면 일제가 파악한 것처럼 '내부 분열과 간부 지위 쟁탈 또는 자금 분배에 기인'한 것이었을까? 사건의 배후와 동기는 정확히 밝혀지지 않았다.

다만 이 사건의 배후와 동기를 짐작할 수 있는 두 가지 '설'이 있다. 하나는 암살 대상자였던 김구의 주장이다. 김구는 『백범일지』에서 이 사건에 대한 자신의 생각을 다음과 같이 회고했다.[39]

수십 일 전에 강창제가 나에게 청하였다.

"상하이에서 박창세가 창사로 올 마음이 있으나 여비가 없어 오지를 못한다니 여비를 보조해 주시오."

나는 상하이 기관에 위탁하여 처리하겠다고 하였다. 그 이유는 박창세의 맏아들 박제도가 일본 영사관의 정탐이 된 것을 내가 자세히 알고 있었고, 박창세가 그 아들 집에 살고 있는 데에 특별히 주목하였기 때문이다. 여비가 없어 오지 못한다던 박창세가 창사에 와서, 나도 한번 만나 보았다.

이운환은 필시 강·박 양인의 악선전에 이용된 나머지 정치적 감정에 충동되어 남목청 사건의 주범이 된 것이었다. 경비사령부 조사로 알 수 있듯이, 박창세가 창사에 도착한 직후 상하이에서 박창세에게 200원이 비밀리에 지원되었으나…. [후략]

김구는 박창세의 맏아들 박제도가 일본 총영사관의 밀정이고, 창사에 올 여비가 없다던 그가 창사에 도착한 직후 상하이에서 200원이 비밀리에 지원되었다는 두 가지 사실을 근거로, 이운환의 배후 인물로 박창세·강창제를 주목했다. 특히 둘 가운데 아들이 일제의 밀정인 박창세를 배후자로 의심했다. 김구도 확신은 못 했지만 배후에 일제가 있다는 사실을 어렴풋이 짐작했다.

다른 하나는 일제 경찰이 입수한 정보에 따르면, 조선민족전선연맹 간부는 이 사건에 대해 다음과 같이 말했다고 한다.[40]

박창세·강창제의 사주에 의해서 이운환이 김구 등을 저격하였던 것은 표면 거두의 지위 쟁탈에 기인한 듯이 보이지만, 상하이사변 중 박창세가 여러 번 하비로를 태연하게 산보하고 또 자택에서도 잠복하고 있던 점에서 전부터 일본 관헌과의 사이에 거두 김구를 죽인다는 묵계가 있었고, 이 기회에 부하 이운환으로 하여금 결행시킨 것으로 추단된다.

조선민족전선연맹 간부는 남목청 사건은 일본 관헌과 김구 암살을 묵계한 박창세가 이운환을 시켜 결행한 것이라고 했다.

일제는 이 정보를 '편견적 비평'이라고 비판하고 이 사건의 배후에 '일본 관헌'이 있다는 주장을 부정했다. 일제의 이런 주장은 당연히 자신들이 이 사건을 주도한 것을 은폐하고, 이 사건을 독립운동가 사이의 내부 분쟁의 결과로 몰아 독립운동 진영을 분열시키려는 의도였다.

이 사건을 수사했던 중국 당국도 "김구 일파에서 최근 발생한 내홍으로 박창세와 이운환이 간부 회의 때 돌발하여" 일으킨 사건으로 파악하여[41] 일본 경찰의 견해와 크게 다르지 않았다.

남목청 사건의 배후와 동기에 관한 두 가지 '설'에서 다음과 같은 공통점을 확인할 수 있다.

하나는 김구나 조선민족전선연맹 간부 모두 범인 이운환을 움직인 자로 박창세를 지목하고 있다는 점이다. 다른 하나는 이 사건이 일본 관헌과 연계되었을 가능성을 의심한 점이다. 그 이유는 1932년 4월 29일 윤봉길 의거 이후 상하이의 독립운동 인사들이 일본 경찰의 검거를 피해 상하이를 떠나거나 지하에 숨은 것과 달리 박창세는 상하이 거리를 산보하고 자택에 있었는데도 검거되지 않았다는 것이다.

한편 남목청 사건이 일어난 뒤 창사 경비사령부에서는 긴급 명령을 내려 이미 수십 리 떨어진 시골 기차역까지 달아난 범인 이운환과 함께 그 배후로 지목된 박창세·강창제를 모두 체포했다.[42] 그러나 일제의 계속된 공격으로 창사마저 위급한 상황에 처하면서 중국 법정에서는 제대로 처벌하지 못하고, 박창세·강창제는 석방되었다. 범인 이운환마저 혼란 중에 탈옥함으로써 이 사건은 정확한 진상이 밝혀지지 않은 채 의문만 남긴 역사적 사건이 되었다.

얼마 전까지도 학계에서는 "이 사건은 조선혁명당의 이청천이 반 김구파인 강창제 등 3명을 제명시키자 이에 불만을 품은 이운환이 일으킨 사건"으로 파악해 왔다.[43]

그런데 김구나 조선민족전선연맹 간부가 품었던 의문은, 조선총독부 상하이 파견원 히토스키가 1935년 8월 29일 조선총독부 경무국장에게 보고한 '상하이 일본 총영사관 경찰부의 특종 공작'에서 쉽게 풀렸다.[44]

당지 총영사관 경찰부에서는 종래 '헤로인' 밀매 관계로 출입하고 있는 박제도를 통해 아버지 박창세를 회유하고, 동인同人의 손에 의해 김구를 처치하려고 획책 중이다. 그리고 박창세는 소화 8년[1933] 이래 김구 일 당에 가맹하였다. 그 후 김구의 특무대장이 되어 활약하고 있음으로써 김구에게 쉽게 다가갈 수 있다. 또 실행을 위한 이런 공작에는 진실로 적 당한 인물이다. 소관[히토스키]도 크게 찬성하고 금후의 협력을 맹서해 두 었다. 이미 동인의 차남 박제건이 여운형의 주선에 의해 권투선수가 되 어 형 박제도와 함께 조선에 들어가기를 희망하고 있으므로, 총영사관과 협력하여 동인 등의 조선 귀국에 편익을 주고 박창세 회유의 방법으로 삼으려고 협의 중이다. 그런데 오랫동안 불령운동에 매진해 왔던 박창세가 곧바로 전향하여 눈앞의 이익보다는 의리를 먼저 생각하는 김구를 암살하려는 이런 공작을 담당하려고 할지는 의문이다.

히토스키가 상하이 일본 총영사관 경찰부에서도 비밀리에 김구 암살 공작을 진행하고 있다는 사실을 안 때는 그 역시 밀정 위혜림과 함께 은밀히 김구 암살 공작을 한참 진행하고 있을 무렵이었다. 일본 총영사관 경찰부의 김구 암살 공작은 아편 밀매 관계로 일본 총영사관을 출입하던 아들 박제도를 통해 박창세를 회유, 매수하여 김구를 암살한다는 계획이었다.

히토스키는 이 사실을 알고 일본 총영사관 경찰부가 추진하는 공작에 적극 협력하기로 하는 한편, 박창세의 회유도 당시 상하이에서 권투선수로 활동하던 작은아들 박제건에게 귀국 편의를 제공하는 것을 조건으로 하자고 제의했다.

그러나 히토스키는 김구 암살 공작이 있기 전인 1937년 7월 3일 조선총독부 보통시험위원으로 발령이 나[45] 한국으로 돌아갔다. 때문에 이후 공작인 남목청 사건은 일본 총영사관 경찰부에서 단독으로 진행했거나, 아니면 히토스키의 후임자와 함께 진행했을 것으로 추측된다.

3. 밀정이 된
독립운동가

혁명난류革命亂類, 박창세

박창세는 1884년 평안북도 영변군 고성면 신풍리에서 태어났다. 집에서 사숙을 했고 1901년 이후 영변·운산·수안 등지를 다녔으며, 1901~1904년에는 운산 청화제진소에서 조수로 일하기도 했다. 그러다 그는 1920년 상하이로 건너와 상하이전차회사에 취직했다.[46] 자료상 그가 상하이에서 독립운동 전선에 등장한 것은 1924년 교민단의 의사원에 선출되면서다.[47]

그는 이후 임시정부 경무국원으로 활동하던 중 한인 사회에 강·절도 사건이 자주 일어나자 1925년 6월 13일 경무국 참사 강창제 등과 함께 임시정부의 양해를 얻어, "동포의 생명·재산을 침해하고 사회질서를 문란시키는 불량분자를 근본적으로 소제"할 목적으로 정위단을 조직하고 단장이 되었다.[48] 그해 12월 그는 일본인도 참가한 상하이의 반제국주의 단체인 범아시아협회가 주관한 집회에 여운형이 참여했다는 이유로 박희곤 등이 여운형을 구타한 사건을 조사하다가 손에 총상을 입기도 했다.[49]

1926년 1월 1일에는 "적의 모든 시설을 파괴하고 임시정부의 신성을 보장함을 목적"으로 정위단을 중심으로 하여 박창세를 대장으로 하는 비밀결사인 병인의용대를 조직했다.[50] 병인의용대는 그해 4월 15일 및 9월 25일 두 번에 걸쳐 상하이 일본 총영사관에 폭탄을 투척했고, 또 6월 26일 순종의 장례에 즈음하여 소요를 일으킬 목적으로 폭탄을 휴대한 대원을 국내에 보내는 등 의열 활동을 감행했다.[51]

특히 병인의용대는 1927년 4월 장제스가 상하이에서 반공 쿠데타를 일으킨 이후 반공 분위기가 강화되자, 1928년 8월 "가노인假露人[가짜 소련인]을 숙청·박멸하자"는 선언을 발표하는 등 상하이 한인 공산주의자들을 공격하며 대립했다.

1929년 10월 관내 민족유일당 운동이 사실상 무산되자, 이듬해 1월 25일 상하이 민족진영의 통일체이자 임시정부의 여당인 한독당 창당에 참여했다. 1931년 7월 '만보산사건', 9월의 '9·18사변'이 일어났을 때 박창세는 병인의용대 대표로서 상하이한인각단체연합회(이하 '연합회')에 참여하여 적극 활동했다.

9·18사변 이후 연합회에서는 한중 동맹군 조직을 전제로 한국의용군을 조직하기로 하고 이를 임시정부에 위임하자[52] 그는 군무장

김철 등과 협의하여 1931년 10월 10일 병인의용대를 중심으로 한국의용군총사령부를 설치했다.[53] 11월 1일에는 중국의 상하이항일구국회가 자신들의 의용군 선언 및 열병식에 한국의용군총사령부를 초청하자 박창세가 병인의용대원 10여 명을 이끌고 참여했다.[54]

박창세는 외무장 조소앙, 군무장 김철과 함께 당시 고조된 중국의 항일 분위기에 편승하여 한중 연대와 한중 동맹군 조직에 적극적이었다. 이봉창 의거 직전인 1931년 12월, 박창세는 조소앙·김철 등과 함께 한국의용군을 조직하기로 협의하고 임시정부에 승인을 구했으나 김구가 강경하게 반대하여 뜻을 이루지 못했다. 이때 대한교민단의 의경대장이기도 한, 김구의 부하인 의경대원 유상근·이덕주·노종균이 박창세의 한국의용군 조직에 동의하여 의경대원직을 사직함으로써[55] 박창세와 김구 사이에 감정적 앙금이 생겼다.

그런데 박창세는 윤봉길 의거 후 항저우로 옮긴 임시정부 판공처를 찾아가, 직전까지 한국의용군 조직을 함께했던 김철과 조소앙을 구타한, 이른바 '항저우사건'을 주도하기도 했다. 이때는 윤봉길 의거를 김구의 한인애국단이 주도했다는 사실이 알려지면서 중국 당국은 물론 중국인들로부터 경제적 지원과 지지가 김구에게 집중되던 때였다. 이처럼 박창세는 항일 노선에 대한 원칙을 가졌다기보다는 대세에 따르며 좌충우돌했다.

한편 윤봉길 의거 직후 일제의 검거 소나기를 일시 피했던 인사들이 상하이로 돌아오면서 상하이 한인 사회도 재정비되어 갔다. 교민단 정무위원장 이유필은 1932년 8월, 김구가 은신하면서 공석이 된 의경대장에 박창세를 임명했다.[56] 박창세는 김구가 재무장 겸 교민단장 시절인 1930년 5월 의경대가 다시 조직되었을 때 의경대장에 임명되었다가 공산주의자 신성균申聖均과의 불미한 싸움 때문에 그해 9월 해임된 적이 있었다.[57]

한독당의 이사이기도 한 박창세는 1933년 8월 17일, 의경대원 이수봉과 이운환을 시켜 김구 체포를 목적으로 나남헌병대에서 파견한 밀정 석현구를 암살했고, 8월 31일에는 김익성을 시켜 상하이조선인친우회장 유인발을 저격했으나 미수에 그쳤다.[58]

그는 이런 일련의 의열 투쟁 때문에 일본 경찰의 검거를 피해 이운환과 함께 동지 강창제가 있던 전장으로 피신했다.[59] 1933년 10월 임시의정원 평안도 의원에 선출된 박창세는 이듬해 1월 2일 전장에서 열린 제26회 임시의정원 회의에서 상무위원에 당선되었다.[60] 그는 1939년 10월 8일 열린 제31회 정기회의에서 "반동적 혐의가 있을 뿐 아니라 그의 행방도 모호"하다는 이유로 해임되었는데, 그 전까지는 의원직을 유지했다.[61]

한편 윤봉길 의거 이후 침체에 빠져 있던 한독당은 중국인들에게 한독당의 존재를 알리고 반일 분위기를 환기시키려고 윤봉길 의거와 같은 거사를 기획하여 실행했다.

당시 한독당 특무대장이기도[62] 한 박창세는 1934년 3월 3일 오전 10시 상하이 일본 신사에서 상하이 주둔 일본육전대 제3함대 및 지방 유지의 합동 초혼제가 열린다는 소식을 듣고, 이곳을 의거 대상으로 택했다. 이날 초혼제가 끝난 11시 15분경 식장 바깥쪽 도로에

강병학 의거 사건과 관련하여 그의 신원과 고향집이 소개된 『조선일보』 1934년 3월 9일 자 기사(오른쪽)와 강병학의 사진(왼쪽).

서 폭탄이 날아들었다. 불행하게도 폭탄이 터지지 않아 거사는 실패했다.

폭탄을 던진 이는 일본인 모리무라森村가 경영하는 자동차정비공장에서 견습생으로 있었던 열아홉 살의 평양 출신 강병학康秉鶴이었다.[63] 한독당 특무대원인 강병학은 특무대장 박창세의 지시로 이날 폭탄을 던졌던 것이다.

한독당은 1934년 3월 10일 「강 의사 홍커우 투탄에 대한 선언」이라는 한문 선언서를 중국 측에 배포하여, 상하이 일본 신사 폭탄 투척 사건이 윤봉길 의거에 다음가는 의거라고 찬양하며 당의 사업으

로 적극적으로 선전했다.[64]

> 2천 3백만이 궐기하여 독립하는 날은 눈앞에 임박하였으며, 강 의사의
> 뒤를 따르는 자가 줄을 이었다. 어찌 강병학 하나로 그치겠는가? 이것은
> 단지 전초의 발동에 불과하며, 세차게 솟구치는 혁명의 성난 파도가 하
> 늘까지 닿을 기세로 일어나서, 땅을 박차고 달려와 저 길고 큰 뱀을 벚꽃
> 이 어지러이 흩날리는 속에서 도륙하니, 이것이 우리 당이 노력하는 바
> 이다.

한독당은 이 의거를 통해 윤봉길 의거 뒤 김구에게 집중되었던
중국의 재정 지원과 지지에 대한 반전의 기회를 노렸지만 별다른 성
과가 없었다. 1932년 5월 상하이사변에 대한 협정이 체결되었고, 장
제스의 '장기 항전' 방침에 따라 상하이의 반일 분위기도 예전 같지
않았다.

1934년 3월 하순, 강병학 의거 뒤 일본 경찰들이 전장까지 쫓아
오자 박창세는 위험을 감지하고 이운환과 같이 한독당 본부와 임시
정부 판공처가 있는 항저우로 이동했다.[65] 그런 속에서도 4월 27일
교민단 이사회에서는 그를 정무위원 겸 의경대장에 유임시켰다.[66]

항저우에 온 한독당 이사 박창세는 통일동맹이 주관하는 신당 운
동에 적극 참여하여 1935년 7월 민족혁명당 중앙집행위원회 후보
위원에 선출되었다.[67] 그러나 그는 조소앙 등과 함께 김원봉의 독단
적 당 운영에 반발하여, 9월 5일 한독당 재건을 선언하며 민족혁명

당을 탈당했다.[68] 탈당한 이는 조소앙·박창세·김사집·박경순·문일민·이창기 등이었다.

민족혁명당을 탈당한 조소앙 등은 임시정부 사수파와 함께 임시정부 재건에 적극 나섰다. 임시정부 재건을 위해 임시정부 사수파, 김구파, '재건' 한독당이 참여하여 1935년 10월 열린 임시의정원 정기회의에서, '재건' 한독당은 새로 선출할 임시정부 국무위원에 박창세·문일민을 추천했으나 김구의 반대로 무산되었다.

이 일로 사실상 '재건' 한독당은 임시정부 재건 과정에서 배제되었다. 이후 조소앙은 당세를 확장하려고 1935년 겨울, 이전 한독당의 지부가 있던 광둥에 박창세를 파견하여 지부 부활을 당부했다. 그러나 광둥에 간 박창세는 지부 부활에 실패하고 빈손으로 돌아왔다. 그러자 이듬해인 1936년 1~2월경 조소앙이 직접 광둥에 가서 광둥지부를 결성하고 항저우로 돌아왔다. 이때 조소앙과 박창세 사이에 당 운영비 문제로 분쟁이 생겼다.

당시 조소앙은 장쑤성 주석 천궈푸로부터 매달 160원을 지원받아 당을 운영하고 있었는데 박창세는 이를 문제 삼았다. 그는 대뜸 조소앙에게,

"160원 외에 500원이 더 있는데 왜 그 돈을 당에 내지 않소?"

라고 따져 물었다. 그러자 조소앙은,

"160원이 전부요."

라며 퉁명스럽게 응했다.

당 운영비 문제로 조소앙에게 불만을 가진 박창세는 1936년 5~6

월경 당의 회계를 맡고 있던 문일민과 함께 천궈푸가 보내온 2개월 분 당 운영비 320원 가운데 200원을 강탈하고 '재건' 한독당을 탈당해 버렸다.[69]

이후 박창세가 어디로 갔는지, 또 무엇을 했는지는 현재로서는 자료상 확인할 길이 없다. 그러던 박창세는, 민족혁명당의 당 운영 및 노선 문제로 김원봉과 갈등하다가 탈당한 이청천과 함께 1937년 4월 난징에서 조선혁명당을 창당하고 중앙위원에 선출되었다.[70]

그런데 김구에 따르면 남목청사건이 있기 수십 일 전에 강창제가 찾아와,

"상하이에서 박창세가 창사로 올 마음이 있으나 여비가 없어 오지를 못한다니 여비를 보조해 주시오."

라고 청했다고 했다.[71]

이것으로 미루어 보면, 박창세는 '재건' 한독당을 탈당하여 항저우를 홀연히 떠난 뒤 주로 상하이에 머물고 있었고, 1937년 4월 이청천의 조선혁명당에 참여했다가 조선혁명당이 난징에서 창사로 이동하면서 그 역시 이곳으로 왔던 것으로 보인다.

박창세는 1920년대 초 상하이에 온 이래 교민단·병인의용대와 같은 임시정부의 외곽 단체에서 주로 활동했다. 그 활동은 밀정 처단, 일제 기관 파괴 및 암살 같은 의열 투쟁이었다. 특히 윤봉길 의거 이후 교민단 의경대장 겸 한독당 특무대장을 겸임하면서 김구와 같은 특무 활동을 주도했지만, 그 성과를 인정받지 못하고 번번이 김구와 조소앙에게 밀렸다. 그가 1932년의 '항저우사건'이나 1936

년의 '재건' 한독당 탈당 과정에서 보인 행동은, 독립운동의 정치적 관계에 불만과 불평을 가지고 운동의 본령에서 벗어난 행동을 하는 '혁명난류革命亂類'와 같은 일종의 '일탈'이었다.

황색 화살, 박제건

그럼 박창세는 언제 밀정이 되었을까? 일제의 제3차 김구 암살 공작에서 박창세 회유 계획이 권투선수인 그의 둘째 아들 박제건의 귀국을 조건으로 한 것이기 때문에, 그의 밀정 여부는 둘째 아들 박제건의 행적에서 확인할 수 있다. 즉 박제건이 한국으로 귀국했다면 상하이 일본 총영사관 경찰의 박창세 회유 계획이 성공했음을 뜻한다.

박창세는 온 가족과 함께 상하이에 온 것으로 보인다. 1924년 흥사단에 가입하면서 제출한 이력서를 보면, 그에게는 장남 박제도와 차남 박제건, 삼남 박제헌, 그리고 장녀 박제○, 차녀 박제해 등 3남 2녀와 아내 등 가족이 있었다.[72] 또한 1932년 1월 4일 한독당의 기관지로 창간한[73]『상해한문上海韓聞』제16호에 의하면, "박창세 씨의 2녀와 손녀는 부스럼병으로 고생 중"이라는 동정 기사가 실렸다.[74] 이때가 1932년 10월이니, 이 무렵 박창세는 최소 3남 2녀의 자녀와 손녀, 그리고 아내까지 일곱 명의 식구를 거느린 가장이었다.

일본 총영사관 경찰이 히토스키의 제안에 따라 박창세를 회유하기 위한 미끼로 이용하려는 박제건은 그의 둘째 아들이다.

박제건은 아버지를 따라 상하이로 왔다가 여운형의 주선으로 권투를 배워 선수가 되었다. 그는 18세 때인 1935년 무렵 이미 20여회 싸워 한 번도 진적이 없는 상승常勝 선수였고, 별명이 '황색 화살 Yellow Arrow'로 불릴 정도로 유명 권투선수로 성장했다.[75]

그는 주로 상하이에 정박하는 미국이나 영국 등의 군인 권투선수들과 시합을 해서 항상 이겼다. 그는 1933년 10월 미국 해군과, 12월에는 영국 해군 플라이급 선수와 싸워 이겼고,[76] 1935년 전 중국 밴텀급 선수권자가 되었다. 당시 그는 한국의 세계적 권투선수인 서정권 선수와 서울에서 경기를 갖기를 간절히 희망했지만 뜻을 이룰 수 없었다.[77]

그런데 박제건이 그렇게 희망하던 국내 방문이 이루어졌다. 그는 형 박제도와 함께 1936년 4월 3일 상하이를 출발하여 도쿄를 거쳐 12일 아침 서울에 도착했다.[78] 과거에 급제하여 금의환향한 선비처럼 대대적인 환영을 받았다. '늘 이기는 권투왕' 박제건은, 5월 2일 경성운동장에서 한국이 낳은 세계적 권투선수인 서정권을 비롯한 양도윤梁道允·심상욱沈相昱 등 3명과 외국인 선수가 참여하는 국제직업권투전에 참가했다.[79]

두 아들이 한국에 간 이 시기는 공교롭게도 아버지 박창세가 조소앙과 당 운영비 문제로 다투고 '재건' 한독당을 탈당한 시기와 묘하게 겹친다.

과연 우연일까? 이 사실을 일본 총영사관 경찰과 히토스키가 협

1936년 5월 2일 서울운동장에서 열리는 국제직업권투전에 박제건의 참여를 알리는 기사. 『조선중앙일보』, 1936. 4. 23.

력하기로 한 김구 암살 공작에 비추어 보면, 다음 두 가지 사실을 짐작할 수 있다. 박제건이 서울에 갈 수 있었던 것은, 첫째 상하이 일본 총영사관 경찰부와 히토스키가 협력하여 박제건의 귀국을 가능하게 했다는 것이다. 둘째는 이를 통해 박창세를 회유하려던 목적을 이루었음을 뜻한다. 박창세가 일본 경찰의 회유에 의해 변절하여 김구 암살 공작에 참여한 때가 이 시기였을 가능성이 높다.

한편 김구 등을 실제 암살하려고 한 이운환은 박창세가 병인의용대장을 지낼 때 대원으로 활동한 부하였다. 박창세가 교민단 의경대장이었던 1933년 3월, 박창세의 지시에 따라 이운환은 이수봉과 함께 밀정 석현구를 암살하고 전장으로 같이 피신했다가, 1934년 3월 하순 박창세를 따라 항저우로 갔다. 그리고 일제의 정보에 따르면

이운환은 1936년 7월 현재 광둥군관학교에 재학 중이라고 했다.[80]

그러던 이운환이 1937년 1월에는 창사에서 김구파에 불만을 품은 박창세·강창제 일파에 속하는 청년 이창기·신기언 등과 함께 반김구파 청년을 결집하여 한국청년혁명단을 결성했다.[81]

이운환은 광둥에서 창사로 와서 활동하던 중 박창세와 강창제가 1937년 4월 이청천과 함께 조선혁명당을 결성하자 그 역시 조선혁명당에 참여했다. 그런데 그해 7월 조선혁명당이 김구가 주도하는 광복진선에 참가하고 이어 3당 통일로까지 논의가 발전하자, 조선혁명당 내 반김구파의 불만이 높아진 것으로 보인다.

임시정부에서는 남목청에서 김구를 암살하려 한 이운환이 조선혁명당에서 출당당한 배경에 대해 "조선혁명당 당원으로서 반동사상을 품고 우리 운동계의 중요 인물을 살해하려는 음모가 있다는 말을 탐문하고 그 자를 출당"시켰다고 했다. 이운환이 품었다는 '반동사상'이란 곧 '3당 통일'에 대한 불만과 '반김구'의 감정일 것이다.

밀정이 된 박창세는 오랫동안 뜻과 행동을 같이해 온 이운환을 김구 암살에 이용했던 것이다.

결국 남목청사건 즉 제3차 김구 암살 공작은 상하이 일본 총영사관 경찰부가 조선총독부 상하이 파견원의 협력을 얻어 박창세를 회유하여 김구를 암살하려고 한 사건이었다. 이 사건 후 상하이로 피신한 박창세가 '재지나파견총사령부在支那派遣總司令部'에서 근무했다는 사실이[82] 이를 더욱 뒷받침한다.

"내 심장에 박힌 왜적의 탄환"

———

이운환이 한바탕 총질해 댄 조선혁명당 남목청 당사는 김구·현익철 등이 흘린 피로 아수라장이 되었다.

급히 김구·현익철·유동열·이청천을 자동차에 태워 상아의원으로 달려갔다. 현익철은 병원에 도착하자마자 절명했다. 의사는 김구를 진단하고 가망이 없다고 하여, 입원 수속도 하지 않고 문간에서 명이 다하길 기다릴 뿐이었다.

그러다 두세 시간이 흘러도 숨이 붙어 있는 것을 본 의사는 네 시간 동안만 생명이 연장되면 방법이 있을 듯하다고 하다가, 급기야 우등 병실에 입원을 시켜 치료에 착수했다. 이사이 동지들은 "가망 없다."는 의사의 진단을 듣고 곧바로 안공근과 함께 홍콩에 가 있던 아들 인에게 '피살당했다'는 전보를 보냈을 정도로 위급한 상황이었다.

의사의 극진한 치료 덕분에 김구는 입원한 지 한 달 뒤에 퇴원했다. 이후 김구는 엄항섭의 집에서 요양을 했는데, 어느 날 갑자기 심기가 불편하고 구역질이 나며 오른쪽 다리가 마비되므로, 다시 상아의원에 가서 진단을 받았다. X선으로 심장 곁에 박혀 있던 탄환을 검사하니, 위치가 변동되어 오른쪽 갈비뼈 옆으로 옮겨져 있었다. 서양인 외과 주임은,

"본시 심장 곁에 있던 탄환이 대혈관을 통과하여 우측 갈비뼈 쪽으로 옮겨 갔습니다. 불편하면 수술도 쉬우나 그대로 두어도 생명

에는 아무 관계가 없습니다. 오른쪽 다리의 마비는 탄환이 대혈관을 압박하는 까닭이나, 점차 소혈관들이 확대됨에 따라 해소될 것입니다."

라고 말했다.[83]

김구는 이후 가슴에 이운환이 쏜 총알을 간직한 채 지냈다. 해방 후 귀국한 김구는,

"내 심장에는 조선 놈이 쏜 왜적의 탄환이 아직도 박혀 있소."

라고 자랑스럽게 말하기도 했다.

김구가 퇴원한 지 얼마 지나지 않은 1938년 6월 15일, 임시정부에서는 국무위원 이동녕 등 6명의 이름으로 남목청 사건의 진상을 알리면서,

> 이 불상사를 적이 알면 안 되겠는 까닭에 이곳 중국 신문에도 일절 기재 금지를 하였으니 그곳에서도 내외국 신문에 발표치 말기를 바랍니다.

라며[84] 이 사건을 비밀로 해 주기를 당부하는 「보고서」를 발표했다.

이어 병원에서 퇴원한 김구도 1938년 6월 20일, 그동안 독립 자금을 보내며 자신을 지원해 온 미주 동포들에게 「여러분 선생께」라는 글을 보내어 남목청사건으로 생사를 넘나들었던 시간에 대한 자신의 소회를 담담하게 밝혔다.

김구는 먼저 아직 건강이 완전히 회복되지 않아 그동안 자필로 썼던 편지를 이번에는 성명만 자필로 쓰게 된 데 대해 널리 용서를

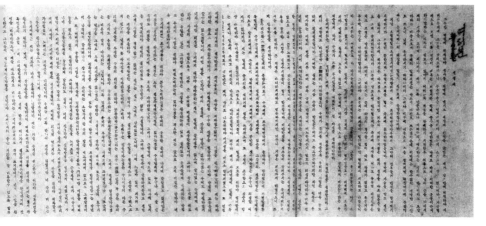

구한 뒤 5월 7일 있었던 남목청사건을 설명하고, 이 사건으로 유명을 달리한 현익철 동지에 대해 "일찍이 만주에서 가장 건전히 분투하던 영수 인물로서 왜적에게 포로가 되어 몇 해 동안 철창의 고초를 겪었고, 수년 전에 다시 중국으로 탈출하여 금일까지 계속 분투하던 우리 중에서 다시 구하기 드문 투사"를 잃게 된 데 안타까움을 표하고, "그를 위로하는 유일한 길은 그와 함께 경영하던 사업을 완성하는 데 있"다고 하며 결의를 다졌다.

나아가 김구는 "옛말에도 큰일을 이루려면 많은 어려움을 극복하고 노력해야 한다多難興邦 하였으니, 우리가 풍파를 겪을수록 우리의 사업은 더욱 공고하게 진전될 것"이라며 이번 사건이 독립운동을 더욱 공고히 할 기회라고 스스로 다짐했다. 그러면서 김구는 미주 동지들에게 조국 광복을 "신속히 완성하는 첩경은 오직 전 민족적 대동단결에 있"음을 강조하며 지지를 호소했다.

그는 과거 민족적 대동단결이 그 방법의 착오와 의사의 불일치로 실패했지만, 여전히 "전 민족이 단결하지 못하고 전 민족적 사업을 경영할 수 없다는 것은 진리"라고 하며, 이에 대한 자신의 생각을 다음과 같이 밝혔다.

이에 느낀 바 있어 과거의 모든 폐단을 거울삼아 비교적 완전한 길을 찾아서 다시 실패 없을 통일을 점진적으로 신중히 구해 보고자 연구해 낸 것이 곧 광복진선이라 하겠습니다. 그러나 본래 무슨 진선이라는 것은 두 개 이상의 다른 주의의 단체들이 특정한 공통의 이익을 위하여 분공합작分工合作하는 기구인즉, 꼭 같은 주의를 가지고 유일한 목적만을 위하여 공동 분투하는 우리 독립운동 단체들이 모여서 진선을 형성한다는 것은 이론에 맞지 아니하는 일입니다.

그리고 자신은 앞으로 이를 위해 "먼저 원동의 삼당 통일을 실현하기에 배전 노력하겠고, 이것을 완성한 뒤에는 첫째 광복진선의 통일, 둘째 해외 한인 전체의 통일, 셋째 한 걸음 더 나아가서 전 민족적 대동단결을 완성하기에 ○명[신명]을 바치려 하오니 제를 애호하시고 이해하시는 동지 여러분께서도 각각 그 지방에서 먼저 통일을 완성하시고 그다음에 전 민족 대동단결을 실현하"여 달라며 민족적 대동단결을 위한 향후 단계적 발전 방안을 제시하며 지지를 호소했다.[85]

이처럼 김구는 미주 동지들에게 보낸 편지에서 생사를 넘나드는 사건을 겪고도 한 치의 물러섬이 없는 태도를 견지하면서, 이번 일이 자신의 덕이 부족한 탓이라며 겸손한 태도 역시 보였다. 또한 김구가 임시정부 중심의 전 민족적 대동단결을 염두에 두고 있었겠지만 "다른 주의의 단체들이 특정한 공통의 이익을 위하여 분공합작"을 언급한 것은 통일전선에 대한 한 발 진전된 입장이라고 할 수 있다.

한편 남목청사건은 이후 관내 독립운동 단체의 통일에 새로운 변화를 가져오는 중요한 계기가 되었다. 우선 이 사건으로 중국 관내 민족주의 우익 진영 내에서 반김구 세력이 제거됨으로써 김구의 위상이 더욱 공고해졌다.[86] 또한 김구와 김원봉의 양 진영을 별도로 지원해 오던 중국국민당에서도 이 사건을 계기로 관내 한국 독립운동을 통일할 필요성을 더욱 절감하게 되었다. 물론 여기에는 중일전쟁을 계기로 그동안 북벌에 치중했던 중국국민당이 대일항전을 우선하는 제2차 국공합작을 모색하면서 관내 한국 독립운동의 통일이 요구된 사정이 기본적으로 작용했다.[87]

이런 정세 변화 속에서 김구의 단계별 민족적 대동단결은 중국 관내의 정세 변화와 함께 빠르게 진전되었다. 창사에 있던 임시정부는 일본군의 계속된 침략과 공격으로 1938년 7월 광저우廣州로 이동했고, 이어 10월에는 류저우柳州로, 이듬해 3월에는 다시 쓰촨성 치장綦江으로 이동했다.

일본군의 공격에 쫓기듯 이동했던 임시정부는 일단 치장에서 한숨을 돌리며 어느 정도 안정을 찾았다.

1940년 5월 8일, 한국국민당과 조선혁명당, '재건' 한독당이 합당하여 한국독립당을 창당함으로써 김구가 말한 1단계 대동단결을 이루었다. 그리고 김구가 꿈꾸었던 2단계 민족적 대동단결은 임시정부를 치장에서 충칭重慶으로 옮긴 1941년 말 민족주의 좌파 진영인 민족혁명당 등이 임시정부에 참여하여 민족진영의 좌우 연합 정부가 성립함으로써 이룰 수 있었다.

김구는 남목청사건 이후 자신에 대한 밀정의 암살 공작에 대해,

"단군 할배의 피를 가진 놈이면 왜적의 개질을 하는 놈이라도 나를 해하지 못하리라."

라며 동포애에 대해 굳게 믿었다.

하지만 1949년 6월 26일 대한민국 육군 소위 안두희의 흉탄에 쓰러짐으로써, 김구의 그 굳은 믿음은 안타깝게도, 그것도 해방된 조국에서 무너지고 말았다.

맺는 글

1.

1930년대 초 만보산사건과 9·18사변, 그리고 1·28사변 등 연이은 일제의 중국 침략으로 상하이를 비롯한 중국 각지에서는 반일 감정이 들불처럼 타올랐다. 상하이 거리 곳곳에는 일제 침략을 비난하는 벽보와 대자보가 난무했고, '일본과의 경제 절교', '잃어버린 만주 회복'을 외치는 시위가 연일 이어지는 등 상하이 정국은 하루가 다르게 급변했다.

이 같은 정국 변화는 그동안 상하이 프랑스 조계에서 겨우 간판만을 유지해 오던 임시정부에게 새로운 활로를 찾을 수 있는 다시없는 기회였다. 임시정부 요인들은 이제 중일전쟁이 곧 일어나리라 기대했다. 이들은 공동의 적인 일제에 대항하는 반일 한중 연대를 강화하고, 이를 바탕으로 만주의 한인 동포를 기반으로 한중 동맹군을

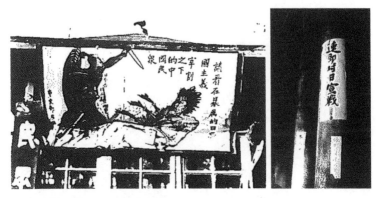

9·18사변 후 상하이 거리에 나붙은 반일 벽보와 대자보.

조직하여 전면적인 무력투쟁에 나설 수 있다는 희망을 가졌다.

그러나 희망이 크면 실망도 크다고, 장제스는 일제에 이기려면 내부 통일이 우선이라고 하며 일제의 침략에 '무저항주의'로 대응하는 한편, 국제연맹을 통해 일본과 외교적으로 해결하는 이른바 '장기 항전'을 택했다. 상하이의 중국 민중은 당국의 굴욕적인 태도에 분개했지만 들끓었던 반일 감정은 점차 가라앉기 시작했다. 이런 반전은 임시정부가 바라는 상황은 아니었다.

임시정부의 고민이 깊어졌다. 만일 중국이 국제연맹에 기대어 일본과의 관계를 정상화하거나 현상 유지를 한다면, 임시정부가 또다시 침체의 늪에 빠지고 상하이에서의 활동도 더욱 위축될 것이 불을 보듯 뻔했다. 그래서 외무장 조소앙 등은 국제연맹을 상대로 한 중국국민당 정부의 외교 교섭을 신랄하게 비판하면서 당시 반장제스파인 후한민 등 광둥혁명 세력과 연대를 모색하기도 했다.

김구도 생각했다. 어떻게 하면 중국과 일제의 모순을 첨예화하여 중일전쟁을 촉발할 수 있을까? 그가 고민 끝에 얻은 결론은 의열 투쟁이었다. 그 역시 "이 '폭열 행동'만 가지고서는 우리의 혁명을 완성할 수 없음을 알고 있지만"[1] 적어도 중일전쟁을 촉발시킬 수 있는 계기가 될 것이라고 믿었다.

이봉창·윤봉길 의거는 한국의 독립 문제를 중국을 비롯한 세계에 강력하게 각인시키고, 한중 동맹의 강화와 독립운동에 대한 중국의 지원을 이끌어 냈다. 나아가 김구를 관내 독립운동의 지도자로 부각시켰다. 하지만 김구가 국무회의에서 윤봉길 의거를 제의했을 때 조소앙이,

"현재 일본 육군이 상하이에 주둔 중인 때인 만치 이 일을 한국인이 결행한다면 한국인은 상하이에 거주할 수 없게 될 것이다."

라며 우려를 표했듯이, 조소앙의 우려가 현실로 나타났다. 임시정부는 10여 년 동안 해외 항일운동의 책원지이자 활동 근거지였던 상하이를 떠나야 했다. 임시정부는 윤봉길 의거 직후 일제의 탄압을 피해 부랴부랴 항저우로 옮겼다.

상하이 정국은 김구의 기대와 달리 흘러갔다. 1·28사변의 정전협정을 중재하던 영국 등 열강은 물론 중국 당국 역시 윤봉길 의거로 정전협정이 어그러질까 우려하며 서둘러 정전협정을 체결했다. 김구의 기대는, 당시 서구 열강의 이해관계와 일제 침략에 대응하는 중국 당국의 전략에 대한 인식이 부족한 결과였다. 또한 윤봉길 의거 이후 여러 상황을 예상한 플랜 B조차 없었기 때문에 임시정부를 수습하는 과정에서 또 다른 갈등을 낳았다.

그 갈등은 곧 김구가 일시 임시정부와 결별해야 하는 사태를 낳았다. 이후 김구는 자신을 체포 또는 암살하려는 일제의 추격 속에서도 중국국민당 정부의 도움을 받아, 뤄양 한인특별반, 한국특무대 독립군, 학생훈련소를 연이어 설치하고, 자신을 따르는 안공근·노종균·오면직 등 한인애국단 단원을 중심으로 국내와 만주 등 각지에서 군관학교에 입학하려는 한인 청년을 모아 독자 세력화에 박차를 가했다.

　김구는 한인 청년들을 군관으로 양성하여 단기적으로는 만주와 국내로 파견하여 '적의 요인 암살', '중요 시설 파괴' 등 의열 투쟁을 벌이는 한편, 장기적으로는 이들을 기초로 군사 조직으로 발전시켜 중일전쟁이 일어날 때 항일 무장 투쟁을 벌인다는 계획이었다.

　그러나 이 길 역시 순탄하지 않았다. 가장 큰 걸림돌은 이 계획에 절대적 영향력을 가진 중국국민당 정부가 일제의 압박을 우려하여 지원에 소극적이어서, 사실상 김구의 계획은 기대 난망이었다. 나아가 김구는 난징에 온 한인 청년들에게 절대 복종을 요구했지만, 오히려 내부 반발과 한인특별반의 붕괴를 가져오는 등 그 성과는 제한적이었다.

　국내나 간도 등지에서 난징을 찾아온 청년들은 자신의 앞날에 어떤 희망도 기대할 수 없는 전형적인 식민지 청년들이었다. 이들이 난징에 온 가장 중요한 이유는 '상급학교에 면비 입학'을 할 수 있다는 기대였다. 또한 이들은 1930년대 이후 일제의 폭압적인 탄압과 수탈에 신음하는 동포들을 생각하며 독립운동의 통일과 국내 민중의 현실을 반영한 실천 가능한 운동을 희망했다.

하지만 이들의 눈에 비친 김구를 비롯한 한인애국단 지도부의 현실 인식은 암담했다. 지도부는 관내 독립운동의 통일에 소극적임을 비판하는 이들의 목소리에 귀 기울이지 않았다. 또한 지도부 사람들이 오랫동안 조국을 떠나 있어 억눌리고 피폐해진 조국의 현실을 너무도 모르는 것 같아 답답해했다. 그나마 기대했던 군관학교 입학마저 불가능해지자 한인 청년들 가운데 상당수가 김구 곁을 떠났다.

또한 한국특무대독립군이나 학생훈련소에 대한 김구의 운영 방식도 문제를 야기했다. 김구는 일제의 감시와 추적 때문에 신변의 위험이 항상 도사리고 있어 직접 운영에 나설 처지가 아니었다. 그는 가끔 특무대나 학생훈련소를 찾아가 자신에 대한 절대복종을 강조하는 훈시를 하는 정도였다. 대신 김구는 특무대·학생훈련소 운영은 물론 민감한 '돈' 문제까지 모두 자신의 오른팔이나 마찬가지인 안공근에게 일임했다.

임시정부 재건을 위해 김구를 찾아온 조완구는,

"당신이 재정을 투명하게 공개하지 않고, 안공근 이외의 사람의 말을 듣지 않는 이유가 무엇이오?"

라며 해명을 요구했고, 1936년 1월 한인애국단의 핵심 중간 간부였던 노종균과 오면직은, 안공근이 "독재적·전단적으로 사리사욕을 탐하는" 운영에 불만을 품고 1936년 1월 한인애국단을 탈퇴했다. 이처럼 특무대와 학생훈련소 운영에는 문제가 있었다.

그러나 1935년 7월 '임시정부 해체'를 전제로 한 조선민족혁명당이 조직되면서 위기에 빠지자, 윤봉길 의거 이후 중국 당국의 절대적 신임과 경제적 지원을 바탕으로 독자적 세력화를 추진해 왔던 김구는 오히려 임시정부를 재건하는 중추 세력이 되었다. 그리고 김구는 그해 11월 조선민족혁명당 조직을 반대하는 '임시정부 사수파'인 송병조·조완구 등과 다시 결합하여 임시정부를 재건했다.

1937년 7월 기대했던 중일전쟁이 발발하면서 이후 김구는 중국국민당 정부의 절대적 지원을 등에 업고 임시정부의 김구 시대를 활짝 열었다.

2.

일제는 윤봉길 의거 후 김구를 암살하려고, 1차 암살 공작에서는 공산주의자에서 밀정으로 변절한 오대근을, 2차 암살 공작에서는 이중 첩자 위혜림을, 3차 암살 공작에서는 임시정부에서 활동했던 박창세를 이용했다. 일제가 이들을 밀정으로 이용한 것은, 무엇보다도 이들이 독립운동을 했거나 독립운동가들과 친분이 있어 내부 사정을 잘 알고 또한 쉽게 김구에게 접근할 수 있을 것이라고 판단했기 때문이다. 이 밖에도 일제는 김구 체포와 암살 공작에 정체를 알수 없는 많은 밀정들을 동원했다.

냄새도 없이 슬그머니 스며드는 밀정은 독립운동가에겐 항상 경계의 대상이었다. 상하이에서는 임시정부가 수립되자마자 밀정이 파고들었다.

임시정부를 수립한 지 20일도 채 안 된 1919년 4월 29일 상하이 파견원이 보고한 바에 따르면, 그와 함께 상하이에 온 밀정 한경순은 상하이에 조직된 한인청년회에 들어가 그 안에 다시 청년단을 조직하여 단 안에 경찰과장이라는 직책을 설치하고, 자신이 경찰과장이 되어 4월 27일부터 상하이 한인의 호구조사와 이 무렵 상하이에 온 독립운동가를 조사하고 있다고 보고했다.[2] 이렇게 밀정은 임시정부 수립 초기부터 슬그머니 스며들고 있었다.

1922년 상하이에는 임시정부의 개혁과 독립운동의 방향을 논의할 국민대표회의에 참여하려고 국내외에서 독립운동 단체 및 지역 대표들이 모여들고 있었는데, 이때 필명 MS생은 임시정부에 만연한 적탐, 즉 밀정의 존재를 우려하며 이들의 처단을 우선 주장했다.[3]

서북간도와 시베리아로 말하면 간혹 왜군이 출병하는 때를 제외하고는 우리 민족의 거류지 안에 적탐들이 감히 발을 들여놓지 못하나니, 이는 사회의 기율이 엄정하고 주의가 주도면밀한 까닭이라. 그런데 유독 적탐들의 출몰이 빈번하여 흑백을 구별할 수 없을 만치 혼돈 상태에 빠진 지방은 곧 내외 각지의 애국 명사가 모여 독립운동의 책원지라는 아름다운 이름을 가졌다는 ○○[상해] 한구석이니, 우리들이 이제 이곳 인사의 적탐에 대한 주의와 처치가 매우 등한함을 통탄해 마지않는 바이라.
우선 적탐 선우갑에 대한 사건, 고진호 석방 사건, 이태화 사건, 아직도 흑막 중에 있는 황 모[황옥]의 사건, 이와 동시에 동아평화회 사건 등은 오히려 공연히 아는 사실로 그 경과를 회상하면 누구나 한심함을 감당하기 곤란하거니와, 이 외에도 비밀리에 그와 같이 경과한 사실 또한 너무 많

임시정부 초기 시절. 왼쪽부터 김구(경무국장), 안창호(내무총장 겸 국무총리 대리), 이탁. 1919.

아 헤아릴 수 없음을 가히 상상할지니, 만일 그 모양으로만 계속하면 이른바 독립운동자 사회가 아주 공연히 적탐들의 지배 아래로 돌아갈 뿐이니… [후략]

이처럼 밀정 문제는 임시정부 일각에서 우려할 정도로 심각했다. 그래서 임시정부의 초대 경무국장 김구가 가장 중요하게 여긴 임무는 밀정 색출과 처단이었다. 경무대의 밀정 색출 및 처단 활동이 어느 정도였는지는 알 수 없다. 하지만 상하이 한인 사회에서는 밀정과 관련하여 일찍부터 '악마의 우물'에 관한 소문이 떠돌고 있었다.

소문이란, 프랑스 조계와 중국 거리와의 경계에 오래된 우물이

하나 있는데, 1919년 이래 오늘에 이르는 동안 밀정, 그 밖의 인물을 살해하고 그 시체를 여기에 버려 이 우물을 '악마의 우물'이라 부르고 있다는 것이다. 1926년 4월 말경 중국 경찰서에서 이 우물을 조사했더니 시체 수십 구가 나왔는데, 오래된 시체는 백골만 남아 한인인지 중국인인지 구분이 안 되고, 윗부분에 한인으로 보이는 시체 4~5구가 있었다고 했다.[4]

밀정, 이들은 독립운동에 암적인 존재였다. 김구 암살 공작에서 알 수 있듯이 밀정을 고용하는 주체는 일본 총영사관 경찰부, 일본 총영사관에 파견된 통역원, 조선총독부 상하이 파견원을 비롯하여 육군성 헌병대, 상하이 등지에 설치된 일제의 특무기관 등 매우 다양했다. 이들이 상하이에 심어 놓은 밀정이 얼마나 되는지는 정확히 알 수 없다.

이들 밀정의 정체는 이들을 고용한 단체나 개인 사이에서도 철저한 비밀이었다. 그래서 국내의 나남헌병대에서 김구 체포를 목적으로 상하이에 파견한 밀정 석현구, 즉 이진룡은 그가 암살되고 나서야 일본 총영사관에서 그의 정체를 알게 되었다. 또한 톈진 일본관동군 특무기관 오사코大迫 대좌가 김구와 장제스 암살 및 항저우비행장 폭파를 위해 파견한 밀정 임병웅이 상하이에서 권총을 소지한 것이 드러나 체포되었다가, 나중에 일제의 밀정임이 밝혀져 풀려나기도 했다.[5]

일제의 각 기관들이 경쟁적으로 밀정을 상하이에 파견하거나 고용한 이유는 두 가지였다.

첫 번째는 밀정들을 독립운동가에게 접근시키거나 독립운동가로 위장시켜 독립운동에 관한 중요한 정보를 빼내기 위해서였다. 임시정부 초기 상하이 일본 총영사관에서 본국에 보고한 임시정부 관련 정보를 보면, 임시의정원의 속기록이 며칠 뒤 통째로 보고될 정도로 임시정부 깊숙이 밀정이 파고들어 있었다.

두 번째는 간접적 효과이기는 하지만 독립운동 내부의 분열에 있다. 밀정의 존재는 동지에 대한 믿음을 가장 우선해야 할 독립운동가 사이에 서로를 의심하게 하고, 나아가 사소한 오해로 인해 동지를 밀정으로 잘못 알거나, 때로는 이를 이용하여 자신의 정적을 제거하는 수단으로 삼기도 한다.

김구가 경무국장을 그만둔 직후인 1922년 11월 28일 노백린이 그를 찾아와서,

"[베일러로貝勒路의 후미진] 뒷도로 변에서 젊은 여자 시체가 하나 있는데 중국인들이 한인이라고 떠드니 백범, 같이 나가서 알아봅시다."

라고 하여 같이 가 보았다. 시신은 자신이 아는 여자였고, 얼마 전 그녀가 경무국원인 한태규와 같이 다니는 것을 본 기억이 났다. 시신을 자세히 보니 노끈으로 목을 졸라 죽인 자국이 있었다. 분명 타살이었다. 이 수법은 김구 자신이 서대문감옥에 있을 때 활빈당원에게 배워 경무국원들에게 가르쳐 준 밀정 처단법과 흡사했다.

김구가 한태규를 체포하여 알아본즉, 한태규는 자신이 일본 총영사관 경찰 오다尾田의 밀정이 된 것을 그녀가 알게 되어 살해했다고

자백했다.[6]

한태규처럼 밀정은 매우 가까이 있었다. 때문에 독립운동가들은 항상 경계해야 했다. 동지들 사이에 '혹시 저 동지가 밀정이 아닐까?' 하는 불신 풍조도 생겨났다.

1925년 11월 1일 자 『독립신문』에 실린 「혁명법정에 소訴함: 적정과 징벌」이란 기사가 이런 분위기를 잘 보여 준다.

> 임시정부가 상하이에 설립된 이래로 일인日人이 파견한 밀정도 많거니와, 우리 당원이 제조한 밀정이 역시 적지 않다. 무슨 감정만 있어도 "그놈 정탐한다." 하여 동지의 명예를 오손하며, 조금 의견만 충돌되어도 "그자가 의심스럽다." 하여 지사의 신용을 타락시킴으로 능사를 삼는 자 허다하여 동지 간의 신의가 심히 박약하니, 이를 그냥 두면 우리 동지 간의 신의는 필경 영이 되고 말지라. 이를 구제하는 방책은, 일체 경찰권은 정부 경무국에 두고, 다른 당원은 모든 밀탐한 일을 경무국에 밀고하고, 경무국은 신중히 조사하여 확실한 증빙을 얻은 후에 처형하고, 경솔히 헛소문을 퍼뜨리며 나쁘게 평가하여 악영향이 미치지 않도록 함이 제일 양책일까 하노라.[7]

밀정의 존재가 일제가 기대한 대로 독립운동가 사이에 혼란과 불신을 조장했다면, 반대로 일제 자신들에게도 예상치 못한 상황이 일어났다.

김구는 자싱에 은신해 있을 때, 상하이에서 "정탐꾼을 파견하여 밀탐하니 극히 유의하라."는, 일본 영사관에 있는 일본 관리의 은밀한 보고가 있었고, "일본인으로서 우리 금전을 먹고 밀탐하는 자도 여러 명 있었다."라고 했다. 이들 일본 관리는 이중 첩자 위혜림이 김구에게 소개해 준 자들이다.[8]

일제가 밀정을 동원하여 김구를 체포 또는 암살하려던 공작은 모두 실패로 끝났다. 하지만 이들 공작은 국내는 물론 만주, 중국 관내 등지에서 밀정을 이용하여 독립운동가를 탄압, 체포하고 독립운동 내부의 분열과 내홍을 획책했던 수많은 공작의 한 단면에 지나지 않을 뿐이다.

밀정 가운데는 개인의 영달을 위해 자발적으로 나선 자도 있을 것이고, 먹고살기 위해, 아니면 가족 등을 인질로 잡힌 후 협박에 의해 어쩔 수 없이 밀정이 된 자도 있을 것이다.

그러나 오대근·박창세처럼 독립운동을 하다가 상황이 어려워지면서 변절하여 밀정이 된 경우, 이들이 독립운동에 입히는 피해는 특히 컸다. 더구나 이들은 과거 독립운동을 했다는 자신의 전력 때문에 일제의 의심을 받지 않기 위해서도 더욱 밀정으로서 충성을 다해야 했다. 마치 한때 민주화운동을 했던 인사 가운데 변절하여 돌아선 이들에게서 피폐해진 인간성을 볼 수 있듯이, 아마 이들도 마찬가지였을 것이다.

3.

이 책을 마무리하면서 아쉬운 점도 많다. 윤봉길 의거 이후 김구와 임시정부에 대해 나름 새로운 관점으로 정리한다고 했으나 부족한 부분이 많을 것이다.

무엇보다도 나는 윤봉길 의거 이후 김구를 중심으로 일제의 암살 공작을 다루면서, 그 맥락을 더 잘 이해하려고 당시 중국 관내에서 전개되던 독립운동의 흐름을 염두에 두면서 일제의 암살 공작에서 드러난 김구의 역사적 위치와 역할을 규명하고자 했다.

그런데 김구는 윤봉길 의거 이후 일제의 감시와 추적 속에서 항상 신변의 위험을 느끼면서 활동해야 했기 때문에, 상대적으로 김구 자신에 관한 자료가 의외로 없었다. 그나마 『백범일지』가 있어 많은 도움이 되었다. 하지만 그 내용을 보면 나중에 기억에 의존하여 쓴 글이란 한계 때문에 날짜나 사실, 사건 등이 불명확한 부분이 많아 자료로 곧바로 활용하기에는 한계가 있다.

예컨대 김구는 『백범일지』에서 '박대장의 결혼 피로연에 갔다가 일제 경찰에게 체포될 뻔한 사건'을 윤봉길 의거 이후 부분에 기술했다. 따라서 이 사건을 인용한 대다수 글에서는 이 사건을 윤봉길 의거 이후 일어난 일로 서술했고, 많은 사람들이 그렇게 알고 있다. 그러나 이 사건은 윤봉길 의거일인 1932년 4월 29일 이후가 아니라 그보다 앞선 4월 8일에 일어난 일이었다. 또한 한인 군관 양성을 위한 김구와 장제스의 회담 시기에 대한 언급이 없어, 그 시기를 두고 지금도 학계에서 논쟁이 되고 있다.

반면 일제가 윤봉길 의거 이후 김구 체포에 혈안이 되었던 만큼 김구에 관한 많은 첩보 정보 자료가 남아 있다. 그러나 이들 자료 역시 대부분 밀정을 통해 확인한 불확실한 정보에 근거한 것이 대부분이기 때문에 자료 자체의 신빙성에도 많은 한계가 있다.

그래서 이런 자료들을 상호 대조하고, 그 밖에 당시 김구와 함께 활동했던 독립운동가들이 남긴 회고록, 또 뤄양 한인특별반이나 이후 특무대·학생훈련소 출신 인사들이 체포되어 경찰이나 재판 과정에서 남긴 신문조서나 재판 기록 등을 상호 비교하면서 재구성할 수밖에 없었다.

때문에 이 시기 임시정부와 그 주변 인물들, 적극적으로 지원해 준 중국 정부와의 관계, 한국특무대독립군과 학생훈련소 및 군관학교 학생들, 그리고 마지막으로 이런 모든 것을 통해 실현하려고 한 독립운동의 방향과 독립 이후 조국의 미래에 대한 김구의 생각에 대해서는 추론에 근거할 수밖에 없었다. 이 부분은 앞으로 새로운 자료가 발굴되거나 합리적인 비판이 있다면 이를 참고하여 새롭게 정리해야 할 과제가 될 것이다.

마지막으로, 개인적 욕심이지만 이 책을 쓰면서 '연구자의 틀 속에 갇힌 글쓰기'에서 벗어나고자 했다. 비록 연구서이지만 역사를 전공하지 않은 일반인들도 쉽게 접하고 읽으면 좋겠다는 기대를 하며 이 책을 썼다. 하지만 이 책을 마무리하면서 돌이켜 보면, 그건 어디까지나 개인적 욕심이었지 않나 하는 생각이 든다. 전문 연구서와 대중용 책이 구별되어 있는 현실에서 쉽게 쓰는 것 자체도 어려운 문제지만, 정형화된 연구서의 형식과 체계 문제도 더욱 고민해 보아야 할 숙제인 것 같다.

연구 쟁점과 과제, 그리고 자료 소개[1]

1.

임시정부의 이동 시기인 1930년대 중국 관내 독립운동 연구는 주로 독립운동 정당의 통일운동, 즉 한국대일전선통일동맹 소속 5개 독립운동 정당이 관내 민족유일당 건설을 위해 벌인 통일운동, 그리고 1935년 7월 이후 관내 독립운동이 조선민족혁명당과 한국국민당으로 재편된 후 1939년 두 정당의 통일을 위해 열린 '7당·5당 통일회의'에 집중되었고, 그 과정에서 임시정부는 부가적으로만 다루어졌다.[2] 대체로 이들 연구는 이 통일운동을 '반공'과 '반일민족주의' 관점에서 임시정부를 중심으로 한 '좌우합작 운동'으로 평가했다.

반면, 이런 연구 관점에 비판적인 연구도 있다. 관내 의열단을 연구한 김영범은 1930년대 이후 관내 통일전선운동은 전선 통일을 위한 운동이고 1930년대 이후 관내 한인 공산주의자 대부분이 코민테른의 지시에 따라 중국공산당에 가입하고 상하이를 떠난 상태에서 전개된 것이기 때문에 관내 통일운동은 민족진영 내 좌우파 간의 전선 통일로 보아야 한다고 주장했다.[3] 또한 신주백은 1930년대 중국 관내 민족운동을 구분할 때 진보적 민족주의나 좌우파 민족주의로 분류하는 방식은 적절하지 않다고 하면서, 이 운동 과정에서 분화된 사회주의적 민족주의 이념과 관내 민족운동 단체의 대결·분립·통일이 반복된 원인으로 이념의 차이가 아닌 정치적 영향력 또는 주도권 문제를 더 강조했다.[4]

1930년대 중국 관내 독립운동에 대한 평가는 독립운동의 이념적 지형과 통일전선운동의 개념을 어떻게 설정하고, 나아가 관내 독립운동을 전체 독립운동에서 어느 위치에 자리매김할 것인가 하는 문제와 직결되어 있다. 때문에 1930년대 급변하는 정세 변화의 특징과 이에 대한 각 독립운동 정당의 인식과 대응책, 그리고 중국 정부와의 관계 및 통일운동 전략 등에 대한 면밀한 분석을 선행할 필요가 있다.

한편 이동 시기 임시정부의 활동과 관련한 연구도 꾸준히 진행되고 있다. 예컨대 임시정부와 중국국민당 정부와의 관계, 한인애국단과 이봉창·윤봉길 의거 등 임시정부가 벌인 의열 투쟁, 김구의 군관 양성 활동, 윤봉길 의거 이후 김구의 행적 등에 대한 연구가 그것이다. 이들 연구들은 대체로 이동 시기 임시정부 활동에 대해 김구가 주도한 한인애국단을 중심으로 중국 측의 지원에 바탕을 둔 한중 연

대와 의열 투쟁으로 정리하고 있다.[5]

하지만 이동 시기 임시정부 연구는 여전히 연구사적으로 공백기나 마찬가지이다. 1930년대 관내 정당 통일운동을 임시정부의 재건이란 관점에서 파악한 연구도 있지만,[6] 상하이 시기나 충칭重慶 시기처럼 이동 시기 관내 독립운동을 임시정부를 중심으로 체계화한 연구는 아직 없다. 역사의 연속성을 생각할 때, 이동 시기 임시정부의 활동은 이어지는 충칭 임시정부의 밑거름을 형성한 것이기 때문에 결코 가볍게 다룰 수 없다.

그래서 이 책에서는 중심 내용이 일제의 김구 암살 공작이지만, 각 시기마다 김구와 임시정부의 관계에 대한 설명에 상당히 지면을 할애했다. 이 과정에서 1930년대 관내 독립운동은 물론 김구와 임시정부의 관계에 대해 기존 연구 시각과는 달리 생각해 볼 몇 가지 관점을 제시하고자 했다.

먼저 이 시기 임시정부를 비롯한 중국 관내 독립운동을 제대로 이해하려면 1930년대 초 급변하는 중국 관내 정국을 먼저 이해할 필요가 있다. 왜냐하면 이 정국 변화에 대한 인식은 이후 임시정부의 한중 관계와 독립 노선을 규정하는 중요한 요인이자 김구가 한인애국단을 결성하고 윤봉길 의거 이후 임시정부와 일시 결별하는 배경이기도 하기 때문이다.

1930년대 초 만보산사건, 9·18사변(만주사변), 1·28사변(상하이사변) 등 일제의 연이은 도발이 야기한 관내 정국 변화의 핵심은 일제의 침략으로 중국과 일본 사이의 모순이 깊어지고, 중국인의 반일 감정이 폭발한 것이었다. 임시정부를 비롯한 관내 독립운동가들은 이 같은 정국 변화를 독립운동의 다시없는 기회로 여겼다. 그래서 이들은 이 기회를 놓치지 않으려고 중국 관민을 상대로 반일한중연대와 중일전쟁에 대비한 한중 동맹군 조직을 적극적으로 모색했다.

그런데 기존 연구들이 1930년대 초 상하이의 정국 변화를 '반일 민족주의' 관점에서 인식하고 임시정부와 중국국민당 정부의 관계를 설명할 뿐만 아니라,[7] 윤봉길 의거의 역사적 배경으로만 설명하고 있다.[8]

그러나 시야를 넓혀 보면, 일제의 중국 침략은 1929년 대공황이란 세계적인 자본주의 위기에서 유래한 것이고 상하이는 이런 세계적 모순이 집약된 곳이기 때문에 이 정국 변화에는 '반일 문제'만으로 설명할 수 없는 여러 층위의 모순들이 중첩되어 있었다. 문제는 이곳에서 활동하는 독립운동가들 사이에 이런 여러 층위의 모순에 대한 인식과 대응에 차이가 있었다는 것이며, 이에 유의할 필요가 있다.

예를 들어, 도적떼가 한 마을을 약탈한 뒤, 주민들 사이에 출신 지역 문제로, 또 마을 주도권 문제로 다투고 있던 이웃 마을을 침범해 온 경우를 생각해 보자. 그 대응책을 두고 이웃 마을 주민 사이에 다시 갈등이 일어났다. 마을의 주도권을 잡고 있던 기득권층은 도적떼와 싸우기에는 역부족이니 도적떼에게 일정 부분 양보를 하고 먼저 마을을 통합하여 힘을 길러 나중에 싸우자고 한다. 반면 도적떼의 가장 큰 피해를 입을 가능성이 있는 마을 대다수 주민들은 "무슨 소리나!" 하며 우리 내부 문제는 나중에 해결하고 먼저 약탈당한 마을 사람들과도 힘을 합쳐 함께 도적떼와 싸우자고 주장한다. 여기에다가 상하이의 한인 노동자처럼 마을의 기득권층과 도적떼에 저항하는 외부 세력이 존재한다면 대응 양상은 더욱 복잡해진다. 당시 중국의 상황이 이와 비슷했다.

중국국민당 정부와 이들의 지지 기반인 상하이시상회上海市商會 같은 자본가 계층이 전자 즉 반공에 기반한 반일민족주의 입장이었다면, 중국공산당 및 상하이 민중과 당시 상하이에서 활동하던 인도·타이완·필리핀 등 약소민족 등은 후자 즉 반제국주의 입장이었다. 이런 입장 차이는 넓게는 세계 대공황 이후 급변하는 국제 정세에, 좁게는 일제의 중국 침략으로 야기된 동아시아의 정세 변화에 대한 인식의 차이에서 비롯되었다.[9]

중국 내의 갈등이 깊어지는 가운데 한중 연대를 갈망하던 임시정부의 외무장 조소앙조차 일제와의 타협을 국제연맹에 호소하는 중국국민당 정부를 향해 "국제연맹은 강도의 결사"라며 외교 교섭을 신랄히 비판했다. 한때 '만보산사건'에 대해 일제가 조작한 오보를 믿고 국내에서 일어났던 화교에 대한 무차별적인 폭력 사건의 밑바탕에는 일본제국주의 자본에 의해 조장된 한인 노동자와 중국인 노동자의 갈등이 은폐되어 있었다.[10]

1930년대 초 급변하는 상하이 정국과 그 대응에 대한 인식의 차이는 임시정부 안에도 있었다. 이 문제는 이후 중국국민당 정부의 지원과 임시정부의 대중국 외교정책에 대한 평가와 직접적인 연관이 있다.

이와 관련해서는 이 시기 중국국민당 정부가 취한 대일 정책인 '장기 항전' 전략을 분석한 배경환의 연구가 많은 시사점을 준다. 이 연구에 따르면, 장제스는 일제의 침략에 대해 '반공을 기본 노선으로 하면서 중국이 일본을 군사적으로 이길 수 없다는 현실적 판단에 따라, 일면 외교, 일면 저항이라는 이른바 '장기 항전'을 택하고 중국 공산당 토벌에 군사력을 집중했다. 일제와의 타협 내지 무저항 전략은 관내 독립운동에 제약 요소로 작용했다. 왜냐하면 장제스에게는 이 전략의 달성이 한국의 독립운동보다 더 중요하기 때문에, 한중 양측이 강조한 한중 연대와 동아시아 약소민족에 대한 중국의 지원은 어디까지나 부차적일 수밖에 없다고 했다.[11]

실제로 장제스가 상하이 1·28사변에 대해 일제와 굴욕적인 중일 정전협정을 맺은 이후에도 그는 일제의 눈치를 보지 않을 수 없었다. 일제는 장제스의 이런 약점을 잘 알고 중국국민당 정부가 한국 독립운동을 지원하는 것에 대해 엄중 항의했다. 그럴 때마다 장제스는 김구에 대한 지원을 축소하거나 중단하지 않을 수 없었다.

중국국민당 정부의 이러한 대일 정책의 관점에서 생각해 본다면, 이 시기 한중 관계와 임시정부의 대중국 정책에 대해 '시혜적 관점'에서 벗어나 보다 객관적으로 평가할 수 있다. 물론 중국 관내에서 활동하면서 중국의 지원이 절실했던 임시정부의 객관적 조건을 무시할 수 없지만, 이런 중국국민당 정부의 한계를 알고 대응하는 것과 그렇지 않은 경우는 그 방식과 결과가 크게 달라질 수 있다는 점에서 매우 중요한 인식의 차이라 할 수 있다.

다음으로 윤봉길 의거 이후 김구가 임시정부와 일시 결별하는 원인에 대해서는 일제의 정보 자료를 근거로 1932년 5월 항저우사건(임시정부 판공처 습격 사건)의 원인이었던 중국 측의 지원금을 둘러싼 내부 갈등에서 빚어진 것으로 파악하고 있다.

사실 '돈' 문제는 관내 독립운동의 주도권에 큰 영향을 미쳤다. 1920년대와는 달리 국내외에서 독립 자금을 마련하기 어려운 상황에서 거의 유일하다시피 한 중국 측의 지원을 받는 사람은 그만큼 자신의 영향력을 극대화할 수 있었다. 때문에 일제는 윤봉길 의거 이후 중국 측의 지원금 문제를 파벌 투쟁의 원인으로 폄하해 왔다. 그러나 이것은 표면적 현상일 뿐이다.

항저우사건의 원인과 관련하여 더 중요한 문제는, 1930년대 초 급격한 정세 변화에 따른 임시정부의 대응책에 대한 재무장 김구와 외무장 조소앙의 입장 차이였다.

일제가 중국을 침략한 이후 임시정부 요인들은 중국과 일본의 전면전을 기대하고 한중 연대와 한중 동맹군 조직을 적극적으로 모색했다. 그러나 장제스의 '장기 항전' 전략으로 중일전쟁은 한마디로 기대 난망이 되었다. 이런 상황에서 그 대응책을 두고 김구와 조소앙 사이에 '간극'이 생기기 시작했다.

김구는 이 답답한 상황의 돌파책으로 의열 투쟁을 통해 중국과 일제의 모순을 극대화시켜 중일전쟁의 계기를 마련하고자 했다. 반면에 조소앙 등은 한중 연대를 통한 동북만주에서의 무장투쟁론(한

중 동맹군)을 이어 갔고, 그러면서 그는 장제스의 외교책을 비판하며 반장제스파인 광둥파와의 연대도 모색했다. 이 같은 양측의 간극은 윤봉길 의거로 더욱 벌어졌다.

이런 내부의 갈등 양상을 분석해 보면, 이동 시기 복잡하게 전개된 임시정부의 분열과 재건의 동인을 이해할 수 있는 실마리를 찾을 수 있다.

2.

김구가 상황의 반전을 꾀하려고 은밀히 준비한 한인애국단에 대해서도 다시 생각해 볼 문제가 있다.

한인애국단은 1931년 11월 국무회의에서 김구에게 특무대의 조직과 권한을 전적으로 일임한 것을 근거로 1931년 11월 성립되었다고 보거나[12] 한인애국단을 조직할 무렵 이미 상당수의 단원을 조직한 것으로 파악하기도 한다.[13] 다른 한편, 한인애국단은 이봉창이 한인애국단의 선서식을 가진 1931년 12월 13일을 공식적인 성립일로 보고, 단원들도 항시 편제되어 있는 일상적인 조직이 아니라 특무활동 직전 가입하는 것으로 보기도 한다.[14]

또한 한국독립당 특무대와 관련하여 이 특무대가 1932년 2월 1일 '교호僑胞 동포에게 고함'[15]을 공포한 것은 "그동안 활약이 없던 한국독립당에 이봉창 의거의 공을 돌리기 위해 당명을 사용한 데서 비롯되었던 일로 생각한다."[16]는 해석에 근거하여 "이봉창 의거 직후 사용한 '한국독립당 특무대'라는 명칭이 한인애국단이라 불리게 되었다."라고 한 해석도 있다.[17] 이것은 특무대라는 같은 명칭에서 오해한 것으로 보인다. 왜냐하면 윤봉길 의거 이후인 1932년 9월 10일에도 상하이 공공기차공사 한인 노동자들을 상대로 한국독립당 특무대 명의로 성명서를 공포하고 있기 때문이다.[18] 따라서 한국독립당 특무대는 한인애국단과 별개의 조직으로, 1932년 2월 1일 이전에 조직된 것으로 보인다.

그리고 1931년 11월 국무회의에서 김구에게 위임한 특무대라는 명칭이 조직 이름일까 하는 의문도 든다. 왜냐하면 조소앙이 특무대에 대해 의생단義生團이라는 조직명과 강령, 규약 등을 작성하여 김구에게 주었기 때문이다. 이를 보면 1931년 11월 국무회의에서 김구에게 전임했다는 특무대는 조직명을 뜻하는 고유명사가 아니라 '특별한 임무를 수행하는 기관'이라는 일반 사전적 의미로 사용했다고 보아야 할 것이다.

또한 이봉창 의거 이후 김구의 의열 투쟁과 관련하여 남화한인청년연맹(이하 '남화연맹')과의 합작 문제도 논란이 되고 있다. 정화암은 자신의 회고록에서 이와 관련해서 1933년 8월 1일 옥관빈 암살 사건은 김구와 합작한 것이고,[19] 남화연맹도 1932년 4월 29일 홍커우 공원 폭탄 투척 계획을 극비리에 진행하고 있었는데, 김구가 안공근을 시켜 자신과 친분이 두터운 김오연을 통해 이 계획을 탐문하도록 했다고 회고했다.[20]

그런데 김구의 『백범일지』에는 이에 관한 언급이 전혀 없다. 한 연구에서는 이 합작에는 재중국 한인 아나키스트들이 만주에서 민족주의자들과 연대한 합작 경험과 반공산주의적 정서가 기여했고, 당시 자금 사정이 극도로 곤란했던 이들이 상대적으로 풍족한 자금을 지닌 김구 측의 합작 제의를 받아들인 것이라고[21] 하면서도, 김구와 상하이에서 만나 직접 협의했다는 정화암의 회고에 대해서는 그의 과시적 형태라고 비판했다. 또한 '4월 29일 훙커우 폭탄 계획'에 관한 김구 측의 탐문 회고에 대해서도 같은 이유로 인정하지 않았다. 당시 김구가 처한 상황 등을 고려할 때 그가 직접 상하이로 와서 정화암을 만났다는 회고는 과장된 측면이 있다.

또한 옥관빈 암살 사건과 관련해서는 옥관빈의 밀정 여부를 두고 정반대의 연구가 거의 같은 시기에 발표되어 주목된다. 김광재는 '옥관빈 밀정설'이 모두 근거 없는 소문에 불과하고, 옥관빈은 오히려 당시 "상하이 독립운동 진영의 과도한 '정쟁'과 '지방열'로 말미암아 '만들어진' 밀정"이라고 하며 밀정설을 부정했다.[22] 반면 윤경로는 앞 연구에서 부정한 밀정설을 근거로 오히려 옥관빈이 밀정이라고 주장했다.[23] 그 정체를 정확히 알 수 없는 밀정의 속성상 옥관빈의 밀정 여부는 어느 쪽이든 자료 보완과 신중한 판단이 필요한 문제다.

김구가 중국국민당 정부의 지원을 받아 실시한 군관 양성 활동 즉 뤄양洛陽의 한인특별반, 난징의 한국특무대독립군 및 학생훈련소의 조직과 운영 등에 대해서는 이미 선구적인 연구가 오래전에 있었다. 김구는 '절대복종'을 강조한 리더십을 바탕으로 자신의 정치적 기반을 공고히 했을 뿐만 아니라, 이것이 이후 한국광복군 조직의

기초가 되었다는 것이 일반적인 평가다.[24]

그런데 김구가 1935년 11월 임시정부에 복귀하기까지 실시한 군관 양성 활동은 김구 개인의 독자 세력화 과정인데, 이것을 임시정부의 활동으로 보아도 문제가 없을까? 나아가 군관 양성과 관련하여 뤄양 한인특별반의 운영 주도권을 둘러싼 김구와 이청천의 갈등을 분열의 원인으로 들고 있지만, 김구의 군관 양성을 위한 운영에는 문제가 없었을까?

김구의 군관 양성에 참여했던 한인 청년들 가운데 상당수가 1935년 10월을 앞뒤로 이런저런 이유로 난징을 떠나거나 일부는 일제에 자수를 하고, 일부는 김구 곁을 떠나 이청천의 조선혁명당이나 김원봉의 조선민족혁명당으로 자리를 옮겼다. 왜 이런 일이 일어났을까?

국내외에서 한인 청년들이 난징에 온 이유는 '독립운동'이 목적인 경우도 있지만, 대다수는 자신의 더 나은 미래를 위해 군관학교나 대학에 '면비 진학'할 수 있다는 희망을 품고 왔다. 이들 20세 전후의 청년들은 식민지 체제 아래에서 태어나 성장했고, 억압된 세상에서 더 이상 자신의 미래를 기약할 수 없었던 전형적인 식민지 청년들이었다. 이들이 난징에 오기 전 가졌던 직업도 학생, 농업 종사자, 일본인 회사의 말단 서기, 자동차 운전수, 무직 등 불우한 성장 환경만큼이나 다양했다.

뤄양 한인특별반 중퇴자이면서 한인애국단의 중간 간부로 활동했던 정성언·김학무가 한국특무대독립군 및 학생훈련소 대원 가운데 간도의 룽징龍井 은진중학교 출신들을 중심으로 비밀리에 공산주의 단체인 혁명동지회를 결성하고 김구의 뜻과는 다른 지향을 했듯이[25] 내부적으로 이념적 이질성도 존재했다.

이처럼 사회 계층적·이념적 다양성을 지닌 한인 청년들이 난징에 온 배경과 동기를 '애국주의'만으로는 설명할 수 없다. 때문에 김구의 군관 양성 활동에 대한 객관적 평가를 위해서도 군관 양성의 운영과 한인 청년의 실상에 대한 엄밀한 분석을 선행할 필요가 있다.

그리고 김구가 임시정부와 결별한 뒤 벌인 군관 양성 활동은 임시정부와 구별할 필요가 있다. 물론 김구가 1935년 11월 이후 임시정부에 복귀하기 때문에 결과적으로 임시정부 활동의 연장선으로 볼 수도 있다. 하지만 임시정부가 항저우杭州에 있는 동안은 김구가 임시정부와 분리된 시기였고, 그의 군관 양성 활동은 자신의 독자세력화를 위한 별개의 활동이었다. 이런 구별이 있을 때만이 김구가 임시정부와 결별하고 다시 복귀하게 되는, 전후 임시정부의 실상을 제대로 알 수 있다.

한편 윤봉길 의거 이후에 관해 누구나 갖는 관심사 가운데 하나가 김구의 행적이다. 윤봉길 의거 직후 김구와 그 일행이 당시 상하이 YMCA 주사 조지 애시모어 피치(G. A. Fitch)[26] 집에 은신했고, 이후 중국국민당 정부의 도움을 받아 자싱嘉興으로 옮겼다가 장제스와 만나 뤄양에 한인군관학교를 설치하기로 합의한 후 난징으로 옮겨 간 것까지는 『백범일지』에서 확인할 수 있다.

그러나 『백범일지』에는 이런 자신의 이동 날짜와 장소에 대한 구체적인 정보가 없을 뿐만 아니라, 『백범일지』가 나중에 기억에 의존해 기술한 것이기 때문에 시기적으로 앞뒤가 뒤바뀌어 서술한 경우도 있어 그의 행적이 논란이 되고 있다. 현재 윤봉길 의거 이후 김구의 행적과 관련하여 논란이 되고 있는 것은, 김구가 피치 주사의 집을 떠난 시기, 그리고 난징에서 장제스와 회담한 시기 등이다.

먼저 김구와 그 일행이 상하이를 탈출한 시기에 대해 도진순은 "5월 15일과 16일 항저우에서 이틀 동안 열린 임시정부의 국무회의에 김구가 참석한 것이 확인되기 때문에 김구의 상하이 탈출은 최소 그 이전이다."라고 했다.[27] 이 날짜는 일제 경찰의 정보에 의한 것으로,[28] 실제로 국무회의는 5월 21일 열렸다.[29] 1932년 5월 22일 임시정부에서 발행한 『대한민국임시정부 공보 호외』에 의하면 일제 경찰의 정보는 오보이다.

김구의 행적과 관련하여 가장 의문인 부분은 김구와 장제스가 난징에서 가졌던 비밀 회담 일자이다. 이 회담 일자는 1933년 5월이라는 것이 학계의 통설이나 마찬가지이다.[30] 최근 이와 관련하여 김구의 난징 행적을 꼼꼼히 살핀 윤은자는 "1933년 7·8월경 김구는 박남파를 동반하고 장제스를 만난 일이 있다."는 1935년 상하이 일본 총영사관 경찰부의 보고를 감안하고, 1932년 8월 10일에서 1933년 8월 31일까지 장제스의 이동 지역과 시간을 비교한 결과, 회담 시기를 1933년 7·8월경으로 보는 것이 타당하다고 했다. 다만 여기에는 회담 시기가 '1932년 9월 또는 10월', '1932년 겨울'이라 기억하는 샤오정의 회고와 '1932년 겨울'로 추정되는 1933년 10월 27일 천궈 푸가 장제스에게 보낸 전문 등의 날짜에 오류가 존재할 경우라는 전 제가 있어, 추후 검토의 여지를 남기고 있다.[31] 그러나 이것 역시 모 두 나중의 기억에 의존한 추론이기 때문에 한계가 있다. 때문에 회 담 일자는 김구 측이 벌인 군관학교 입교생 모집 활동 등과 비교하 여 검토할 필요가 있다.

이상과 같이 이 책은 기존의 연구 성과를 비판적으로 고찰한 위 에 1930년대 일제의 중국 침략으로 변화된 중국 정국을 배경으로 '반제투쟁'과 '민족전선통일'이란 관점에서 이 시기 일제의 '김구 암 살 공작'을 재구성하고자 했다. 또한 이 공작의 의미를 명확히 하기 위해 중국 관내라는 지리적 공간의 의미는 물론, 독립운동 세력 사 이에 작동한 정치적 긴장 관계도 함께 살펴보았다. 그래야만 1930 년대 김구와 이동 시기 임시정부의 활동을 한중 연대와 의열 투쟁으 로 단순화한 기존 연구의 한계에서 벗어날 수 있기 때문이다.

3.

마지막으로 이 연구를 진행하면서 참고한 자료에 대해 간단히 설 명해 두고자 한다. 독립운동을 다루는 여러 기관에서는 새로 발굴 한, 임시정부와 중국 관내 독립운동에 관한 자료들을 자료집 형태로 공간公刊하거나 자신의 사이트에 데이터베이스화하여 자료 이용에 상당한 편의를 제공하고 있다. 특히 이들 가운데 중국 측 자료, 즉 한국 독립운동에 관한 중국 측 신문 자료, 중국국민당 및 주요 인사들의 자료, 상하이 프랑스 총영사관의 한국 독립운동 관계 정보 자료 등은 이 연구에 큰 도움이 되었다.

참고한 공간 자료집으로는 국사편찬위원회에서 2005년 이후부터 발간한 『대한민국임시정부 자료집』 1~42, 이 연구와 관련된 인물들의 일제 신문訊問 자료인 『한민족 독립운동사 자료집』 43~46, 상하이 프랑스 총영사관의 한국 독립운동 관련 정보 자료집인 『프랑스 외무부 문서보관소 소장 한국독립운동사료』 3(국가보훈처·국사편찬위원회, 2015·2016), 김구 관련 자료를 집대성한 『백범 김구 전집』 4(대한매일신보사, 1999) 등이 있다. 그 밖에도 일제 경찰의 첩보 자료로서 기존 공간 자료인 『조선독립운동』 II(金正明 編, 原書房, 1967), 『조선통치사료』 8·10(金正柱 編, 韓國史料研究所, 1971), 『사상 정세 시찰 보고집』 2·3(社會問題資料研究會 編, 東洋文化社, 1976), 『사상휘보思想彙報』 제5·7·9호(朝鮮總督府 高等法院檢事局), 『한국 민족운동 사료』(中國編)(국회도서관, 1976) 등도 주요 자료로 활용했다.

이 연구에는 일본 야마구치현 문서관山口縣文書館에서 소장하고 있는 「임가(조선총독부관계)사료林家(朝鮮總督府)史料」(이하 「임가사료」)가 중요한 자료가 되었다.

앞서 언급한 논문 「일제의 김구 암살 공작과 밀정」에서도 밝혔듯이, 「임가사료」는 2016년 6월 서울대 규장각한국학연구원 HK사업단 내 일본 야마구치현 소재 '식민지 아카이브 자료' 수집 및 조사팀이 한일 관계 자료를 조사하는 과정에서 이 사료의 존재, 그리고 이미 국사편찬위원회에서 수집했다는 사실을 알게 되었다.[32] 이 사료에는 이 연구의 주제이기도 한 일제의 김구 암살 공작과 관련한 일제 경찰의 보고서를 비롯하여 1930년대 초 상하이를 중심으로 한 중국의 정세, 1930년대 중국 관내 임시정부를 비롯한 독립운동 상황 등을 알 수 있는 중요한 자료들이 포함되어 있다.

먼저 「임가사료」 가운데 이 연구 주제와 관련하여 가장 눈에 띈 것은 『소화 10년도 이후 보고철(특비)昭和十年度以降報告綴(特秘)』이다. 이 보고철에는 조선총독부 경무국 상하이 파견원 히토스키 도헤이가 1935년 8월 5일부터 1937년 5월 22일까지 조선총독부 경무국장에게 보낸 20건의 특비特秘 보고서와 호외 4건 및 전보 1건 등 총 25건의 문서가 수록되어 있다. 이 가운데 특비 보고서 제1~8호의 문건명이 「대김구 특별 공작에 관한 보고對金九特別工作に關する報告」이듯이, 이 보고서는 히토스키가 주도한 김구 암살 공작에 관한 내용이다. 그리고 1935년 8월 22일 자 호외 보고서인 「상하이 도항자의 동정에 관한 건上海渡航者の動靜に關する件」은 전임 파견원인 나카노 가츠지가 실행한 김구 암살 공작에 관여했던 밀정에 관한 내용이다. 1935년 8월 29일 제3호 특비 보고서에는 상하이 일본 총영사관 경찰부에서 추진하던 김구 암살 공작에 관한 중요한 내용을 담고 있다. 이것은 1938년 5월 7일 조선혁명당 당사인 창사의 남목청에서 있었던 김구 암살 공작의 실체를 파악할 수 있는 중요한 단서를 제공한다.

이처럼 히토스키의 보고서는 윤봉길 의거 후 상하이 파견원과 상하이 일본 총영사관 경찰부에서 세 차례에 걸쳐 기획, 추진한 김구 암살 공작의 전모를 파악할 수 있는 중요한 자료이다.

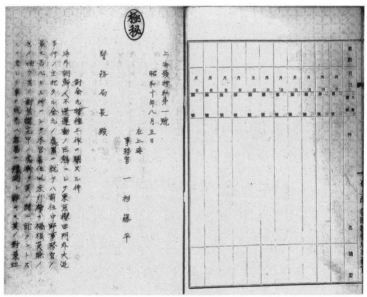

'대김구 특별 공작에 관한 보고' 표지(위) 및 보고서 첫 면(아래).

또한『소화 7년 2월 20일 일지 시국에 대한 재상하이 조선인의 책동 개황昭和七年二月二十日日支時局に對する在滬朝鮮人の策動槪況』「林家(朝鮮總督府)史料)」122)은 1932년 2월 20일 조선총독부 상하이 파견원이 1931년 9·18사변 발발 직전인 7월부터 이듬해 1월까지 일제의 만주 침략에 따른 상하이의 정국 변화 양상과 이에 따른 민족파·공산파·무정부주의파별로 한국 독립운동 상황을 보고한 것이다. 매년 종합 보고서인『재상하이 조선총독부 파견원 소화 5~12년도 종합 보고在上海朝鮮總督府派遣員昭和五~十二年度綜合報告』(「林家(朝鮮總督府)史料)」128~134)는 상하이 파견원이 경무국장에게 보고한 1935년에서 1937년까지의 연도별 종합 보고이다.

각 보고는 전해 11월부터 이듬해 10월까지 상하이 및 중국 관내 독립운동을 민족파·공산파·무정부주의파별로 정리하여 보고하고 있다. 부분적으로는 앞서 언급한 여러 일제 경찰의 첩보 보고와 중복되는 부분이 많지만, 임시정부를 비롯한 관내 독립운동 단체들의 활동을 일목요연하게 파악할 수 있다. 더구나 이 종합 보고 문서는 일제의 침략으로 상하이를 비롯한 중국의 정국이 급변하던 1930년대 초와 임시정부의 이동 시기에 해당하여, 이동 시기 관내 독립운동 연구의 자료적 한계를 보완하는 데 큰 도움이 되었다.

이 밖에, 윤봉길 의거 이후 특별고등경찰(특고경찰)을 증원하여 상하이 일본 총영사관 경찰부를 확대, 강화한 과정을 알 수 있는『재상하이 총영사관 경찰부 및 특고경찰과 관계 일건在上海總領事館警察部並特高警察課關係一件』등은 일본의 아시아역사자료센터(https://www.jacar.

go.jp)의 자료를, 김구 암살 공작의 밀정 오대근에 관한 자료인 「한국 애국지사 암살자인 한간韓奸 오대근 등에 대한 다이리의 보고戴笠呈 處決暗殺韓國愛國志士之韓奸與大根等」 등은 중화민국국사관(https://ahonline. drnh.gov.tw/)의 자료를 검색, 활용한 것이다. 전자는 윤봉길 의거 이후 강화된 상하이 일본 총영사관의 경찰 조직과 활동을, 후자는 밀정 오대근의 최후 행적을 파악할 수 있는 중요한 자료였다.

주註

책을 내면서

1 국사편찬위원회, 「臨時議政院紀事錄 第4回(1919. 4.)」, 『대한민국임시정부자료집』 2, 2005, 28쪽.

2 「赤化의 烽火, 獨立의 猛炎, 義烈團事件內容發表」, 『東亞日報』, 1923. 4. 2.

3 「京鍾警高秘 第1914號 假出獄者に關する件」, 『思想問題에 關한 調查書類』 6 (http://db.history.go.kr/item/imageViewer.do?levelId=had_139_1050).

4 윤대원, 「일제의 김구 암살 공작과 밀정」, 『한국독립운동사연구』 61, 2018.

5 안동은 압록강을 사이에 두고 신의주와 마주하고 있는 지금의 랴오닝성遼寧省 단둥丹東으로, 1965년 안동에서 단둥으로 개칭했다.

6 남의사의 정식 명칭은 삼민주의역행사三民主義力行社이다. 국민당의 특무 기관이자 준군사 조직으로, 장제스蔣介石의 사설 기관이나 마찬가지였다. 황푸군관학교黃浦軍官學校 출신의 중국 국민당 내 우파가 1932년경 중국공산당과의 합작을 반대하며 결성한 비밀 기관이며, 주요 임무는 중국공산당에 대한 첩보 활동과 협박·체포·숙청·암살 등으로, 중국 공산당 및 중국국민당 내 반장제스 세력의 탄압과 제거에 앞장서 공포와 혐오의 대상이 되었다.

7 정병준, 「공작원 안두희와 그의 시대」, 『역사비평』 69호, 2004. 11.

1장 적의 요인을 암살하라

1 「韓國學生反日擴大」, 『廣州民國日報』, 1929. 12. 29(국사편찬위원회, 『대한민국임시정부자료집』 39, 2010, 287~288쪽)(이하 『대한민국임시정부자료집』 39).

2 이날 회의에 참여한 단체는 유호한국독립운동자동맹을 비롯하여 재중한인청년동맹 제1구 상해지부, 중국본부한인청년동맹 상해지부, 병인의용대, 한국노병회, 대한교민단, 상하이한인학우회, 상하이한인인성학교, 상하이기독교청년회, 흥사단 등이었다(『在上海朝鮮總督府派遣員昭和五年度綜合報告』, 2~4쪽(山口縣文書館, 「林家(朝鮮總督府關係)史料」 128). (이하 『在上海朝鮮總督府派遣員昭和五年度綜合報告』).

3 『在上海朝鮮總督府派遣員昭和五年度綜合報告』, 4~5쪽.

4 國會圖書館 編, 『韓國民族運動史料』(中國編), 1976, 673쪽(이하 『韓國民族運動史料』(中國編)).

5 「大韓民國臨時約憲(1927. 4. 11.)」, 『대한민국임시정부자료집』 1, 15쪽.

6 '이당치국以黨治國'이란 소련의 공산당이나 중국의 국민당처럼 당이 정책을 결정하면 국가가 그것을 실천하는 당 우위의 체제로서, 혁명당이 인민을 대신하여 직접 통치하는 정치체제다.

7 「韓國獨立黨發表告中國同胞書」, 『中央日報』, 1930. 2. 22(秋憲樹 編, 『資料韓國獨立運動』 2, 연세대출판부, 1971, 132쪽).

8 「浙江省執委會 電慰韓國獨立運動」, 『民國日報』, 1930. 2. 5;「冀省津市整委會通電 援助韓國獨立運動」, 『民國日報』, 1930. 2. 8;「蘇省黨部 電韓國民黨表同情」, 『民國日報』, 1930. 2. 10;「市學聯會通電 援助韓國獨立運動」, 『民國日報』, 1930. 2. 11;「聲援韓國革命運動 本市各級黨部之通電」, 『民國日報』, 1930. 2. 20;「贛南昌市執委會援助 韓國獨立運動」, 『中央日報』, 1930. 2. 24(이상 『대한민국임시정부자료집』 39).

9 『在上海朝鮮總督府派遣員昭和五年度綜合報告』, 6쪽;『韓國民族運動史料』(中國編), 642쪽.

10 「韓國黨人在東北暴動」, 『中央日報』, 1930. 8. 11(『대한민국임시정부자료집』 39, 347~350쪽).

11 『韓國民族運動史料』(中國編), 660쪽.

12 동삼성東三省은 만주의 랴오닝성遼寧省·지린성吉林省·헤이룽장성黑龍江省을 일컫는다.

13 『韓國民族運動史料』(中國編), 659~660쪽.

14 『韓國民族運動史料』(中國編), 660~661쪽.

15 『韓國民族運動史料』(中國編), 658~659쪽.

16 『昭和七年二月二十日日支時局に對する在滬朝鮮人の策動概況』, 4쪽(山口縣文書館所藏, 「林家(朝鮮總督府關係)史料」 122(이하 『昭和七年二月二十日日支時局に對する在滬朝鮮人の策動概況』).

17 박찬익은 1930년 4월 이후 임시정부 난징 주재원으로 난징에 상주하면서 중국국민당 난징시당부 선전부 국제과에서 근무하고 있었다(「박찬익」, 『한국근현대인물자료』, http://db.history.go.kr/item/level.do?setId).

18 『韓國民族運動史料』(中國編), 672쪽.

19 『韓國民族運動史料』(中國編), 674쪽.

20 韓哲昊, 「1930년대 전반기 한중연대와 항일운동」, 『한국근현대사연구』 22, 2002, 170쪽.

21 「中國人街로 群衆殺到 形勢險惡하든 四日夜」, 『東亞日報』, 1931. 7. 6.

22 윤상원, 「한국 역사학계의 만보산사건 연구동향과 과제」, 『한국문학연구』 51, 2016, 9쪽.

23 대륙 침략을 호시탐탐 노리던 일본 관동군에서는 이 사건을 이용하기로 하고 창춘長春

영사관에 지령을 내려 큰 피해를 입은 것처럼 조선에 허위 보도를 하도록 했다. 일제의 특무 기관은『조선일보』창춘지국 기자 김이삼金利三에게 기사를 조작하여 국내에 보도하게 했다.

24　『韓國民族運動史料』(中國編), 688쪽.

25　이날 모임에는 교민단 대표 김구, 병인의용대 대표 박창세, 상하이한인학우회 대표 구익균, 상하이한인소년동맹 대표 김덕근, 상하이한인여자청년동맹 대표 강영파, 대한애국부인회 대표 이의순, 노병회 대표 최석순, 흥사단 대표 안창호, 상하이한인기독교회 대표 송병조, 임시정부 측 조완구·이동녕·김철·조소앙 등 30여 명이 참석했다(『昭和七年二月二十日日支時局に對する在滬朝鮮人の策動槪況』, 10쪽).

26　『昭和七年二月二十日日支時局に對する在滬朝鮮人の策動槪況』, 11쪽.

27　『韓國民族運動史料』(中國編), 687쪽;『昭和七年二月二十日日支時局に對する在滬朝鮮人の策動槪況』, 7~9쪽.

28　『昭和七年二月二十日日支時局に對する在滬朝鮮人の策動槪況』, 12쪽.

29　'산둥참안'은 1928년 5월 북벌 중이던 국민혁명군이 산둥성 지난濟南에 들어오자 일제가 자국 국민을 보호한다는 구실로 군대를 보내 무력 충돌한 사건이며, 1923년 9월 일본 간토關東 지방에서 발생한 '간토대진재'는 지진 발생 후 사회가 크게 동요하자 일제는 '한국인이 집에 불을 지르고 우물에 독을 탔다.'는 등의 유언비어를 퍼뜨려 지진으로 인한 사회 혼란의 책임을 재일 한국인에게 돌렸고, 그 결과 일본 군경과 민간인들이 수많은 한국인들을 학살했다.

30　『韓國民族運動史料』(中國編), 687~688쪽;『昭和七年二月二十日日支時局に對する在滬朝鮮人の策動槪況』, 13~14쪽.

31　『昭和七年二月二十日日支時局に對する在滬朝鮮人の策動槪況』, 15~23쪽.

32　『昭和七年二月二十日日支時局に對する在滬朝鮮人の策動槪況』, 29~30쪽.

33　『昭和七年二月二十日日支時局に對する在滬朝鮮人の策動槪況』, 31~32쪽.

34　『昭和七年二月二十日日支時局に對する在滬朝鮮人の策動槪況』, 37~38면.

35　鄭文詳,「1930년대 前半期 항일운동의 전개와 上海 청년학생」,『中國近現代史硏究』28, 86~87쪽.

36　『韓國民族運動史料』(中國編), 689쪽;『昭和七年二月二十日日支時局に對する在滬朝鮮人の策動槪況』, 39~41쪽.

37　『韓國民族運動史料』(中國編), 689~690쪽;『昭和七年二月二十日日支時局に對する在滬朝鮮人の策動槪況』, 42~43쪽.

38　배경환,「윤봉길 의거 이후 蔣介石·국민정부의 한국독립운동지원과 '長期抗戰'」,『歷史學報』236, 2017, 382쪽.

39 李春植, 『中國史序說』, 敎保文庫, 1991, 558쪽.

40 『韓國民族運動史料』(中國編), 691쪽; 『昭和七年二月二十日日支時局に對する在滬朝鮮人の策動概況』, 43~44쪽.

41 『昭和七年二月二十日日支時局に對する在滬朝鮮人の策動概況』, 44~45쪽.

42 『韓國民族運動史料』(中國編), 690쪽.

43 『韓國民族運動史料』(中國編), 694쪽.

44 『昭和七年二月二十日日支時局に對する在滬朝鮮人の策動概況』, 48~50쪽.

45 『昭和七年二月二十日日支時局に對する在滬朝鮮人の策動概況』, 52~53쪽.

46 『昭和七年二月二十日日支時局に對する在滬朝鮮人の策動概況』, 62쪽.

47 『昭和七年二月二十日日支時局に對する在滬朝鮮人の策動概況』, 67쪽.

48 『昭和七年二月二十日日支時局に對する在滬朝鮮人の策動概況』, 68~69쪽.

49 「張氏臧主席에 無抵抗主義電命」, 『東亞日報』, 1931. 9. 21.

50 「中立地帶設定案 南京政府回答」, 『東亞日報』, 1931. 12. 2.

51 鄭文詳, 앞의 논문, 96쪽.

52 1927년 4월 장제스의 반공 쿠데타 이후 반공을 명분으로 장제스와 광둥파인 후한민·왕징웨이가 연합했다. 이후 장제스가 자신의 총통 선출을 목적으로 국민회의 소집과 약법約法 제정을 꾀하자 광둥파인 후한민 등이 이에 반발했다. 장제스는 결국 1931년 2월 후한민을 탕산湯山에 유배를 보내 사실상 감금했다('탕산사건'). 그러자 후한민은 반장제스파인 왕징웨이와 손을 잡고 광둥정부를 수립하여 장제스의 난징정부와 대립했다. 그러나 일제의 만주 침략으로 나라가 위기에 처하자 난징정부와 광둥정부는 공동 대응을 명분으로 1931년 11월 상하이에서 남북화평회의를 열었고, 그 결과 1932년 1월 장제스와 왕징웨이의 연합정부가 성립되었다.

53 『昭和七年二月二十日日支時局に對する在滬朝鮮人の策動概況』, 86~88쪽; 『韓國民族運動史料』(中國編), 695쪽.

54 한국의용군 상하이총사령부는 1932년 1월 13일 스스로 해체 선언을 했다(『朝鮮民族運動年鑑』, 1932. 1. 13.).

55 『昭和七年二月二十日日支時局に對する在滬朝鮮人の策動概況』, 96~97쪽.

56 배경한, 앞의 논문, 380~381쪽.

57 『昭和七年二月二十日日支時局に對する在滬朝鮮人の策動概況』, 4~5쪽.

58 도진순 주해, 『백범일지』, 돌베개, 1999, 296쪽(이하 『백범일지』).

59 『백범일지』, 316쪽.

60 『在上海朝鮮總督府派遣員昭和七年度綜合報告』, 54~55쪽.

61 『在上海朝鮮總督府派遣員昭和六年度綜合報告』, 33~34쪽. 1923년 12월 4일 교민단 의사

회에서는 자치 경찰의 조직을 단장에게 위임하기로 했고, 이어 16일 열린 임시의사회에서 의경대조례를 결의하고 26일 교민단 포고 제51호를 통해 의경대 설치와 함께 의경대원 장덕진·최천호, 의경대 고문 김구의 임명을 공포했다(『朝鮮民族運動年鑑』, 1923. 12. 4·16·26). 이후 의경대는 유명무실해졌다가 1930년 다시 설치된 것이니, 정확히 말하면 창설이 아닌 복원이다.

62 國史編纂委員會, 『韓國獨立運動史資料』 2, 1971, 281쪽(이하 『韓國獨立運動史資料』 2).

63 『在上海朝鮮總督府派遣員昭和六年度綜合報告』, 27~28쪽.

64 『在上海朝鮮總督府派遣員昭和七年度綜合報告』, 55쪽.

65 『백범일지』, 319~320쪽.

66 『백범일지』, 320쪽.

67 『백범일지』, 296쪽.

68 한시준, 「安恭根의 생애와 독립운동」, 『교회사연구』 15, 2000, 131쪽.

69 김구가 재무장이 된 때는 1930년 11월 18일이고, 또한 교민단장이 된 때는 1929년 8월 9일(『朝鮮民族運動年鑑』, 1929. 8. 9.)이며 물러난 때는 1931년 11월이므로, 재무장과 교민단장이 겹치는 시기는 1930년 11월~1931년 11월이다.

70 『백범일지』, 321쪽.

71 『백범일지』, 323쪽.

72 「李奉昌 제6회 신문조서」, 『대한민국임시정부자료집』 30, 40쪽.

73 『昭和七年二月二十日日支時局に對する在滬朝鮮人の策動概況』, 108~109쪽.

74 「韓國獨立黨之近像」(趙素昻, 1931. 1.), 『대한민국임시정부자료집』 33, 37쪽.

75 『백범일지』, 326쪽.

76 『백범일지』, 327쪽.

77 『韓國獨立運動史資料』 2, 256·258쪽; 『韓國民族運動史料』(中國編), 796·799쪽.

78 朝鮮總督府 高等法院檢事局, 『思想彙報』 7, 1936. 6, 19~20쪽(이하 『思想彙報』 7).

79 『韓國獨立運動史資料』 2, 256쪽.

80 『思想彙報』 7, 20쪽.

81 일제의 다른 정보에 따르면, 1931년 11월 4일 임시의정원에서 임시정부의 대일 선전 기관으로서 임시정부 소속의 특무 기관을 설치하기로 결의했고, 21일 외무장 조소앙을 간사장으로 하는 특무 기관인 시사통신사를 설치했다고 한다(『在上海朝鮮總督府派遣員昭和七年度綜合報告』, 28쪽; 『昭和七年二月二十日日支時局に對する在滬朝鮮人の策動概況』, 100쪽). 시사통신사의 활동에 대해서는 현재 확인할 수 없으나, 11월에 열린 국무회의에서 김구에게 전권을 위임했다고 한 특무대를 이와 혼동했을 가능성도 있다.

82 「李奉昌 제2회 신문조서」, 『대한민국임시정부자료집』 30, 9쪽.

83 『韓國民族運動史料』(中國編), 799쪽.

84 『韓國民族運動史料』(中國編), 796쪽.

85 『韓國民族運動史料』(中國編), 797쪽.

86 『韓國民族運動史料』(中國編), 799쪽.

87 『韓國民族運動史料』(中國編), 794쪽.

88 「韓國獨立黨宣言—對李奉昌狙擊日皇事件」, 『中央日報』, 1932. 1. 19(『대한민국임시정부
자료집』 29, 70쪽).

89 「虹口炸彈案 主使金九之自白」, 『時事申報』, 1932. 5. 9(『대한민국임시정부자료집』 29, 226
쪽).

90 「國民黨靑島市黨部完全燒失」, 『時報』, 1932. 1. 16(『대한민국임시정부자료집』 29, 68~70
쪽).

91 『백범일지』, 327쪽.

92 『백범일지』, 329~330쪽. 이 계획에서 폭탄 제조를 부탁받았던 김홍일의 회고에 의하면,
이보다 앞서 김구는 1932년 2월 중국인 잠수부 2명을 고용하여 황푸강黃浦江의 훙커우
부두에 정박하고 있던 일본군 사령부 격인 일본 군함 출운호出雲號를 폭파하는 계획을
세웠으나, 막판에 중국인 잠수부가 겁을 먹고 시간을 끌다가 폭탄을 배에 설치하기도 전
에 폭발하여 실패한 일이 있다고 했으나(김홍일, 『大陸의 憤怒: 노병의 회상기』, 문조사,
1972, 280~282쪽), 『백범일지』나 다른 자료에서는 확인할 수 없어 취하지 않았다.

93 이에 대해서는 다음 항에서 자세히 기술할 예정이다.

94 「朝京憲高秘 제92호 總督暗殺 目的으로 潛入한 不逞鮮人 檢擧送局에 관한 건(報告 通
牒)」(1932. 6. 8.), 『思想에 關한 情報』 3(http://db.history.go.kr/item/imageViewer.
do?levelId=had_151_0300).

95 조범래, 「李德柱義士의 履歷書」, 『의열투쟁 II—한인애국단』, 독립기념관, 2009, 257쪽.

96 『在上海朝鮮總督府派遣員昭和六年度綜合報告』, 34쪽.

97 『在上海朝鮮總督府派遣員昭和五年度綜合報告』, 29쪽.

98 『昭和7年2月20日 日支時局に關する在滬朝鮮人の策動槪況』, 62~63쪽.

99 『韓國民族運動史料』(中國編), 696쪽.

100 『在上海朝鮮總督府派遣員昭和六年度綜合報告』, 31쪽.

101 주 94와 같음.

102 白凡金九先生全集編纂委員會 編, 「兪鎭植履歷」, 『白凡金九全集』 4, 대한매일신보사,
1999, 210~214쪽(이하 『白凡金九全集』 4). 유진만은 자필 이력서엔 자신의 이름을 유
진식兪鎭植이라 기재했다.

103 『在上海朝鮮總督府派遣員昭和七年度綜合報告』, 44쪽; 『韓國民族運動史料』(中國編), 792쪽.

104 이상은 주 94와 같음. 이덕주는 1932년 3월 31일 자로 상하이의 김정애金貞愛 앞으로
    '일이 잘 안 되고 있다.'는 편지를 보냈는데, 신천읍 소재 '이씨목재상李氏木材商'의 용
    지로 된 이 편지가 아닐까 한다[「德柱가 金貞愛에게 보낸 서한」(1932. 3. 31.), 『白凡金九
    全集』4, 215~216쪽].

105 주 94와 같음.

106 「上海에서 歸來한 靑年數名檢擧」, 『東亞日報』, 1932. 5. 18.

107 「제2회 청취서(崔興植)」, 『대한민국임시정부자료집』30, 141쪽.

108 「李德柱·柳相根履歷」, 『白凡金九全集』4, 207쪽.

109 『韓國民族運動史料』(中國編), 797~798쪽.

110 최흥식은 청취서에서 "[1932년] 2월 10일경 조선 총독을 죽여 달라는 김구의 의뢰를
    받았지만 나는 도저히 사람을 죽일 수가 없다고 하며 거절하였다."고 했다(「제2회 청취
    서(崔興植)」, 『대한민국임시정부자료집』30, 141쪽).

111 「大連炸彈事件의 追憶」, 『한민』 제3호, 1936. 5. 25(『대한민국임시정부자료집』35, 194
    쪽).

112 「大連炸彈事件의 追憶」, 『한민』 제3호, 1936. 5. 25(『대한민국임시정부자료집』35, 194
    쪽); 「李德柱·柳相根履歷」, 『白凡金九全集』4, 206~207쪽.

113 「제2회 청취서(崔興植)」, 『대한민국임시정부자료집』30, 141쪽; 「제2회 청취서(柳相
    根)」, 『대한민국임시정부자료집』30, 135~136쪽; 「大連炸彈事件의 追憶」, 『한민』 제3호,
    1936. 5. 25(『대한민국임시정부자료집』35, 193쪽). 최흥식은 4월 1일, 유상근은 5월 4
    일 상하이를 출발했다는 자료도 있으나[「大連炸彈事件의 追憶」, 『한민』 제3호, 1936. 5.
    25(『대한민국임시정부자료집』35, 193쪽)], 여기서는 최흥식·유상근 본인의 진술인 청
    취서의 날짜를 취했다.

114 「調査團入連을 機會로 重大陰謀未然發覺」, 『東亞日報』, 1932. 7. 3.

115 곽윤은 김구가 만주와 국내 등지로 파견한 한인애국단원들과 연락할 때 사용하던 이름
    이었다.

116 일본 경찰 보고[「金九가 密派한 암살단원 체포에 관한 건」, 1932. 6. 6(『韓國民族運動史
    料』(中國編), 732쪽)]에는 5월 23일과 24일 최흥식과 유상근을 각각 체포했다고 했으
    나, 당시 국내 신문(「調査團入連을 機會로 重大陰謀未然發覺」, 『東亞日報』, 1932. 7. 3.),
    임시정부의 자료(「大連炸彈事件의 追憶」, 『韓民』 3호, 1936. 5. 25.)에서는 5월 24일과 25
    일에 체포되었다고 하여 여기서는 이를 따랐다.

117 『白凡金九全集』4, 587~588쪽.

118 『韓國民族運動史料』(中國編), 733쪽.

119 『韓國民族運動史料』(中國編), 734~735쪽; 「調査團一行 ○○次 ○人大連潛入」, 『東亞日

報』, 1932. 5. 31.

120 「韓人謀刺調査團日人謂我供給費用」, 『天津大公報』, 1932. 7. 17(『白凡金九全集』 4, 608 쪽).

121 엄항섭, 『屠倭實記』, 국제문화협회, 1946, 66쪽.

122 『백범일지』, 331쪽.

123 『백범일지』, 341쪽.

124 「제2회 청취서(柳相根)」, 『대한민국임시정부자료집』 30, 138쪽.

125 노종균은 1894년 황해도 안악군에서 태어났다. 1921년 동아일보 안악지국 판매부장으로 활동하다가 임시정부 군자금 모집원 홍완기가 체포되자 안악지국 기자로 활동하고 있던 오면직吳冕稙과 함께 그를 구출하려다가 실패하고, 일본 경찰의 추적을 피해 그해 11월 20일 상하이로 망명했다. 1922년 1월 13일 경무국장 김구의 지시로 오면직과 함께, 모스크바로부터 지원받은 독립 자금을 횡령했다는 이유로 국무원 비서장 김립을 살해했다. 이후 한국노병회 특별 회원으로 활동하다가 12월 베이징학병단에 파견되어 군사교육을 받고 1924년 1월 상하이로 돌아왔다. 이후 김구와 함께 활동하면서 상하이 시기에는 백운서白雲瑞 또는 김동우金東宇라는 별명을 사용했고, 1933년 10~11월경 김구의 부름을 받고 자싱을 거쳐 난징에 간 이후에는 김동오金東吾(五) 또는 양동오楊東吾라는 별명을 사용했다(국가보훈처, 「노종균」, https://e_gonghun.mpva.go.kr/diquest/Search.do).

126 『韓國民族運動史料』(中國編), 743쪽.

127 『在上海朝鮮總督府派遣員昭和七年度綜合報告』, 21쪽.

128 『在上海朝鮮總督府派遣員昭和八年度綜合報告』, 94쪽.

129 『백범일지』, 335쪽.

130 『백범일지』, 336쪽.

131 『백범일지』, 336쪽.

132 『백범일지』, 337쪽.

133 『韓國民族運動史料』(中國編), 794쪽.

134 정정화, 『長江日記』, 학민사, 1998, 109~110쪽.

135 이명화, 「도산 안창호의 서대문형무소 투옥과 수감 생활」, 『한국독립운동사연구』 46, 2013, 173쪽.

136 이명화, 위의 논문, 174쪽.

137 『韓國民族運動史料』(中國編), 712~713쪽. 이날 체포된 11명의 청년 가운데 상하이한인청년단 단원인 김덕근金德根·장현근張鉉瑾 두 명만 안창호와 함께 국내로 압송되고 나머지 9명은 모두 석방되었다.(『韓國民族運動史料』(中國編), 729쪽).

138 피치 일가와 한국 독립운동의 관계에 대한 자세한 내용은 김주성, 「미국 선교사 Fitch
    一家의 한국 독립운동 지원활동」, 『한국독립운동사연구』 57, 2017 참조.

139 조지 애쉬모어 피치, 『조지 피치와 대한민국』, 김구재단, 2018, 168쪽.

140 일제의 정보 자료에 의하면, 김구가 아들 피치 집으로 피신한 것은 "당시 상하이교통대
    학 체육교사 신국권의 주선으로 미국인 피치 집에 은신하게 되었다."라고(『韓國獨立運
    動史資料』 2, 268쪽) 했으나, 여기서는 당사자인 아들 피치의 견해를 따랐다.

141 『백범일지』, 338쪽.

142 『백범일지』, 339쪽.

143 「虹口炸彈案 主使自白」, 『時事申報』, 1932. 5. 10(『대한민국임시정부자료집』 29, 231쪽).
    김구는 뒤이어 "'신천사건'[이덕주·유진만의 우가키 총독 암살 계획]과 '다롄사건'[유
    상근·최흥식의 관동군사령관 등 암살 계획]은 다 실패하였으나, 아직 발표할 때가 아니
    라고 생각하였기 때문에 위 두 사건만을 우선 발표한 것"이라고 했다(『백범일지』, 339
    쪽). 그러나 '다롄사건'은 김구의 착각이다. 왜냐하면 최흥식은 5월 24일, 유상근은 5월
    25일 체포되어, 김구가 이 선언을 발표하기 전까지 체포 사실을 알지 못했고, 더구나 5
    월 30일 자로 김구가 최흥식에게 보낸 편지도 있기 때문이다(『韓國民族運動史料』(中國
    編), 733쪽). 이 역시 후일 기억에 의존한 데서 연유한 것으로 보인다.

144 『백범일지』, 342쪽.

145 『백범일지』, 343쪽.

146 이 상황은 피치 부인의 기억과 약간 차이가 있다. 피치 부인은 당시 주방으로 찾아온
    양복점 사람은 김구가 말한 "불란서 경찰서의 정탐꾼"이나 "낯선 중국인 노동자"가 아
    니라, 자신의 "요리사의 재봉사"라고 한 "중국인인지 일본인지 분간할 수 없는 작은 동
    양인"이라고 했다(조지 애쉬모어 피치, 앞의 책, 168쪽).

147 정정화, 앞의 책, 112쪽.

148 『韓國民族運動史料』(中國編), 742쪽.

149 조지 애쉬모어 피치, 앞의 책, 36~37쪽. 김구는 상하이 탈출 당시 피치 부인과 부부를
    가장했다고 회고했다(『백범일지』, 343쪽).

150 (사)백범김구선생기념사업회, 『백범의 길－임시정부의 중국 노정을 밟다』 上, arte,
    2019, 211~212쪽.

151 『백범일지』, 342쪽.

152 정정화, 앞의 책, 114쪽.

153 조지 애쉬모어 피치, 앞의 책, 164쪽.

154 위의 책, 35쪽.

155 『韓國民族運動史料』(中國編), 745쪽.

156 (사)백범김구선생기념사업회, 앞의 책, 203쪽.

157 「大韓民國臨時政府公報 號外」,『대한민국임시정부자료집』1, 174쪽.

2장 임시정부와 멀어진 김구

1 「高裁案—上海總領事館特高警察機關擴充に關する件(1932. 6. 1.)」,『在上海總領事館警察部並特高警察課關係一件』第1卷, 昭和8年12月(https://www.jacar.archives.go.jp/aj/meta/image_B14090416300)(이하『在上海總領事館警察部並特高警察課關係一件』第1卷).

2 고등계 경찰의 경우 경시(사무관) 1명, 경부·경무보 각 1명, 순사부장·순사 각 2명이었다 (「上海總領事館警察機關人員表(1932年 6月 1日 現在)」,『在上海總領事館警察部並特高警察課關係一件』第1卷).

3 「高裁案—上海總領事館特高警察機關擴充に關する件(1932. 6. 1)」,『在上海總領事館警察部並特高警察課關係一件』第1卷.

4 부영사의 경우 외무성 2명, 조선·타이완 양 총독부 또는 관동청 각 1명, 그 밖에 외무성 경부 및 순사의 경우도 조선에서 일정 인원을 배정했다(「高裁案—上海總領事館特高警察機關擴充に關する件 別紙 上海總領事館警察部特高特事務分掌規程案要旨(1932. 6. 1.)」,『在上海總領事館警察部並特高警察課關係一件』第1卷).

5 「警察部設置並特高警察機關臨時辨法實施方に關する件(1932. 8. 16.)」,『在上海總領事館警察部並特高警察課關係一件』第1卷

6 「上海特高に關する官制及特別任用令公布の件(1932. 11. 10.)」,『在上海總領事館警察部並特高警察課關係一件』第1卷.

7 「第55號 上海警察部職員任命並警察部開設方の件(1932. 12. 14.)」,『在上海總領事館警察部並特高警察課關係一件』第1卷.

8 「在上海總領事館特高警察機關擴充に關する件(1932. 11. 11.)」,『在上海總領事館警察部並特高警察課關係一件』第1卷.

9 「電報」(1932. 9. 12.),『在上海總領事館警察部並特高警察課關係一件』第1卷.

10 「上海特高副領事任命(朝鮮側推薦)」,『在上海總領事館警察部並特高警察課關係一件』第1卷.

11 「機密 第275號 當館警察部開設並處務細則制定に關する件(1933. 3. 13.)」,『在上海總領事館警察部並特高警察課關係一件』第1卷.

12 「鮮人取締諜報費並共産黨諜報費增額方稟請の件(1932. 9. 29.)」,『在上海總領事館警察部並特高警察課關係一件』第1卷. 당시 상하이 일본 총영사관에서는 '원圓 : 불弗' 환율을 '금액金額 100원 : 130~150불'로 했으나 이후 환율이 하락하여 '100원 : 100불'로 계산

했다.

13 「機密 第1007號 諜報費增額方稟請之件(1933. 8. 26.)」, 『在上海總領事館警察部並特高警察課關係一件』第1卷.

14 「高裁案—上海總領事館特高警察機關擴充に關する件(1932. 6. 1.)」, 『在上海總領事館警察部並特高警察課關係一件』第1卷.

15 「在上海總領事館特高警察機關擴充に關する件(1932. 11. 11.)」, 『在上海總領事館警察部並特高警察課關係一件』第1卷.

16 『白凡金九全集』4, 645쪽.

17 『韓國民族運動史料』(中國編), 733쪽.

18 이상은 『韓國民族運動史料』(中國編), 738쪽.

19 이상은 『韓國民族運動史料』(中國編), 733~734쪽.

20 위와 같음.

21 이상은 『韓國民族運動史料』(中國編), 735~738쪽.

22 일제의 다른 자료에 따르면 박춘산을 박춘삼朴春三으로 기록하고 있다(『最近支那關係諸問題摘要』上卷, 441~447쪽(https://www.jacar.archives.go.jp/aj/meta/image_B13081236000). 또한 1931년 3월 상하이 훙커우 거주 한인들로 조직한 친일 단체인 조선인 동우회 회원 가운데 박춘산이 있어(『朝鮮民族運動年鑑』, 1931년 기타) 같은 인물로 판단되어, 여기서는 박춘산으로 했다.

23 이상은 『最近支那關係諸問題摘要』上卷, 441~447쪽(https://www.jacar.archives.go.jp/aj/meta/image_B13081236000)(「일본헌병의 실패」, 『대한민국임시정부자료집』28, 94~96쪽).

24 『韓國民族運動史料』(中國編), 758쪽.

25 이 사건을 보도한 중국 신문에 따르면, "이번에 김 씨[김철]가 체포된 것은 순전히 한간漢奸 황자닝의 작당에 의한 것이다. 황 씨는 광둥 태산현台山縣 사람이다. 그는 금년 30세로, 한때 중앙위원 이열균李烈鈞을 추종했으며 우칭유 변호사 사무소에서 오랫동안 일했다. 광둥 출생의 혁명가들과 관계를 갖고 있으며, 이번에는 김철을 알게 되었던 것이다. 이것도 광둥 혁명당이 소개한 것이라고 한다. 그런데 생각 밖으로 그는 나라를 팔고 친구를 팔아먹는 사람이라는 것을 그 누구도 몰랐던 것"이라고 했다(「일본이 金澈을 체포하려는 의도는 무엇인가?」, 『申報』, 1932. 12. 6.)(『대한민국임시정부자료집』39, 389쪽).

26 「金澈氏被捕又被釋」, 『上海韓聞』제33호, 1932. 12. 5; 「金永鐸被捕案 市府昨向法日抗議」, 『申報』, 1932. 12. 4; 「日捕金澈含意叵測」, 『申報』, 1932. 12. 16(『대한민국임시정부자료집』39, 385~390쪽).

27 이상은『最近支那關係諸問題摘要』上卷, 448~458쪽. 김석과 중국인 유금배의 진술에 따
르면 체포하러 온 일본 경찰은 7명이었다고 한다(국가보훈처·국사편찬위원회,『프랑스
외무부 문서보관소 소장 한국독립운동사료』3, 2016, 43~46쪽).

28 「金永鐸被捕案 市政府向法日抗議」,『申報』, 1932. 12. 4(『대한민국임시정부자료집』39,
386쪽).

29 『韓國民族運動史料』(中國編), 780~781쪽.

30 국사편찬위원회·국가보훈처,『프랑스 외무부 문서보관소 소장 한국독립운동 사료』1,
2015, 195쪽.

31 이상은『韓國民族運動史料』(中國編), 780~782쪽.

32 國史編纂委員會,『韓國獨立運動史資料』3, 1973, 574쪽;『韓國民族運動史料』(中國編), 787
쪽. '석현구 암살 사건'에 참여한 병인의용대원 이수봉은 1935년 10월 12일 상하이 프랑
스 조계에서, 이경산은 같은 날 광둥에서 일본 경찰에게 체포되었다(국가보훈처·국사편
찬위원회,『프랑스 외무부 문서보관소 소장 한국독립운동사료』3, 2016, 94·101쪽).

33 이혜린,「1932년 일본의 재상해 한인 체포활동과 프랑스 조계 당국의 대응」,『사림』62,
2017, 216~217쪽.

34 이호룡,『한국의 아나키즘-운동편-』, 지식산업사, 2015, 264쪽.

35 정화암鄭華岩(본명 賢燮, 1896~1981)은 1921년 베이징으로 간 뒤 무정부주의운동에 참
가했다. 1924년에는 이회영 등과 함께 재중국조선무정부주의자연맹을 설립했고, 1928
년에는 안공근 등과 함께 재중국조선무정부공산주의자연맹 상해지부를 결성하고 상하
이를 거점으로 활동했다. 1930년대 초에는 만주로 가서 김좌진 등 대종교 민족주의자
들과 연합하여 혁명 기지 건설에 노력하던 중 김좌진 등이 공산주의자들에 의해 피살
되자 혁명 기지 건설이 불가능하다고 판단하고, 1931년 8월 하순 상하이로 돌아와 남화
연맹에 가입했다[「정화암」,『독립유공자공적조서』, 공훈전자사료관(https://e-gonghun.
mpva.go.kr/diquest/Search.do)].

36 보다 상세한 내용은 이호룡, 앞의 책, 268~269쪽 참조.

37 이호룡, 앞의 책, 281~282쪽.

38 「무정부주의 불령선인의 有吉 공사 암살 음모사건 내사의 건」, 1933. 3. 17(「巡査山田角
兵衛의 경찰서장 대리 경부 福山三霍에의 보고」, 1~5쪽)(박찬승,「1933년 상해 有吉明
공사 암살 미수사건의 전말」,『한국독립운동사연구』60, 2017, 219쪽에서 재인용).

39 박찬승, 앞의 논문, 220~221쪽.

40 오면직은 1894년 황해도 안악에서 태어났다. 양산학교 중학부와 평양 대성중학을 중퇴
했고, 1919년 3·1운동에 참여했으며, 1920년 진남포경찰서에 폭탄을 투척했다.『조선일
보』및『동아일보』안악지국 기자로 활동하던 1921년 임시정부의 군자금 모집원 홍완

기가 체포되자 노종균과 함께 그를 구출하려다가 실패하고 일본 경찰의 추적을 피해 그해 11월 20일 상하이로 망명했다. 1922년 1월 13일 경무국장 김구의 지시로 노종균과 함께, 모스크바로부터 지원받은 독립 자금을 횡령했다는 이유로 국무원 비서장 김립을 살해했다. 이후 한국노병회 파견원으로 허난성河南省 군관학교에 입학하고 그 후 카이펑開封에 있는 육군병공창에 근무하다가 1925년 1월경 사직하고, 1929년 여름 상하이로 돌아왔다. 상하이에서 무정부주의운동에 참여하여 1930년 12월 만주로 갔다가 1931년 상하이로 돌아와 남화한인청년연맹에 가입하여 활동하던 1933년 10월과 11월 사이 김구의 부름을 받고 노종균과 같이 자싱嘉興으로 가서 이후 난징南京에서 김구의 군관 양성 활동에 종사했다. 양여주楊汝舟·마중량馬仲良·주효춘朱曉春 등의 별명을 사용했다「「오면직」, 『이달의 독립운동가』, 공훈전자사료관(https://e-gonghun.mpva.go.kr/diquest/Search.do)].

41 「嚴舜奉判決文」, 『判決文』, 공훈전자사료관(https://e-gonghun.mpva.go.kr/openViewer.do).

42 박찬승, 앞의 논문, 226쪽.

43 「무정부주의 불령선인의 有吉 공사 암살 음모사건 내사의 건」, 1933. 3. 17(「巡査山田角兵衛의 경찰서장 대리 경부 福山三霍에의 보고」, 1~5쪽)(박찬승, 앞의 논문, 229쪽에서 재인용).

44 정화암, 『어느 아나키스트의 몸으로 쓴 근세사』, 자유문고, 1992, 145쪽.

45 독립운동사편찬위원회, 『독립운동사자료집』 11, 826쪽(이하 『독립운동사자료집』 11). 이종홍은 당시 일본 총영사관 고등계 고토後藤 순사의 밀정이었다[「特秘第2號 對金九特種工作二關スル件」(1935. 8. 13.), 『昭和十八年度以降報告綴(特秘)』, 2쪽][山口文書館 所藏 「林家(朝鮮總督府關係)史料」 113].

46 국가보훈처·국사편찬위원회, 앞의 책, 77~79쪽.

47 『韓國民族運動史料』(中國編), 780쪽.

48 정화암, 앞의 책, 156쪽.

49 정화암, 앞의 책, 138~140쪽.

50 정화암, 앞의 책, 160쪽.

51 『독립운동사자료집』 11, 82~827쪽.

52 『韓國民族運動史料』(中國編), 783쪽.

53 정화암, 앞의 책, 130~132쪽.

54 정화암, 앞의 책, 131쪽.

55 國家報勳處, 『三十年放浪記: 유기석회고록』, 2010, 225~228쪽.

56 「京高特秘 第1120號 無政府主義者李容俊取調의 件」(1939. 4. 27.), 『思想에 關한 情報綴』 4

(http://db.history.go.kr/item/imageViewer.do?levelId=had_165_0050).

57 이호룡은 "김구 일파와의 절충에 따라 거사를 포기한 것으로 서술한 자료도 있으나 신 빙성이 별로 없"다고 하여 김구 측과의 협의를 부인했다(이호룡, 앞의 책, 310쪽 주 446).

58 「玉慧觀實爲韓人所殺」, 『申報』, 1933. 8. 9(金光載, 「上海 시기 玉觀彬 밀정설에 대한 비판 적 검토」, 『한국근현대사연구』 63, 2012, 56~58쪽에서 재인용).

59 「爲玉慧觀先生辨誣」, 『申報』, 1933. 8. 12(金光載, 앞의 논문, 58~59쪽에서 재인용).

60 김창숙은 자신은 일본 밀정인 유세백劉世伯·박겸朴謙에 의해 체포되었다고 했다(心山思 想研究會 編, 『金昌淑』, 한길사, 1982, 245쪽).

61 윤경로, 「105인사건 피의자들의 사건 이후 행적에 관한 소고—친일로 경도된 9인을 대 상으로」, 『한국기독교와 역사』 36, 2012, 108쪽.

62 일제 정보에 의하면 당시 김구는 1921년 "그의 상업 자금의 출처에 대해 의심을 하고 요 주의 인물로 경계한다는 설이 있다."고 했다(『朝鮮獨立運動』 II, 146쪽).

63 도산기념사업회 編, 「안창호일기(1920. 2. 15, 2. 18, 2. 24, 4. 16.)」, 『安島山全書』 中, (株) 汎洋社出版部, 248, 251, 256, 283쪽.

64 윤경로, 앞의 논문, 134쪽.

65 옥관빈의 사업은 날이 갈수록 번창하여 삼덕양행을 경영할 무렵 무려 '100여만 원의 거 부를 이루었다. 가끔 운동 자금을 달라고 가면 "너희만 일하겠느냐, 나도 돈 버는 목적 이 있다." 하고 모두 거절했다고 한다(「玉觀彬氏의 豪語」, 『삼천리』 제5권 제9호, 1933. 9. 1).

66 김광재, 앞의 논문.

67 윤경로, 앞의 논문.

68 김광재, 앞의 논문 참조.

69 남화연맹은 거사 자금 충당을 위해 1931년 12월 금은 교역상 및 과물상인 한인 이명섭 을 비롯하여 1936년 11월 마약 밀매상 한규영을 습격하는 등 모두 일곱 차례의 강도 행 위를 했으나 살인을 한 적은 한 차례도 없었다(이호룡, 앞의 책, 293~296쪽).

70 『백범일지』, 317쪽.

71 「위수덕韋洙德」, 『한국근현대인물자료』(http://db.history.go.kr/item/level.do?setId).

72 「朝鮮人 同友會에 관한 정보 보고」, 『韓國獨立運動史資料』 20. (http://db.history.go.kr/ item/imageViewer.do?levelId=kd_020_0010_0700).

73 「동우회同友會 회칙」, 『朝鮮民族運動年鑑』, 1932년 기타.

74 「玉觀彬의 暗殺犯人에 關하는 件 1」(1933. 3. 12.), 『경성지방법원 검사국문서』. (http:// db.history.go.kr/item/imageViewer.do?levelId=had_196_0380).

75 蕭錚,「中國協助韓國光復之回憶」,『대한민국임시정부자료집』25, 195~196쪽.

76 蕭錚,「中國協助韓國光復之回憶」,『대한민국임시정부자료집』25, 195~196쪽.

77 임진왜란 당시 무참히 살해당한 승려의 슬픈 사연은『백범일지』(345쪽)에는 '서문 밖 삼탑'으로 잘못 기술되어 있어 혈인사 돌기둥으로 수정했다(도진순,『쉽게 읽는 백범일지』, 돌베개, 2005, 247쪽).

78 이상은『백범일지』, 347~348쪽.

79 『백범일지』, 350쪽.

80 이상은『백범일지』, 35~355쪽.

81 『韓國民族運動史料』(中國編), 747쪽.

82 엄항섭,『屠倭實記』, 국제문화협회, 1946, 62~65쪽.

83 엄항섭, 앞의 책, 35쪽. 이 성명서는 10월 15일『신강신보申江日報』에「한인애국단장 김구, 한국열사 이봉창의 의거전말을 선포함」이란 성명서로 각각 발표했다(『韓國民族運動史料』(中國編), 753~754쪽).

84 윤은자,「1932~1937년 김구의 난징南京 행적」,『中國近現代史研究』84, 2019, 83~84쪽.

85 독립운동사편찬위원회,『독립운동사자료집』11, 826쪽.

86 『백범일지』, 341쪽.

87 『朝鮮民族運動』Ⅱ, 503쪽.

88 「大韓民國臨時政府公報」號外(1932. 5. 22.),『대한민국임시정부자료집』1, 174쪽.

89 『韓國民族運動史料』(中國編), 742쪽.

90 『韓國民族運動史料』(中國編), 744쪽.

91 『朝鮮獨立運動』Ⅱ, 499쪽.

92 『韓國民族運動史料』(中國編), 794~795쪽. 조소앙이 김석에게 중국홍십자회 비서 지주칭을 찾아가게 한 것은, 지주칭이 1932년 3월 20일 조소앙·김철이 광둥 혁명파인 변호사 우칭유伍澄宇와 협의하여 조직한 한중 연대 단체인 중한민족항일대동맹의 재무부장이었기 때문이다(같은 책, 827~828쪽).

93 『韓國民族運動史料』(中國編), 744쪽;『朝鮮獨立運動』Ⅱ, 499쪽. 또 다른 일본 정보에는 박창세 등이 항저우에 간 날짜는 5월 28일이라고 하고 있다(高麗書林,『朝鮮民族運動史〈未定稿〉』4, 1989, 508쪽).

94 高麗書林, 위의 책, 511쪽.

95 『韓國民族運動史料』(中國編), 739~740쪽.

96 『朝鮮獨立運動』Ⅱ, 499쪽.

97 『韓國民族運動史料』(中國編), 745쪽.

98 『韓國民族運動史料』(中國編), 747쪽.

99 『韓國民族運動史料』(中國編)』, 750쪽.

100 『韓國民族運動史料』(中國編), 750~751쪽.

101 國史編纂委員會, 『韓國獨立運動史資料』1, 1968, 55~56쪽(이하 『韓國獨立運動史資料』
    1); 「임시의정원회의 제24회(1932. 11.)」, 『대한민국임시정부자료집』2, 276쪽.

102 『韓國民族運動史料』(中國編), 768~769쪽.

103 1933년 6월 21일 신익희가 사임하고 김규식이 외무장이 되었다.

104 『韓國獨立運動史資料』1, 57쪽; 『韓國民族運動史料』(中國編), 777쪽.

105 이들 국무위원을 소속 정당별로 보면, 한국독립당이 이동녕·김구·송병조·차이석·이유
    필, 한국광복동지회가 김규식, 조선혁명당이 최동오, 한국혁명당이 윤기섭·신익희 등
    이었다.

106 『韓國民族運動史料』(中國編), 778~780쪽.

107 「虹口炸彈案 主使人金九之自白」, 『時事申報』, 1932. 5. 9(『대한민국임시정부자료집』29,
    227쪽).

108 蕭錚, 앞의 글, 197쪽; 秋憲樹 編, 『資料韓國獨立運動』3, 연세대출판부, 1973, 268쪽.

109 『백범일지』, 355쪽; 朝鮮總督府 高等法院檢事局 思想部, 『思想彙報』第9號, 1936. 12, 116
    쪽(이하 『思想彙報』第9號); 윤은자, 「1932~1937년 김구의 난징南京 행적」, 『中國近現代
    史研究』84, 2019, 79쪽.

110 『백범일지』, 356쪽.

111 배경한, 앞의 논문, 395쪽.

112 『思想彙報』第9號, 116쪽. 당시 중국 화폐의 가치를 보면 1원元=100선仙(광동·홍콩 지
    역 통용)으로 쌀 1가마의 가격이 6~7원, 입교생 월 급여 11원, 중국군 소위 월급 40원,
    중위 월급 60원이었다고 하니(한상도, 『韓國獨立運動과 中國軍官學校』, 문학과 지성사,
    1994, 313쪽), 김구가 받은 월 5천 원은 결코 적지 않은 액수다.

113 국사편찬위원회 편, 『한국독립운동사연표』13, 1994, 485쪽. '1933년 5월'은 "민국 15
    년[1933] 5월 김구는 박찬익과 함께 난징 중앙군관학교에서 장개석과 면담"했다고 한
    『독립운동사』4권(독립운동사편찬위원회, 1973, 769쪽)에 근거한 것으로 보인다.

114 韓詩俊, 『韓國光復軍研究』, 一潮閣, 32쪽; 한상도, 『韓國獨立運動과 中國軍官學校』, 문학과
    지성사, 1994, 309쪽. '1933년 봄'은 1947년 백범김구선생기념사업협회에서 발간한 『백
    범일지』에 근거한 것이다.

115 국내 연구자에 따라서는 '1932년 5월설'(이연복, 「南坡 朴贊翊 研究」, 『국사관논총』18,
    1990), '1932년 9~10월설'(손세일, 『이승만과 김구』4, 조선뉴스프레스, 2015), '1933년
    전반기설'(김광재, 『근현대 중국관내지역 한인사 연구』, 경인출판사, 2016), '1933년 8
    월설'(남파박찬익전기간행위원회, 『南坡 朴贊翊 傳記』, 을유문화사, 1989; 김삼웅, 『백범

김구평전』, 시대의 창, 2016) 등이 있다.

116 윤은자, 앞의 논문, 83~84쪽.

117 國史編纂委員會, 『韓民族獨立運動史資料集』 43, 2000, 52~53쪽.

118 邵毓麟, 「『使韓回憶錄』 중에서 임정 관련 회고 부분」, 『대한민국임시정부자료집』 25, 231쪽. 샤오위린은 1944년에는 김구의 요청으로 임시정부의 고문을 맡는 등 한국 독립운동을 적극 지원한 인물이다.

119 「김구가 소쟁에게 보낸 서한(1933. 3. 10.)」, 『대한민국임시정부자료집』 42, 297쪽.

120 한상도, 앞의 책, 260·264쪽.

121 위의 책, 61쪽.

122 『韓民族獨立運動史資料集』 43, 52~53쪽.

123 『韓國獨立運動史資料』 2, 150쪽; 『韓民族獨立運動史資料集』 43, 53~54쪽.

124 이청천 등 한국독립군의 관내 이동과 관련해서 '김구가 한인특별반 교관 부임을 요청했고 이에 이청천이 이규채·김상덕 등을 난징에 파견하여 김구와 교섭하였다.'는 주장도 있으나(채근식, 『武裝獨立運動秘史』, 대한민국공보처, 1949, 194쪽; 한상도, 앞의 책, 317~318쪽) 여기서는 이규채의 신문조서를 따랐다.

125 이명옥(본명 李光福)은 상하이 프랑스 조계에 거주하는 입교생 모집원으로서, 이재천·이재현 형제 등을 모집하여 난징에 보냈다(『白凡金九全集』 4, 1010쪽).

126 톈진의 일본 조계 추산가秋山街에 거주하는 입교생 모집원이다(『白凡金九全集』 4, 964쪽).

127 「全奉南신문조서(第二回)」, 『韓民族獨立運動史資料』 43, 239쪽.

128 社會問題資料研究會 編, 『思想情勢視察報告集』 2, 東洋文化社, 1976, 358~362쪽(이하 『思想情勢視察報告集』 2). 한인특별반의 공식 명칭은 '중국중앙육군군관학교 낙양분교 제2총대 제4대대 육군군관훈련반 제17대'였다(『思想情勢視察報告集』 2, 381쪽). 1~16대는 중국 군관 훈련생이고 17대는 한인 청년을 위하여 특별 편제한 것이었다. 그리고 일제의 정보에 의하면, 개교 당시 입교생은 이청천의 한국독립군이 34명, 김구 계열이 4명, 김원봉 계열인 의열단 소속이 12명, 중앙육군군관학교 입교 희망자 4명, 어느 파에도 속하지 않는 자가 8명으로 총 62명이다(『白凡金九全集』 4, 845~846쪽).

129 『백범일지』, 365~367쪽.

130 김인은 1934년 4월 6일 자로 고향인 황해도 안악의 김선량金善亮에게 난징에 무사히 도착했다는 편지를 보냈다(金正柱 編, 『朝鮮統治史料』 8, 韓國史料研究所, 1971, 531~532쪽)(이하 『朝鮮統治史料』 8). 이로 보아 김구가 모자 상봉을 위해 자싱에 간 것은 1934년 4월 6일 이전이며, 난징에 온 김인은 김동산金東山으로 이름을 바꾸고 뤄양의 한인특별반에 입교했다.

131　한홍구·이재화 편,『韓國民族解放運動史資料叢書』3, 경원문화사, 1994, 213~214쪽. 김 구의 방문과 관련하여 의열단원 홍가륵洪加勒은 "1934년 4월 20일 조선혁명군사정치 간부학교 제2기생 졸업식에 참여하고, 졸업생 일동에게 기념품으로 만년필을 증정하였 다."고 했다(『韓民族獨立運動史資料集』31, 128~129쪽).

132　염인호,『김원봉연구』, 창작과 비평사, 1992, 169쪽.

133　한홍구·이재화 편, 위의 책, 214쪽.

134　「全奉南신문조서(第3回)」,『韓民族獨立運動史資料』44, 5쪽.

135　『朝鮮統治史料』8, 498쪽.

136　『思想情勢視察報告集』2, 381쪽.

137　한상도, 앞의 책, 313쪽.

138　『朝鮮統治史料』8, 496쪽;「全奉南신문조서(第3回)」,『韓民族獨立運動史資料集』44, 12 쪽.

139　『韓民族獨立運動史資料集』43, 59·72쪽. 당시 한인특별반 입교생의 경우 매월 지급되 는 12원 가운데 식비 6원과 국민당비 등을 제외하고 남은 3원 60선仙을 실제 수령했 다(『韓國民族運動史料』(中國編), 840쪽). 당시 중국군 장교의 경우 소위가 40원, 중위가 60원을 받았고, 쌀 1가마의 가격이 6~7원이라고 하니(한상도, 앞의 책, 313쪽 주 76 참 조) 이청천이 김구에게 받았다고 한 50원은 중국군 장교 소위와 중위 월급의 중간쯤 이다.

140　한상도, 앞의 책, 314쪽.

141　『思想彙報』第7號, 164쪽. 전봉남의 신문조서에 따르면, 김구는 1934년 8월 8일경 오면 직을 대동하고 뤄양분교에 와서 자파 학생 9명을 자기의 친병親兵이라며 데려갔고, 그 뒤 9월 10일경 군관학교 16대의 중국인 구대장이 또 김구의 자파 학생 17명을 난징으 로 보냈다고 한다. 김구가 친병이라며 데려간 이가 양철생(현철진)·정국광(정성언)·마 유신(정봉한)·황석주(최창한)·노영창(노기홍)·이복홍(이극성)·김동산(김인)·김학무 (김원길)·호영이고, 중국인 구대장이 빼내 간 17명은 이의홍(최익성)·김상두·왕신호 (김웅)·진동명(백낙칠)·고일명(고수복)·김동수·노태준·(노학영)·진국도·왕동일·왕형 (안춘생)·왕의성(김갑성)·왕자인(최능희)·이세영·신계서·조동윤·왕중양(나태섭)·뇌 진이다(괄호 안은 본명)(「全奉南신문조서(第3回)」,『韓民族獨立運動史資料集』44, 4~5 쪽).

142　『朝鮮獨立運動』Ⅱ, 580쪽.

143　김홍일,『大陸의 憤怒: 노병의 회상기』, 문조사, 1972, 300쪽.

144　『朝鮮統治史料』8, 449쪽.

145　『朝鮮獨立運動』Ⅱ, 554쪽.

146 『思想情勢視察報告集』2, 382쪽.

3장 행방불명된 암살자 — 1차 김구 암살 공작

1 「拜啓」(1935. 8. 22.),『昭和十年度以降報告綴(特秘)』, 18~19쪽[山口縣文書館, 林家(朝鮮總
督府關係)史料」113](이하『昭和十\年度以降報告綴(特秘)』).

2 「中野勝次」,『직원록자료』·『근현대인물자료』(http://db.history.go.kr/item/level.
do?itemld=jw).

3 「中野警務課長 上海駐在員」,『朝鮮時報』, 1931. 10. 21.

4 「辭令」,『中央日報』, 1932. 12. 4.

5 「地方人事」,『每日申報』, 1932. 12. 18.

6 「熱河の平正カ餘りに早いので」,『朝鮮時報』, 1933. 4. 17.

7 「特秘第1號 對金九特種工作에 關한 件」(1935. 8. 5),『昭和十年度以降報告綴(特秘)』, 1쪽.

8 『朝鮮統治史料』8, 451쪽.

9 『朝鮮統治史料』8, 452쪽.

10 양 선생은 조선혁명군 총사령 양세봉을 말한다. 조선혁명군은 1929년 국민부의 유일당
인 조선혁명당의 당군으로, 양세봉은 1931년 10월 조선혁명군의 총사령이 되었고, 만
주사변 이후 중국의용군과 연합 부대를 형성하여 일본군을 상대로 무장 투쟁을 벌였다.
그는 1932년 2월 랴오닝遼寧구국회와 합작하여 일본군을 상대로 크고 작은 여러 전투
를 벌였다. 1934년 8월 12일 일본군의 밀정에게 속아 일본군에게 사살되었다. 조선혁명
당과 양세봉에 대해서는 한국독립유공자협회,『中國東北지역 韓國獨立運動史』, 집문당,
1997, 348~356쪽 참조.

11 『朝鮮統治史料』8, 452~453쪽.

12 독립운동사편찬위원회,『독립운동사자료집』11, 826~827쪽.

13 『朝鮮統治史料』8, 455쪽.

14 『朝鮮統治史料』8, 456쪽;『白凡金九全集』제4권, 645쪽.

15 『朝鮮統治史料』8, 457쪽;『白凡金九全集』4, 645쪽.

16 『白凡金九全集』4, 646쪽.

17 『朝鮮統治史料』8, 459~460쪽;『白凡金九全集』4, 805~806쪽.

18 윤은자,「1932~1937년 김구의 난징南京 행적」,『中國近現代史研究』84, 2019, 84~85쪽.

19 社會問題資料研究所,『思想情勢視察報告書』2, 東洋文化社, 1976, 374~376쪽.

20 『朝鮮統治史料』8, 461쪽;『白凡金九全集』4, 807쪽.

21 「上海渡航者의 動靜에 關한 件」(1935. 8. 22.), 『昭和十年度以降報告綴(特秘)』, 20쪽.

22 「上海渡航者의 動靜에 關한 件」(1935. 8. 22.), 『昭和十年度以降報告綴(特秘)』, 19쪽.

23 전명혁, 『1920년 한국사회주의운동 연구』, 선인, 2006, 168쪽.

24 TY生, 「社會運動團體의 現況 -團體·綱領·事業·人物-」, 『開闢』 제67호, 1926. 3. 1.

25 「京鍾警高秘 제1376호 京城青年會第二會定期總會ノ件」, 『思想問題에 關한 調查書類』 1.
   (http://db.history.go.kr/item/imageViewer.do?levelId=had_134_0470).

26 『韓國民族運動史料』(中國編), 638쪽.

27 高麗書林, 『朝鮮民族運動史』(未定稿) 6, 1989, 618~619쪽.

28 『在上海朝鮮總督府派遣員昭和七年度綜合報告』, 83~84쪽.

29 『在上海朝鮮總督府派遣員昭和七年度綜合報告』, 87쪽.

30 『在上海朝鮮總督府派遣員昭和七年度綜合報告』, 89쪽.

31 『在上海朝鮮總督府派遣員昭和八年度綜合報告』, 71쪽.

32 『高等警察報』 제1호, 281쪽; 『在上海朝鮮總督府派遣員昭和八年度綜合報告』, 76쪽.

33 『在上海朝鮮總督府派遣員昭和八年度綜合報告』, 77쪽.

34 이에 대한 보다 상세한 내용은 임경석, 『이정 박헌영 일대기』, 역사비평사, 2005,
   169~173쪽 참조.

35 『朝鮮獨立運動』 Ⅱ, 506쪽.

36 「上海渡航者의 動靜에 關한 件」(1935. 8. 22.), 『昭和十年度以降報告綴(特秘)』, 20쪽.

37 『在上海朝鮮總督府派遣員昭和八年度綜合報告』, 72쪽.

38 『在上海朝鮮總督府派遣員昭和八年度綜合報告』, 73쪽.

39 朴慶植 編, 『在日朝鮮人關係資料集成』 제2권, 三一書房, 1976, 846쪽; 『在上海朝鮮總督府派
   遣員昭和八年度綜合報告』, 73~74쪽.

40 『在上海朝鮮總督府派遣員昭和八年度綜合報告』, 76쪽.

41 『在上海朝鮮總督府派遣員昭和八年度綜合報告』, 77쪽.

42 「上海渡航者의 動靜에 關한 件」(1935. 8. 22.), 『昭和十年度以降報告綴(特秘)』, 20쪽.

43 『朝鮮獨立運動』 Ⅱ, 552쪽; 『白凡金九全集』 4, 637~640쪽.

44 「上海渡航者의 動靜에 關한 件」(1935. 8. 22.), 『昭和十年度以降報告綴(特秘)』, 20쪽.

45 「京高特秘 제2306호 治安維持法 違反 被疑者 吳基滿의 取調에 관한 건」, 『警察情報綴(昭和
   9年)』. (http://db.history.go.kr/item/imageViewer.do?levelId=had_191_0320).

46 「上海中野派員 重要事件報告」, 『東亞日報』, 1934. 8. 8.

47 「上海渡航者의 動靜에 關한 件」(1935. 8. 22.), 『昭和十年度以降報告綴(特秘)』, 1쪽.

48 「上海渡航者의 動靜에 關한 件」(1935. 8. 22.), 『昭和十年度以降報告綴(特秘)』, 21쪽.

49 『백범일지』, 360쪽.

50 「戴笠呈 處決暗殺韓國愛國志士之韓奸吳大根等」(1935. 11. 19.), 中華民國 國史館(http://
ahonline.drnk.gov.tw).

51 국사편찬위원회, 「白贊基 신문조서」, 『韓民族獨立運動史資料集』 43, 2000, 151쪽(이하 『韓
民族獨立運動史資料集』 43).

52 「白贊基 신문조서(第二回)」, 『韓民族獨立運動史資料集』 43, 169쪽.

53 이상은 「白贊基 신문조서(第二回)」, 『韓民族獨立運動史資料集』 43, 161쪽. 백찬기는 김구
모친과 김신이 난징에 온 때를 "1934년 7월경"이라고도 했으나(『白凡金九全集』, 851쪽),
또 다른 곳에서는 이 일을 6월 말에서 7월 초 사이 군관학교 입교를 위해 이곳에 온 김
해운과 이덕성보다 앞선 시기라고(『韓民族獨立運動史資料集』 43, 161쪽) 진술하고 있어
6월 중순을 택했다.

54 『白凡金九全集』, 851쪽.

55 이상은 「白贊基 신문조서(第四回)」, 『韓民族獨立運動史資料集』 43, 169~171쪽.

56 「白贊基 신문조서(第四回)」, 『韓民族獨立運動史資料集』 43, 191쪽.

57 「白贊基 신문조서(第四回)」, 『韓民族獨立運動史資料集』 43, 182쪽.

58 「白贊基 신문조서(第四回)」, 『韓民族獨立運動史資料集』 43, 183쪽.

59 난징 중앙육군군관학교 11기생으로 입학한 7명 가운데 1936년 4월 현재 재학하고 있는
자는 김영식(별명 김병화)·이복인(별명 이철중) 둘뿐이다. 백찬기(별명 오주국)는 폐결
핵으로 중퇴했다가 1935년 10월 3일 자수했다. 장치문은 1936년 4월경 자퇴한 뒤 행방
불명, 한도원(별명 이국화)은 퇴교 후 특무대에 대기 중이고, 이덕성(별명 이철부)과 김
해운(별명 김해석)은 1936년 4월 학교를 탈출한 후 이덕성은 상하이에서, 김해운은 톈
진에서 각각 검거되었다(『白凡金九全集』 4, 859~860쪽; 社會問題資料研究會 編, 『思想情
勢視察報告集』 2, 東洋文化社, 1976, 262~263쪽; 「白贊基 신문조서(第四回)」, 『韓民族獨立
運動史資料集』 43, 204쪽).

60 「白贊基 신문조서(第五回)」, 『韓民族獨立運動史資料集』 43, 194~195쪽.

61 『대한민국임시정부자료집』 9, 216쪽; 「白贊基 신문조서(第五回)」, 『韓民族獨立運動史資料
集』 43, 196~197쪽.

62 「白贊基 신문조서(第五回)」, 『韓民族獨立運動史資料集』 43, 198쪽.

63 『대한민국임시정부자료집』 9, 221쪽.

64 「白贊基 신문조서(第五回)」, 『韓民族獨立運動史資料集』 43, 200쪽; 『朝鮮統治史料』 10,
709쪽.

65 『대한민국임시정부자료집』 9, 213쪽.

66 『思想彙報』 第7號, 1936. 6, 35~36쪽; 『朝鮮統治史料』 10, 709~710쪽.

67 「白贊基 신문조서(第五回)」, 『韓民族獨立運動史資料集』 43, 200쪽.

68 『白凡金九全集』 4, 854쪽.

69 「白贊基 신문조서(第五回)」, 『韓民族獨立運動史資料集』 43, 198~199쪽.

70 문미라, 「鄭成彦의 독립운동과 해방 이후 활동」, 『한국독립운동사연구』 68, 2019, 233쪽.

71 『思想彙報』 7, 36쪽.

72 『朝鮮統治史料』 8, 482쪽.

73 『白凡金九全集』 4, 976~977쪽; 『대한민국임시정부자료집』 9, 221쪽; 『思想情勢視察報告集』 2, 223쪽; 『思想彙報』 第7號, 36쪽.

74 『白凡金九全集』 4, 978~979쪽.

75 『朝鮮統治史料』 8, 471쪽.

76 『白凡金九全集』 4, 978쪽.

77 『白凡金九全集』 4, 997쪽; 『朝鮮統治史料』 8, 471쪽.

78 『白凡金九全集』 4, 1005쪽; 『朝鮮統治史料』 8, 480~481쪽.

79 백찬기의 진술 내용을 일제가 받아 쓴 것이라 백찬기의 착각인지, 아니면 김구의 착각인지 분명치 않으나, 김구가 일시 승려가 된 곳은 "경상남도의 어느 절"이 아니라 충청남도의 공주 마곡사이다.

80 『白凡金九全集』 4, 995쪽.

81 『대한민국임시정부자료집』 9, 215쪽. 김령은 김려수, 이경우는 이우정, 김화는 김일강, 김인철은 김강일이라는 별명을 사용했다.

82 『대한민국임시정부자료집』 9, 215·228쪽; 『朝鮮統治史料』 8, 472쪽.

83 『白凡金九全集』 4, 1017쪽; 『思想情勢視察報告集』 2, 230·233쪽.

84 『朝鮮統治史料』 8, 472쪽.

85 『思想情勢視察報告集』 2, 233~234쪽.

86 『朝鮮統治史料』 8, 482쪽; 『白凡金九全集』 4, 1017쪽.

87 『대한민국임시정부자료집』 9, 274~275쪽. 1909년생인 현철진(별명 양철생楊鐵生)은 김구로부터 매월 20원의 학비를 받아 중앙대학을 다니던 중 톈진 일본 특무 기관의 밀정 임철웅에 포섭된 사실이 드러나, 1935년 9월 난징에서 도망하여 톈진에 숨어 지내다가 1936년 4월 21일 톈진 일본 총영사관 경찰에게 체포되었다.

88 『대한민국임시정부자료집』 9, 276쪽.

89 『대한민국임시정부자료집』 9, 276쪽; 『白凡金九全集』 4, 962~965쪽. 평양 출신인 황세청은 1917년생으로, 14세 때 평양 상수공립보통학교를 졸업하고, 16세 때 숭실학교에 입학하여 난징에 오기 직전까지 우유 배달 또는 교장인 미국인 선교사의 사환 등을 하며 고학을 했고, 14세 때 어머니와 동생 두 명이 집 화재로 불에 타 죽는 불행을 겪었다(『白凡金九全集』 4, 959~960쪽).

90 『대한민국임시정부자료집』9, 276쪽.

91 『대한민국임시정부자료집』9, 276~277·280쪽. 평남 개천 출신인 나사행(별명 나철)은 1936년 당시 23세로, 빈농의 가정에서 태어나 11세 때 어머니와 함께 간도로 이주했고, 13세 때 룽진촌의 광덕학교 야간부에 입학하여 16세 때 졸업하고, 1931년 4월 은진중학교에 입학하여 1935년 3월 졸업했다. 학교 재학 중에 교사 명의조·최문식 등으로부터 민족의식과 독립에 대한 영향을 받아 장래 독립운동에 투신할 것을 결심하고 있던 중 황석주의 권유로 난징에 오게 되었다(『대한민국임시정부자료집』9, 219쪽).

92 『대한민국임시정부자료집』9, 276쪽.

93 『대한민국임시정부자료집』9, 277~278쪽. 베이징 모 대학 재학 중에 난징으로 온 김상직의 별명은 진춘호이다.

94 『대한민국임시정부자료집』9, 278쪽. 별명이 정여해인 정붕한은 당시 건강이 나빠 난징 중앙대학을 휴학 중이었다. 동생 정봉한의 별명은 홍명혁이고, 평남 용강 출신인 김상희의 별명은 왕봉각이고, 이성춘의 별명은 마일삼인데, 김상희와 이성춘은 1935년 11월 14일 상하이로 탈출하여 바로 상하이 일본 총영사관에 자수했다.

95 『白凡金九全集』4, 1010쪽. 이재천의 별명은 이우봉이고, 이재현의 별명은 이해평인데, 형 이재현은 학생훈련소에서 밀정으로 의심을 받고 1935년 9월 제명되어 10월에 취업차 국내에 들어왔다가 검거되었다.

96 『대한민국임시정부자료집』9, 227·230쪽. 한인섭의 별명은 한복으로, 1935년 10월 학생훈련소를 나와 귀국했다.

97 『白凡金九全集』4, 850쪽. 1911년 경기도 연천에서 출생한 백찬기는 9세쯤에 한문 서당에 다니며 농사일을 돕다가 18세 때인 1929년 공립보통학교 4학년에 편입, 이듬해 3월 졸업했다. 이듬해 서울에 와서 대륙고무공업주식회사 급사로 취직하여 경성중등야학교, 고등부기학원 등을 다니다가 1933년 병을 얻어 퇴사하여 귀향했다가, 이듬해 4월 군관학교 입학을 위해 난징으로 오게 되었다. 1934년 8월 뤄양 군관학교를 중퇴하고 곧바로 난징 중앙육군군관학교에 들어갔으나 1935년 5월 폐결핵으로 중퇴했다. 특무대 본부에서 치료했으나 치유가 되지 않아 7월 특무대를 자퇴하고 상하이로 가서 치료하던 중 10월 3일 상하이 일본 총영사관에 자수했다.

98 『韓民族獨立運動史資料集』43, 222쪽. 전봉남(별명 남일봉)은 1913년 함북 경성에서 태어나 1921년 서울로 이사왔다. 미동공립보통학교 4년 수료 후 경성야학교로 전학, 졸업하고, 조선중앙기독교청년학교 야학부 상업과, 경성전기학교, 도쿄전기학교 예과 등을 다니다 다시 조선중앙기독교청년학교 고등과에 입학했다. 경성전기학교 시절인 1930년 1월 광주학생운동 탄압에 항의하는 맹휴를 주도하다 구속되었고, 고등과 재학 중에는 교원 배척 맹휴를 주도하다 경찰서에 다시 구속 조사를 받고 훈방되었다. 이후 군관학

교 입학을 목적으로 난징에 와서 뤄양 한인특별반에 입학하여 이청천의 신한독립당에, 졸업 후에는 조선민족혁명당에 입당하여 활동하던 중, 1935년 11월경 자수하여 돌아오라는 형의 간곡한 편지를 받고 1936년 1월 29일 상하이 일본 총영사관에 자수했다.

99 『대한민국임시정부자료집』 9, 224~227쪽.

100 『대한민국임시정부자료집』 9, 224쪽. 정성언에 대해서는 문미라, 앞의 논문 참조.

101 「白贊基 신문조서(第五回)」, 『韓民族獨立運動史資料集』 43, 202쪽.

102 『白凡金九全集』 4, 1064~1066쪽; 『思想情勢視察報告』 3, 444~445, 455~456쪽. 문시황의 별명은 한혁, 김석우는 한석우 또는 한옥보, 김원영은 구양명, 최능희는 왕자인, 최익성은 이의홍, 백낙칠은 진동명, 최창한은 황석주이다.

103 최기영, 「金學武의 在中獨立運動과 좌파청년그룹」, 『한국독립운동사연구』 36, 2010, 290쪽.

104 『韓民族獨立運動史資料集』 45, 161쪽. 정희동은 1911년 강원도 김화에서 태어나 인천으로 이주했다. 어려서 서당을 1년 다녔고, 가정 형편이 어려워 1926년 인천공립보통학교 4학년을 중퇴하고, 어머니와 같이 평북 철산에 가서 어물 행상을 2년간 하다가 다시 인천으로 돌아왔다. 1929년 10월 지인을 의지하여 상하이에 와서 심부름꾼으로 2년간 일하다가 1931년 11월 영국인 경영의 버스 감독에 종사하던 중 독립운동가 이민달의 소개로 1933년 12월 난징에 와서 뤄양 한인특별반에 입학하여 1934년 4월 졸업했다. 상하이에 파견되었던 그는 1937년 7월 중일전쟁이 일어나자 그해 8월 12일 정국일로 이름을 바꾸어 상하이를 출발, 나가사키를 거쳐 23일 서울에 도착하여 여관에 잠복하던 중 체포되었다.

105 『白凡金九全集』 4, 658~659쪽; 『朝鮮統治史料』 8, 502쪽. 엄창복(별명 왕위王偉)은 1913년 경기도 개성에서 태어나, 15세 때인 1928년 3월 개성 제2공립보통학교를 졸업한 후 경성조선자동차학교 및 경성불이자동차학교 등을 졸업하고 1931년 9월 자동차 운전면허증을 받아 개성의 송도자동차 운전수로 취업 중 1933년 11월 해고되자 12월 난징으로 와서 뤄양 한인특별반에 입학하여 1934년 4월 9일 졸업했다.

106 『白凡金九全集』 4, 661쪽.

107 『白凡金九全集』 4, 964~972쪽; 「上海○○團密使인 軍官校生 黃世淸檢事局送致」, 『東亞日報』, 1935. 5. 23.

108 『대한민국임시정부자료집』 9, 281~282쪽. 황국주는 1904년 황해도 곡산에서 태어나 6세 때 옌지현 룽징으로 이주했다. 7세 때인 1911년 영신초등학교에 입학, 졸업한 후 영신중학에 입학하여 4학년 2학기를 수료하고 경성고등예비학교에 입학 후 1년 만에 룽징에 돌아와서 은진중학에 입학, 4년을 수료했다. 18세 때 다시 서울로 가 전문학교 입학을 위한 검정시험을 준비하다 건강이 나빠져 1932년 봄에 룽징에 돌아왔다. 20세 때

중앙사진관을 경영하다가 22세 때 그만두고 다시 서울로 가 기독청년장려회 조선연합
회의 서기 겸 전도사가 되어 남북 각지와 간도 등지를 돌며 선교활동을 하다가 27세 때
룽징으로 돌아와 약 1년간 할 일 없이 지내다 1935년 4월 친구인 현철진의 권유를 받
고 이인용·나사행과 함께 난징에 갔다.

109 『대한민국임시정부자료집』9, 220쪽. 나사행의 체포 경위에 대해 『동아일보』에서는
"특무대원 나사행이 12일 상하이 모처에 투숙하였다"는 것을 탐문한 개천경찰서 경찰
이 "상하이에 출장하여 검거하였다."고 보도했다(「羅士行 上海에서 被逮」, 『東亞日報』,
1935. 11. 26).

110 독립운동사편찬위원회, 『독립운동사자료집』11, 829쪽. 본명이 유형석인 장천민은
1911년 평북 신의주에서 태어나 공립보통학교를 중퇴하고 양부인 큰아버지 댁에 지내
다, 1932년 10월 안둥현 소학교 및 평톈초등학교에 입학했고, 재학 중에 '항저우비행학
교 면비 입학'의 소식을 듣고 1933년 11월 난징에 가서 뤄양 한인특별반에 입학, 1935
년 4월 9일 졸업한 후 특무대에 들어가 난징에서 활동했다(『독립운동사자료집』11,
823~824쪽).

4장 3인의 수 싸움 ─ 2차 김구 암살 공작

1 「特秘第1號 對金九特種工作二關スル件」(1935. 8. 5.), 『昭和十年度以降報告綴(特秘)』, 1쪽.

2 「一杉藤平」, 『직원록 자료』·『근현대인물자료』(http://db.history.go.kr/item/level.
do?itemld=jw).

3 「辭令」, 『朝鮮中央日報』, 1935. 2. 16.

4 「特秘第1號 對金九特種工作二關スル件」(1935. 8. 5.), 『昭和十年度以降報告綴(特秘)』, 2쪽.

5 「特秘第1號 對金九特種工作二關スル件」(1935. 8. 5.), 『昭和十年度以降報告綴(特秘)』, 3~4
쪽.

6 「特秘第1號 對金九特種工作二關スル件」(1935. 8. 5.), 『昭和十年度以降報告綴(特秘)』, 4쪽.

7 「特秘第1號 對金九特種工作二關スル件」(1935. 8. 5.), 『昭和十年度以降報告綴(特秘)』, 4쪽.

8 「敍任及辭令」, 『獨立新聞』, 1919. 12. 25.

9 「美術界의 三秀才, 상해미술학교 졸업, 의미깁흔 김군의 말」, 『東亞日報』, 1924. 1. 25.

10 「上海發 號外 上海派遣員制度ノ改善二關スル意見書進達ノ件」(1932. 5. 22.), 『昭和十年度
以降報告綴(特秘)』, 3쪽.

11 임영창이 말한 '정치부장'은 '프랑스 총영사관 경무국 정무과장 샤를리Sarly'이다.

12 「特秘第1號 對金九特種工作二關スル件」(1935. 8. 5.), 『昭和十年度以降報告綴(特秘)』, 5쪽.

13 「特秘第1號 對金九特種工作ニ關スル件」(1935. 8. 5.), 『昭和十年度以降報告綴(特秘)』, 5~6
쪽.

14 鄭華岩, 『어느 아나키스트의 몸으로 쓴 근세사』, 자유문고, 1992, 173쪽. 한커우청당 운동
이란 1927년 난징 정부가 한커우漢口에서 아나키스트를 통해 노동조합에서 공산 세력
을 제거하려 한 운동이었다.

15 「特秘第2號 對金九特種工作ニ關スル件」(1935. 8. 13.), 『昭和十年度以降報告綴(特秘)』, 14
쪽.

16 「特秘第1號 對金九特種工作ニ關スル件」(1935. 8. 5.), 『昭和十年度以降報告綴(特秘)』, 6쪽.

17 「特秘第1號 對金九特種工作ニ關スル件」(1935. 8. 5.), 『昭和十年度以降報告綴(特秘)』, 7~8
쪽.

18 B.T.P단Black Terrorists Party 즉 흑색공포단은 1931년 11월 한국·중국·일본의 아나키스트
들이 일제 침략을 저지할 목적으로 조직한 것인데, 이 단의 성격에 대해서는 당시 당사
자 사이에서도 의견이 갈린다. 즉 정화암은 '한중일 아나키스트 조직인 항일구국연맹의
별동대의 별칭'(정화암, 앞의 책, 134쪽), 이강훈은 '아리요시 아키라 암살 미수 사건 이
후 적들에게 공포심을 주려고 일시 만든 조직'(이강훈, 『민족해방운동과 나』, 제삼기획,
1974, 229쪽), 이용준은 '남화한인청년연맹 실행부의 별칭'(독립운동사편찬위원회, 『독
립운동사자료』 11, 848~849쪽)이라고 한 것 등이다. 이호룡은 이에 대해 흑색공포단은
"일시적으로 시설한 항일구국연맹 행동대의 별칭으로 보는 것이 타당하다."고 했다(이
호룡, 『한국의 아나키즘-운동편』, 지식산업사, 2015, 315쪽).

19 「特秘第1號 對金九特種工作ニ關スル件」(1935. 8. 5.), 『昭和十年度以降報告綴(特秘)』, 8~9
쪽.

20 「特秘第2號 對金九特種工作ニ關スル件」(1935. 8. 13.), 『昭和十年度以降報告綴(特秘)』, 14
쪽.

21 「特秘第1號 對金九特種工作ニ關スル件」(1935. 8. 5.), 『昭和十年度以降報告綴(特秘)』,
10~11쪽.

22 「特秘第2號 對金九特種工作ニ關スル件」(1935. 8. 13.), 『昭和十年度以降報告綴(特秘)』,
15~17쪽. 문답 내용은 전체가 아니고, 전체 내용을 이해하는 데 불필요한 문답은 일부
생략했다.

23 한국독립당이 1935년 5월 항저우에서 열린 임시 당대회에서 '임시정부 해체'를 전제로
한 신당 결성에 참여하기로 결정하면서, 한국독립당을 탈당한 이는 임시정부 사수파인
송병조·차이석·조완구 등이었다. 조소앙은 한국독립당을 해체하고 조선민족혁명당에
참여했다가 그해 9월 한국독립당의 재건을 선언하고 탈퇴했다.

24 「特秘第2號 對金九特種工作ニ關スル件」(1935. 8. 13.), 『昭和十年度以降報告綴(特秘)』, 12

쪽.

25 이광복(별명 이명옥李溟玉)은 황해도 금천 출신으로, 1922년 상하이로 왔다. 흥사단·인
성학교 등에서 활동하다가 1934년 2월 김구의 한인애국단에 입단한 뒤 상하이에서 뤄
양 한인군관학교 입교생 모집 활동을 했다. 1935년 1월 22일 친일 단체 상하이조선인민
회 고문 이용로 암살 미수 사건 등에 연루되어 3월 26일 상하이 일본 총영사관 경찰에게
체포되었다. 한국으로 송환되어 징역 13년을 언도받았다「이광복」, 『독립운동자공적조
서』, 공훈사료관(https://e-gonghun.mpva.go.kr/diquest/Search.do)].

26 「特秘第2號 對金九特種工作二關スル件」(1935. 8. 13.), 『昭和十年度以降報告綴(特秘)』, 13
쪽.

27 밀정 김불동의 정체에 대해서는 현재까지 알려진 바가 없다.

28 「特秘第3號 對金九特種工作二關スル件」(1935. 8. 29.), 『昭和十年度以降報告綴(特秘)』,
29~30쪽.

29 서상석은 윤봉길과 함께 중국 종품공사髮品公司(말총모자 만드는 공장)에 다니다가 해
고를 당하고 이후 해고에 항의하는 한인노동자들의 파업을 주도했다.

30 「特秘第3號 對金九特種工作二關スル件」(1935. 8. 29.), 『昭和十年度以降報告綴(特秘)』,
30~31쪽.

31 「特秘第3號 對金九特種工作二關スル件」(1935. 8. 29.), 『昭和十年度以降報告綴(特秘)』,
33~36쪽. 문답 내용은 전체가 아니고, 전체 내용을 이해하는 데 불필요한 문답은 일부
생략했다.

32 공평사는 1931년 3월 흥사단이 조직한 소비조합으로, 이사장에 조상섭, 경리에 장덕진
이 임명되었으나 자금 모집이 늦어져 그해 10월 1일부터 영업을 시작했다(『在上海朝鮮
總督府派遣員昭和六年度綜合報告』, 75~76쪽)(山口文書館 所藏, 「林家(朝鮮總督府關係)史
料」129).

33 「特秘第3號 對金九特種工作二關スル件」(1935. 8. 29.), 『昭和十年度以降報告綴(特秘)』, 36
쪽.

34 「特秘第4號 對金九特種工作二關スル件」(1935. 9. 21.), 『昭和十年度以降報告綴(特秘)』,
40~41쪽.

35 「特秘第4號 對金九特種工作二關スル件」(1935. 9. 21.), 『昭和十年度以降報告綴(特秘)』,
41~42쪽.

36 「特秘第4號 對金九特種工作二關スル件」(1935. 9. 21.), 『昭和十年度以降報告綴(特秘)』, 40
쪽.

37 「特秘第4號 對金九特種工作二關スル件」(1935. 9. 21.), 『昭和十年度以降報告綴(特秘)』, 42
쪽.

38 「特秘第1號 對金九特種工作二關スル件」(1935. 8. 5.), 『昭和十年度以降報告綴(特秘)』, 9쪽.

39 밀정 고일신이 누구인지는 현재까지 알 수 없다. 이 역시 밀정 임영창·김불동처럼 정체
를 숨기기 위한 가명으로 보인다.

40 「特秘第5號 對金九特種工作二關スル件」(1935. 10. 4.), 『昭和十年度以降報告綴(特秘)』, 44
쪽.

41 「特秘第5號 對金九特種工作二關スル件」(1935. 10. 4.), 『昭和十年度以降報告綴(特秘)』,
46~47쪽.

42 「特秘第6號 對金九特種工作二關スル件」(1935. 10. 16.), 『昭和十年度以降報告綴(特秘)』, 48
쪽.

43 「特秘第6號 對金九特種工作二關スル件」(1935. 10. 16.), 『昭和十年度以降報告綴(特秘)』, 49
쪽.

44 「特秘第6號 對金九特種工作二關スル件」(1935. 10. 16.), 『昭和十年度以降報告綴(特秘)』,
50쪽.

45 「特秘第7號 對金九特種工作二關スル件」(1935. 10. 24.), 『昭和十年度以降報告綴(特秘)』,
52~53쪽.

46 「特秘第7號 對金九特種工作二關スル件」(1935. 10. 24.), 『昭和十年度以降報告綴(特秘)』,
54쪽. 임영창도 히토스키도 정화암이 김구 암살에 성공하면 이것을 '일본 군부에 재빨
리 판다'고 했는데, 아마 조선총독부 파견원은 중국 관내에서 한국인을 체포할 수 없다
는 활동상의 제약 때문이거나, 아니면 이 공작을 자신들이 한 것으로 알려질 때 밀정이
드러날 것을 우려하여 이를 숨기면서 그 공을 일본 군부에 돌려 공작 자금을 마련하려
고 한 것이 아닐까 한다.

47 「特秘第7號 對金九特種工作二關スル件」(1935. 10. 24.), 『昭和十年度以降報告綴(特秘)』, 54
쪽.

48 「特秘第6號 對金九特種工作二關スル件」(1935. 10. 16.), 『昭和十年度以降報告綴(特秘)』,
51쪽.

49 「特秘第8號 對金九特種工作二關スル件」(1935. 11. 29.), 『昭和十年度以降報告綴(特秘)』,
57~58쪽.

50 왕징웨이는 1935년 11월 1일 중국국민당 5기 6중전회(중앙위원회 6차 전체회의) 개막
식에서 전직 군인 출신 기자가 "일본의 침략을 묵인하는 국민정부를 징벌한다."라며 쏜
세 발의 총탄을 맞았으나 신속히 병원에 옮겨 목숨을 건졌다. 이 왕징웨이 암살의 배후
는 반장제스파인 광둥파였고, 원래 표적은 장제스였으나 그가 불참하여 표적이 왕징웨
이로 바뀌었던 것이다.

51 「特秘第8號 對金九特種工作二關スル件」(1935. 11. 29.), 『昭和十年度以降報告綴(特秘)』,

58~59쪽.

52 「特秘第8號 對金九特種工作二關スル件」(1935. 11. 29.), 『昭和十年度以降報告綴(特秘)』, 59쪽.

53 정화암, 앞의 책, 172~173쪽.

54 정화암, 앞의 책, 173쪽.

55 「特秘第1號 對金九特種工作二關スル件」(1935. 8. 5.), 『昭和十年度以降報告綴(特秘)』, 5쪽.

56 정화암, 앞의 책, 174쪽.

57 「特秘第1號 對金九特種工作二關スル件」(1935. 8. 5.), 『昭和十年度以降報告綴(特秘)』, 6쪽.

58 「特秘第4號 對金九特種工作二關スル件」(1935. 9. 21.), 『昭和十年度以降報告綴(特秘)』, 5쪽.

59 국가보훈처·국사편찬위원회, 『한국독립운동사료』(프랑스 외무부 문서보관소 소장) 3, 2016, 342쪽.

60 위의 책, 337쪽.

61 「特秘第1號 對金九特種工作二關スル件」(1935. 8. 5.), 『昭和十年度以降報告綴(特秘)』, 3쪽.

62 「特秘第1號 對金九特種工作二關スル件」(1935. 8. 5.), 『昭和十年度以降報告綴(特秘)』, 4쪽.

63 정화암, 앞의 책, 179쪽.

64 정화암, 앞의 책, 136~137쪽.

65 「機密 第77號 鮮人ノ行動二關スル件」(1920. 12. 15.), 『不逞團關係雜件: 朝鮮人의 部-在西比利亞』 11(http://db.history.go.kr/item/imageViewer.do?levelId=hat_010_0360).

66 정화암, 앞의 책, 179쪽.

67 국사편찬위원회, 「金海山 등 심문기록」, 『韓國獨立運動史資料』 20(http://db.history.go.kr/item/imageViewer.do?levelId=kd_020_0020_0130). 김해산은 옥관빈의 사촌 형인 옥성빈 암살 사건에 연루되어 일본 경찰에게 체포되었다.

68 국가보훈처·국사편찬위원회, 앞의 책, 320쪽.

69 국가보훈처·국사편찬위원회, 앞의 책, 395쪽.

70 오정섭, 「안공근의 생애와 항일독립운동」, 『崇實史學』 35, 2015, 244~245쪽.

71 「위수덕韋洙德」, 『한국근현대인물자료』(http://db.history.go.kr/item/level.do?setId).

72 정병준, 「공작원 안두희와 그의 시대」, 『역사비평』 69호, 2004. 11, 164쪽.

73 「留學生과 職業(平壤)」, 『每日申報』, 1915. 3. 2.

74 「機密第16號 韓國獨立宣言紀念會二關スル件」(1920. 3. 5.), 『不逞團關係雜件: 朝鮮人의 部-在西比利亞』 14(http://db.history.go.kr/item/imageViewer.do?levelId=haf_008_0260).

75 한국독립유공자협회 엮음, 『러시아 지역의 韓人社會와 民族運動史』, 敎文社, 1994, 194~195쪽.

76 위의 책, 197쪽.

77 「機密제77호 鮮人ノ行動二關スル件」(1920. 12. 15.), 『不逞團關係雜件-朝鮮人의 部-在西比利亞』11(http://db.history.go.kr/item/imageViewer.do?levelId=haf_010_0360).

78 「機密제29호 鮮人ノ行動二關スル件」(1921. 4. 1.), 『不逞團關係雜件-朝鮮人의 部-在西比利亞』11(http://db.history.go.kr/item/imageViewer.do?levelId=haf_010_0670).

79 「機密제32호 鮮人ノ行動二關スル件」(1921. 4. 19.), 『不逞團關係雜件-朝鮮人의 部-在西比利亞』11(http://db.history.go.kr/item/imageViewer.do?levelId=haf_010_0730).

80 『朝鮮民族運動年鑑』, 1921. 10. 26.

81 기토 통역관은 블라디보스토크 일본 총영사관에 파견된 일본 외무성 촉탁 조선총독부 통역관이다. 본래 그의 소속은 조선총독부 경무총감부(1920년 이후 경무국) 고등경찰과 기밀계였고, 그의 임무는 블라디보스토크 총영사관 관내에서 활동하는 한인 혁명가들의 동정을 조사하고 단속하는 것이었다(임경석, 「독립운동가를 찍어 낸 밀정계의 대부」, 『한겨레 21』 제1216호, 2018. 6. 15)(http://m.h21.hani.co.kr/arti/culture/culture_general/45486.html).

82 「機密第84號 高麗共産黨幹部ノ親日鮮人二對ル迫害ノ件」(1923. 4. 13.), 『不逞團關係雜件: 朝鮮人의 部-在西比利亞』14(http://db.history.go.kr/item/imageViewer.do?levelId=haf_013_1250).

83 정병준, 앞의 논문, 164쪽.

84 『朝鮮民族運動年鑑』, 1926. 12. 29.

85 「위수덕韋洙德」, 『한국근현대인물자료』(http://db.history.go.kr/item/level.do?itemId=jw).

86 「痲醉식혀 가두고 現金10萬圓을 强請」, 『每日申報』, 1928. 4. 5.

87 정화암, 앞의 책, 178쪽.

88 『백범일지』, 246쪽.

89 정병준, 앞의 논문, 164~165쪽. 이승만의 도쿄 사설 기관인 경무대 기관은 한국전쟁 때 이승만이 다이아몬드 등 보석류와 금·은·일본주권, 그리고 일본 내 토지문서 등 약 20억 엔 상당을 일본에 빼돌려 미쓰이三井신탁은행 지하 금고에 예치하면서 시작되었다고 한다(정병준, 앞의 논문, 165쪽).

90 정화암, 앞의 책, 174쪽.

91 정화암, 앞의 책, 176쪽.

92 정화암, 앞의 책, 174쪽.

93 정화암, 앞의 책, 174~175쪽.

94 金正明 編, 『朝鮮獨立運動』Ⅱ, 597쪽.

1 『朝鮮獨立運動』 II, 1976, 514쪽.

2 朝鮮總督府 警務局 保安課, 『高等警察報』 5, 1935, 78쪽.

3 윤대원, 「대한민국임시정부의 재건과 관내 민족전선통일운동」, 『역사연구』 10, 2002, 162 쪽.

4 朝鮮總督府 警務局 保安課, 앞의 책, 80쪽.

5 『思想情勢視察報告集』 2, 54쪽.

6 한독당 내 임시정부 해체 반대파는 송병조·조소앙·박창세·김붕준·조완구·차이석 등이 고, 중립파는 양기탁·김사집·박경순·이세창·문일민·김홍서 등이며, 찬성파는 김두봉·이 광제·강창제·유진동·구익균 등이었다(『思想情勢視察報告集』 2, 32쪽).

7 『思想彙報』 제5호, 1935. 12, 88쪽.

8 朝鮮總督府 警務局 保安課, 『高等警察報』 5, 1935. 81쪽.

9 『朝鮮獨立運動』 II, 537쪽.

10 『思想情勢視察報告集』 2, 32쪽; 『思想彙報』 5, 88~89쪽.

11 『백범일지』, 285~286쪽.

12 『在上海朝鮮總督府派遣員昭和十年度綜合報告』, 58쪽.

13 『白凡金九全集』 제4권, 359쪽.

14 『思想情勢視察報告集』 2, 9~10쪽.

15 『思想情勢視察報告集』 2, 48쪽; 『朝鮮獨立運動』 II, 531~532쪽.

16 『思想情勢視察報告集』 2, 44~45쪽.

17 『대한민국임시정부자료집』 2, 190~191쪽.

18 「朴景淳 신문조서(第六回)」, 『韓民族獨立運動史資料』 46, 52쪽. 또 다른 일제의 정보에 의 하면, 송병조가 반민족혁명당 세력의 결집을 위해 임정 사수파, 김구 계열, 조소앙 계열 의 통합을 원했으나 김구와 조소앙이 상대파와의 합작을 극력 반대했다고 한다(『朝鮮統 治史料』 10, 772~775쪽; 『思想情勢視察報告集』 2, 42~43쪽).

19 윤대원, 앞의 논문, 169쪽.

20 『대한민국임시정부자료집』 2, 192~193쪽.

21 『백범일지』, 358~359쪽.

22 「大韓民國臨時政府公報」 第60號(1935. 11. 25.), 『대한민국임시정부자료집』 1, 190쪽.

23 『在上海朝鮮總督府派遣員昭和十一年度綜合報告』, 12쪽.

24 「大韓民國臨時政府公報」 第61號(1936. 11. 25.), 『대한민국임시정부자료집』 1, 194~195 쪽.

25 「大韓民國臨時政府公報」第62號(1937. 7. 16.), 『대한민국임시정부자료집』 1, 196쪽.

26 「大韓民國臨時政府公報」第63號(1937. 10. 25.), 『대한민국임시정부자료집』 1, 200쪽; 『在上海朝鮮總督府派遣員昭和十二年度綜合報告』, 6쪽.

27 「大韓民國臨時政府公報」第63號(1937. 10. 25.), 『대한민국임시정부자료집』 1, 201~202쪽.

28 『백범일지』, 361쪽.

29 도진순은 김구와 안공근의 관계와 관련하여 『백범일지』 정본 가운데 나중에 절삭된 부분에 주목했다. 안공근은 임시정부가 충칭으로 옮긴 뒤 김구와 멀어졌고 이후 실종되었다. 절삭된 부분 가운데 확인 가능한 내용이 "안공근", "경비를 작량 분배하는", "분파", "분란", "부득이 국민당 임시대회를 소집", "대표단으로 안공근의 죄상을 선포하고 6개월 정권" 등이다. 이런 내용으로 보아 도진순은 안공근의 비극적 실종 사건과 안공근의 집안 사람들이 모두 백범을 떠나게 되는 것과 관련하여 이 절삭된 부분이 그 비극의 배경을 암시하는 부분일 것이라고 추정했다. 이에 대한 보다 상세한 내용은 김구 지음, 도진순 탈초·교감, 『정본 백범일지』, 돌베개, 2016, 92~97쪽 참조.

30 『백범일지』, 361~362쪽.

31 『백범일지』, 362쪽.

32 「趙素昻日記」, 『대한민국임시정부자료집』 42, 335쪽.

33 『백범일지』, 362쪽.

34 「趙素昻日記」, 『대한민국임시정부자료집』 42, 335쪽.

35 김구는 『백범일지』에서 이날을 '5월 6일'이라고 했으나(368쪽) '5월 7일'이 정확한 날짜다.

36 『백범일지』, 369쪽.

37 『白凡金九全集』 제4권, 498~499쪽.

38 『朝鮮獨立運動』 Ⅱ, 612~613쪽.

39 『백범일지』, 369~370쪽.

40 『朝鮮獨立運動』 Ⅱ, 613쪽.

41 「毛慶祥呈蔣中正軍事會議決定李漢魂軍一師移鄱陽湖並令信陽學生軍團防衛漢口等敵方情報日報表等八則」, 中華民國國史館(https://ahonline.drnh.gov.tw/index.php?act=Archive/search/).

42 『백범일지』, 369쪽.

43 盧景彩, 『韓國獨立黨研究』, 신서원, 1996, 72쪽.

44 「特秘第3號 對金九特種工作에 關한 件」(1935. 8. 29.), 『昭和十年度以降報告綴(特秘)』, 36~37쪽. 히토스키는 박창세가 "1933년 이래 김구 일당에 가맹하였고, 그 후 김구의 특

무대장이 되"었다고 했는데 이것은 잘못된 정보다. 1933년이면 김구는 임시정부 및 한 독당과 결별한 때이고, 이 무렵 박창세는 임시의정원 의원, 대한교민단 의경대장 및 한 독당 특무대장으로 활동하고 있었다.

45 「敍任及辭令」, 『朝鮮總督府官報』 제3143호, 1937. 7. 8.

46 「제205단우 朴昌世履歷書」, 『독립운동가자료』, 독립기념관(https://search.i815.or.kr/ contents/independenceFighter/detail.do?independenceFighterId=9-AH1306-000).

47 『朝鮮民族運動年鑑』, 1924. 8. 8.

48 「機密第99號 不逞鮮人ノ正衛團組織ニ關スル件」(1925. 6. 28.), 『不逞團關係雜件—鮮人 의 部-在上海地方 5』; 「機密第118號 正衛團團則配布に關する件」(1925. 7. 14.), 『不逞團 關係雜件—朝鮮人의 部-鮮人과 過激派 5』(http://db.history.go.kr/item/imageViewer. do?levelId=haf_077_1840).

49 『韓國民族運動史料』(中國編), 575쪽.

50 「高警 제105호 재상해 불령선인이 조직한 병인의용대에 관한 건」(1926. 1. 15.)·「高警 제107호 병인의용대의 간부에 관한 건」(1926. 1. 20.), 『대한민국임시정부자료집』 32, 34~36쪽.

51 「調査上海及南京地方朝鮮人思想狀況」, 『思想彙報』 제7호, 1936. 6, 168~169쪽.

52 『昭和七年二月二十日日支時局に對する在滬朝鮮人の策動槪況』, 62쪽.

53 『昭和七年二月二十日日支時局に對する在滬朝鮮人の策動槪況』, 68~69쪽.

54 『昭和七年二月二十日日支時局に對する在滬朝鮮人の策動槪況』, 74~75쪽.

55 「櫻田門 및 虹口公園 투탄의거 건 보고」(1934. 1. 14.), 『白凡金九全集』 제4권, 647쪽.

56 『在上海朝鮮總督府派遣員昭和7年度綜合報告』, 62쪽.

57 『在上海朝鮮總督府派遣員昭和5年度綜合報告』, 27~28쪽.

58 『朝鮮獨立運動』 Ⅱ, 549~552쪽.

59 병인의용대원이기도 한 강창제는 1929년 전장경찰서의 초빙을 받아 중국 관헌이 되었 다(「중국 관헌 된 병인의용대장 상해 부근 진강경찰서 평북출생 姜華祖」, 『중외일보』, 1929. 9. 27).

60 「제26회 정기회의」, 『대한민국임시정부자료집』 2, 282쪽.

61 「臨時議政院 第三十一回 定期會議 紀事錄」, 『대한민국임시정부자료집』 2, 302쪽.

62 한국독립당이 1932년 2월 1일 자로 특무대의 이름으로 '상해동포에게 고함'(僑滬同胞에 게 告함)이란 성명서를 공포(『朝鮮民族運動年鑑』, 1932. 2. 1.)한 데서 한국독립당 특무대 는 1932년 2월 1일 이전에 조직된 것으로 보인다.

63 『朝鮮獨立運動』 Ⅱ, 549~552쪽; 『韓國民族運動史料』(中國篇), 808~809쪽.

64 『朝鮮獨立運動』 Ⅱ, 519~521쪽.

65 국사편찬위원회, 『韓國獨立運動史資料』 2, 1971, 291쪽. 박경순은 신문조서에서 자신이 상하이에서 항저우로 간 1934년 3월로부터 약 10일 후 박창세도 전장에서 항저우로 왔다고 했다(「朴景淳 신문조서(제5회)」, 『韓民族獨立運動史資料』 46, 38쪽).

66 『韓國獨立運動史資料』 3, 325~326쪽.

67 『思想彙報』 제7호, 45~46쪽.

68 『思想情勢視察報告集』 2, 44~45쪽.

69 「朴景淳 신문조서(제6회)」, 『韓民族獨立運動史資料』 46, 50쪽.

70 독립운동사편찬위원회, 『독립운동사』 제4권, 750쪽.

71 『백범일지』, 369~370쪽.

72 「제205단우 朴昌世履歷書」, 『독립운동자자료』, 독립기념관(https://search.i815.or.kr/contents/independenceFighter/detail.do?independenceFighterId=9-AH1306-000).

73 한시준, 「중국 관내 독립운동과 신문잡지」, 『한국독립운동사연구』 12, 1998, 12쪽.

74 「消息一束」, 『上海韓聞』 제16호, 1932. 10. 17(『대한민국임시정부자료집』 28, 108쪽).

75 「상해 권투계에 朴濟健 군 활약」, 『朝鮮中央日報』, 1933. 10. 20;「上海拳鬪界에 朴濟健君活躍」, 『每日申報』, 1933. 10. 20.

76 「朴濟健君快勝 十二月에 또 對戰」, 『每日申報』, 1933. 11. 3.

77 「徐廷權選手 21日試合豫定 京城運動場에서」, 『每日申報』, 1935. 10. 6.

78 「박제건 군 입경! 금조 안착 명동호텔에」, 『朝鮮中央日報』, 1936. 4. 13.

79 「新春拳鬪의 豪華版? 朝鮮最初의 大國際戰, 東拳後援會主催로 京城에서 斯界一流 六選手對戰」, 『東亞日報』, 1936. 4. 23.

80 『思想情勢視察報告集』 3, 17쪽.

81 『朝鮮獨立運動』 Ⅱ, 645쪽.

82 白川秀男, 『在支半島人名錄』 第三版, 上海, 白川洋行印刷部, 1942, 64쪽(金光載, 「上海居留朝鮮人會(1933~1941)硏究」, 『한국근현대사연구』 35, 2005, 153쪽에서 재인용).

83 이상 『백범일지』, 371~372쪽.

84 『白凡金九全集』 4, 498~499쪽.

85 이상은 『대한민국임시정부자료집』 42, 302~305쪽.

86 노경채, 『한국독립당연구』, 50쪽.

87 윤대원, 앞의 논문, 178쪽.

맺는 글

1 『대한민국임시정부자료집』 28, 112쪽.

2 「情報(上海派遣員ヨリ)(1919. 4. 29.)」, 『大正8年乃至同10年 朝鮮騷擾事件關係書類』 共7冊. (http://db.history.go.kr/item/level.do?setId).

3 MS生, 「國民代表會議期를 際하여」, 『獨立新聞』, 1922. 11. 30.

4 일본 총영사관에서는 1926년 1월 이래 임시정부의 외곽 단체인 병인의용대가 밀정을 처단하고 이 우물에 시체를 버린 것이 아닌가 하고 의심했다(『대한민국임시정부자료집』 32, 47~48쪽).

5 『대한민국임시정부자료집』 9, 265~266쪽.

6 『백범일지』, 307~308쪽; 「중국 국적의 韓人 韓泰珪 사건에 관한 건(1923. 11. 13.)」, 『한국독립운동사자료』 20(http://db.history.go.kr/item/level.do?setId).

7 「革命法庭에 訴함: 敵偵과 懲罰」, 『獨立新聞』, 1925. 11. 1.

8 『백범일지』, 346쪽.

덧붙이는 글

1 일반적인 전문 연구서의 경우, 이 글은 본문의 앞에 배치해 이 연구 주제와 관련된 기왕의 연구사 검토와 쟁점 정리, 연구 방법과 과제, 그리고 주요 자료 소개 등을 기술하여 전체 연구에 대한 방향을 제시하는 것이 일반적이다. 이 책에서는 기존 연구서 관행에는 어긋나지만 일반인들도 부담 없이 읽을 수 있으면서 연구자들도 참고할 수 있게 '덧붙이는 글' 형식으로 책의 마지막 부분에 배치했다.

2 한상도, 「이동 시기 임시정부 독립운동 정당의 활동과 변천」, 『대한민국임시정부수립80주년기념논문집(상)』, 국가보훈처, 1999; 김희곤, 「중국 관내 독립운동 정당의 활동」, 『대한민국임시정부연구』, 지식산업사, 2004; 金喜坤 等, 『대한민국임시정부의 좌우합작운동』, 한울아카데미, 1995.

3 김영범, 『한국근대민족운동과 의열단』, 창작과 비평사, 1997.

4 신주백, 「대한민국임시정부와 1930년대 정당통일운동」, 『대한민국임시정부수립80주년기념논문집(하)』, 국가보훈처, 1999.

5 한시준, 「백범 김구와 한인애국단」, 『백범과 민족운동 연구』 10, 2013.

6 윤대원, 「대한민국임시정부의 재건과 관내 민족전선통일운동」, 『역사연구』 10, 2002.

7 韓哲昊, 「1930년대 전반기 한중연대와 항일운동」, 『한국근현대사연구』 22, 2002.

8 愼鏞廈,「白凡 金九와 韓人愛國團의 獨立運動」,『韓國民族運動史研究』, 于松趙東杰先生停年
紀念論叢刊行委員會, 1997.

9 이 시기 일제의 침략에 대한 중국 내부에 존재하는 각 집단의 인식과 대응책의 차이에 대
해서는, 당시 상하이 학생들의 항일운동 전개 과정이 잘 보여 준다. 이에 대해서는 鄭文
詳,「1930년대 前半期 항일운동의 전개와 上海 청년학생」,『中國近現代史研究』28, 2005
참조.

10 윤상원,「한국 역사학계의 만보산사건 연구 동향과 과제」,『한국문학연구』51, 2016.

11 배경환,「윤봉길 의거 이후 蔣介石·국민정부의 한국독립운동 지원과 '長期抗戰'」,『歷史學
報』236, 2017.

12 愼鏞廈,「白凡 金九와 韓人愛國團의 獨立運動」,『韓國民族運動史研究』, 于松趙東杰先生停年
紀念論叢刊行委員會, 1997.

13 김도형,「대한민국임시정부의 친일파 처단과 의열투쟁」,『대한민국임시정부80주년기념
논문집』(하), 국가보훈처, 1999.

14 한상도,「Ⅰ. 한인애국단 조직」,『韓國獨立運動과 中國軍官學校』, 문학과 지성사, 1994; 김
희곤, 앞의 논문; 한시준, 앞의 논문.

15 『朝鮮民族運動年鑑』, 1932년 2월 1일.

16 독립운동사편찬위원회,『독립운동사자료집』7, 1458쪽.

17 김희곤,「韓國獨立黨과 정당 조직의 정착」,『中國關內 韓國獨立運動團體硏究』, 지식산업
사, 1995, 330쪽.

18 山口縣文書館 所藏,「林家(朝鮮總督府關係)史料」131,『在上海朝鮮總督府派遣員昭和七年度
綜合報告』, 38쪽.

19 정화암,『어느 아나키스트의 몸으로 쓴 근세사』, 자유문고, 1992, 156쪽.

20 위의 책, 131쪽.

21 이호룡,『한국의 아나키즘 -운동편』, 지식산업사, 2015, 292~293쪽.

22 金光載,「上海시기 玉觀彬 밀정설에 대한 비판적 검토」,『한국근현대사연구』63, 2012.

23 윤경로,「105인사건 피의자들의 사건 이후 행적에 관한 소고―친일로 경도된 9인을 대
상으로」,『한국기독교와 역사』36, 2012.

24 韓相禱,「金九의 韓人軍官學校(1934~35)의 운영과 그 입교생; 중국 내 한국독립운동의
계열화 과정과 관련하여」,『韓國史硏究』58, 1987; 韓相禱,「金九의 抗日特務組織과 活動
(1934~1935); 中國中央陸軍軍官學校 입교생 모집활동을 중심으로」,『한국민족운동사연
究』4, 1989.

25 문미라,「鄭成彦의 독립운동과 해방 이후 활동」,『한국독립운동사연구』68, 2019; 최기
영,「金學武의 在中獨立運動과 좌파청년그룹」,『한국독립운동사연구』36, 2010.

26 애시모어 피치의 아버지인 조지 필드 피치G. F. Fich 목사는 상하이에 있으면서 한국 독
  립운동에 많은 도움을 주었고, 아들 피치 역시 그 관계를 이어 갔다. 이에 대한 상세한
  내용은 김주성, 「미국 선교사 피치 일가의 한국 독립운동 지원활동」, 『한국독립운동사연
  구』 57, 2017 참조.

27 (사)백범김구선생기념사업협회, 앞의 책, 203쪽.

28 國會圖書館, 『韓國民族運動史料』(中國編), 1976, 745쪽.

29 국사편찬위원회, 『대한민국임시정부자료집』 1, 2005, 174쪽.

30 국사편찬위원회, 『한국독립운동사연표』 13, 1994, 485쪽.

31 윤은자, 「1932~1937년 김구의 난징南京 행적」, 『중국근현대사연구』 84, 2019, 80~82쪽.
  윤은자는, 이보다 앞서 발표한 글에서는 샤오정이 남긴 기록과 천궈푸의 서신을 근거로
  김구와 장제스의 회담 시기를 1932년 9월 이후라고도 했다((사)백범김구선생기념사업
  협회, 앞의 책, 300~303쪽).

32 「임가사료」는 현재 국사편찬위원회 전자사료관(http://archive.history.go.kr)의 「山口縣文
  書館」에서 열람할 수 있다. '임가'는 하야시 도시하루林利治이다. 그는 1913년 12월 헌병
  상등병으로 조선주차헌병대에 편입했다가 1919년 9월 순사로 전직했고, 그해 12월 순
  사부장으로, 1921년 10월 경부보로 승진하여 전남 장성경찰서에서 황해도 해주경찰서
  로 전근했다. 이후 전남경찰부(1924. 3.), 광주경찰서(1926. 7.)를 전전하다가 1928년 7
  월 경무국 도서과, 1930년 4월 통역관 겸속兼屬으로 보안과, 그리고 경무국 파견원으로
  상하이에 파견되었다. 귀국한 뒤 1938년 통역관으로 승진하여 하얼빈 파견원으로 옮겼
  다가 1943년 3월 퇴직했다. 야무구치현문서관이 소장하고 있는 「임가사료」는 그가 상하
  이에서 근무할 때 가져온 것으로 추정되는 사본으로서, 임시정부는 물론 중국 관내 독립
  운동과 관련된 중요한 문서들이 포함되어 있다.

참고문헌

자료

「京高特秘 第1120號 無政府主義者李容俊取調の件」(1939. 4. 27.), 『思想에 關한 情報綴』 4(http://db.history.go.kr).

「京高特秘第2306號 治安維持法 違反 被疑者 吳基滿의 取調에 관한 건」, 『警察情報綴(昭和 9 年)』(http://db.history.go.kr).

「京鍾警高秘第1376號 京城靑年會第二會定期總會 ノ件」, 『思想問題에 關한 調査書類』 1(http://db.history.go.kr).

高麗書林, 『朝鮮民族運動史〈未定稿〉』 4·6, 1989.

國家報勳處, 『三十年放浪記: 유기석회고록』, 2010.

국가보훈처·국사편찬위원회, 『프랑스외무부 문서보관소 소장 한국독립운동사료』 3, 2016.

국사편찬위원회, 『대한민국임시정부자료집』 1, 2005.

_____, 『대한민국임시정부자료집』 2, 2005.

_____, 『대한민국임시정부자료집』 9, 2006.

_____, 『대한민국임시정부자료집』 16, 2007.

_____, 『대한민국임시정부자료집』 25, 2008.

_____, 『대한민국임시정부자료집』 28, 2008.

_____, 『대한민국임시정부자료집』 29, 2008.

_____, 『대한민국임시정부자료집』 30, 2008.

_____, 『대한민국임시정부자료집』 32, 2009.

_____, 『대한민국임시정부자료집』 33, 2009.

_____, 『대한민국임시정부자료집』 35, 2009.

_____, 『대한민국임시정부자료집』 39, 2010.

_____, 『대한민국임시정부자료집』 42, 2012.

國史編纂委員會, 『韓國獨立運動史資料』 1, 1970.

_____, 『韓國獨立運動史資料』 2, 1971.

_____, 『韓國獨立運動史資料』 20, 1991.

_____, 『韓民族獨立運動史資料集』 43, 2000.

_____, 『韓民族獨立運動史資料集』 44, 2000.

_____, 『韓民族獨立運動史資料集』 45, 2000.

_____, 『韓民族獨立運動史資料集』 46, 2001.

國會圖書館 編, 『韓國民族運動史料』(中國編), 1976.

「機密第16號 韓國獨立宣言紀念會二關スル件」(1920. 3. 5.), 『不逞團關係雜件: 朝鮮人의 部-在西比利亞』 14(http://db.history.go.kr).

「機密第29號 鮮人ノ行動二關スル件」(1921. 4. 1.), 『不逞團關係雜件-朝鮮人의 部-在西比利亞』 11(http://db.history.go.kr).

「機密第32號 鮮人ノ行動二關スル件」(1921. 4. 1.), 『不逞團關係雜件-朝鮮人의 部-在西比利亞』 11(http://db.history.go.kr/).

「機密第77號 鮮人ノ行動二關スル件」(1920. 12. 15.), 『不逞團關係雜件: 朝鮮人의 部-在西比利亞』 11(http://db.history.go.kr).

「機密第84號 高麗共産黨幹部ノ親日鮮人二對ル迫害ノ件」(1923. 4. 13.), 『不逞團關係雜件: 朝鮮人의 部-在西比利亞』 14(http://db.history.go.kr).

「機密第99號 不逞鮮人ノ正衛團組織二關スル件」(1925. 6. 28.), 『不逞團關係雜件-鮮人의 部-在上海地方 5』(http://db.history.go.kr).

「機密 제118호 正衛團團則配布에 關する件」(1925. 7. 14.), 『不逞團關係雜件-朝鮮人의 部-鮮人과 過激派 5』(http://db.history.go.kr).

金正明 編, 『朝鮮獨立運動』 Ⅱ, 原書房, 1967.

金正柱 編, 『朝鮮統治史料』 8·10, 韓國史料研究所, 1971.

「戴笠呈 處決暗殺韓國愛國志士之韓奸吳大根等」(1935. 11. 19.), 中華民國國史館(https://ahonline.drnh.gov.tw).

도산안창호사업기념회·도산안창호선생전집편찬위원회 편, 『島山安昌浩全集』 13권, 2000.

도산기념사업회 編, 『安島山全書』 中, (株)汎洋社出版部, 1990.

독립기념관 문서, 신 6284(25-20).

독립기념관 문서, 신 6284(25-21).

독립운동사편찬위원회, 『독립운동사자료집』 11, 고려서림, 1984.

『每日申報』.

「毛慶祥呈蔣中正軍事會議決定李漢魂軍一師都陽湖並令信陽學生軍團防衛漢口等敵方情報日報
　　表等八則」, 中華民國國史館(https://ahonline.drnh.gov.tw/).

白凡金九先生全集編纂委員會 編, 『白凡金九全集』 4, 대한매일신보사, 1999.

山口縣文書館 所藏, 「林家(朝鮮總督府關係)史料」 113, 『昭和十年度以降報告綴(特秘)』.

_____, 「林家(朝鮮總督府關係)史料」 122, 『昭和七年二月二十日日支時局に對する在
　　滬朝鮮人の策動槪況』.

_____, 「林家(朝鮮總督府關係)史料」 128, 『在上海朝鮮總督府派遣員昭和五年度綜合
　　報告』.

_____, 「林家(朝鮮總督府關係)史料」 129, 『在上海朝鮮總督府派遣員昭和六年度綜合
　　報告』.

_____, 「林家(朝鮮總督府關係)史料」 130, 『在上海朝鮮總督府派遣員昭和七年度綜合
　　報告』.

_____, 「林家(朝鮮總督府關係)史料」 131, 『在上海朝鮮總督府派遣員昭和八年度綜合
　　報告』.

_____, 「林家(朝鮮總督府關係)史料」 132, 『在上海朝鮮總督府派遣員昭和十年度綜合
　　報告』.

_____, 「林家(朝鮮總督府關係)史料」 133, 『在上海朝鮮總督府派遣員昭和十一年度綜
　　合報告』.

_____, 「林家(朝鮮總督府關係)史料」 134, 『在上海朝鮮總督府派遣員昭和十二年度綜
　　合報告』.

社會問題資料硏究會 編, 『思想情勢視察報告集』 2·3, 東洋文化社, 1976.

「嚴舜奉」, 『독립운동관련 재판기록』, 공훈전자사료관(https://e-gonghun.mpva.go.kr).

「玉觀彬の暗殺犯人に關する件」(1933. 3. 12.), 『경성지방법원 검사국문서』(http://db.history.
　　go.kr).

『在上海總領事館警察部並特高警察課關係一件』 第1卷, 昭和8年 12月(https://www.jacar.go.jp).

「朝京憲高秘 제92호 總督暗殺 目的으로 潛入한 不逞鮮人 檢擧送局에 관한 건(報告 通牒)」
　　(1932. 6. 8.), 『思想에 關한 情報』 3(http://db.history.go.kr).

『朝鮮民族運動年鑑』.

『朝鮮時報』.

『朝鮮中央日報』.

朝鮮總督府 警務局 保安課, 『高等警察報』 5, 1935.

朝鮮總督府 高等法院檢事局, 『思想彙報』 제5호, 1935. 12.

_____, 『思想彙報』 제7호, 1936. 6.

_____, 『思想彙報』 제9호, 1936. 12.

『중외일보』.

『最近支那關係諸 問題摘要』 上卷(http://www.jacar.go.jp).

秋憲樹 編, 『資料韓國獨立運動』 2·3, 연세대출판부, 1973.

「한국근현대인물자료」(http://db.history.go.kr).

한홍구·이재화 편, 『韓國民族解放運動史資料叢書』 3, 경원문화사, 1994.

논저

孔基澤, 「南華韓人靑年聯盟의 無政府主義 運動」, 국민대 석사학위논문, 1991.

국가보훈처, 『대한민국임시정부수립80주년기념논문집(상·하)』, 1999.

김광재, 「1910~20년대 상해 한인과 조계 공간」, 『歷史學報』 228, 2015.

金光載, 「上海居留朝鮮人會(1933~1941)硏究」, 『한국근현대사연구』 35, 2005.

_____, 「上海시기 玉觀彬 밀정설에 대한 비판적 검토」, 『한국근현대사연구』 63, 2012.

김구, 『백범어록』, 돌베개, 2007.

김도형, 「대한민국임시정부의 친일파처단과 의열투쟁」, 『대한민국임시정부80주년기념논문집』(하), 국가보훈처, 1999.

_____, 「이봉창의거의 역사적 성격과 그 평가」, 『백범과 민족운동 연구』 10, 2013.

김삼웅, 『백범 김구 평전』, 시대의 창, 2004.

김상기, 「尹奉吉 上海義擧의 국내외적 영향과 의의」, 『한국독립운동사연구』 61, 2018.

김영범, 『한국근대민족운동과 의열단』, 창작과 비평사, 1997.

김주성, 「미국 선교사 Fitch 一家의 한국독립운동 지원활동」, 『한국독립운동사연구』 57, 2017.

金昌洙, 「韓人愛國團의 成立과 活動」, 『한국독립운동사연구』 2, 1988.

김홍일, 『大陸의 憤怒: 노병의 회상기』, 문조사, 1972.

김희곤, 『대한민국임시정부연구』, 지식산업사, 2004.

_____, 「상해시대(1919~1932) 白凡 金九의 독립운동」, 吳世昌敎授華甲紀念論叢刊行委員會, 『韓國近現代史論叢』, 1995.

김희곤 외, 『대한민국임시정부의 좌우합작운동』, 한울아카데미, 1995.

盧景彩, 『韓國獨立黨硏究』, 신서원, 1996.

도진순 주해, 『백범일지』, 돌베개, 1999.

독립운동사편찬위원회, 『독립운동사』 4, 1972.

문미라, 「鄭成彦의 독립운동과 해방 이후 활동」, 『한국독립운동사연구』 68, 2019.

박찬승, 「1933년 상해 有吉明공사 암살미수 사건의 전말」, 『한국독립운동사연구』 60, 2017.

배경환, 「중일전쟁시기 장개석·국민정부의 대한정책」, 『歷史學報』 208, 2010.

_____, 「윤봉길 의거 이후 蔣介石·국민정부의 한국독립운동지원과 '長期抗戰'」, 『歷史學報』 236, 2017.

성주현, 「남파 박찬익의 대한민국임시정부 활동」, 『史學硏究』 97, 2010.

孫科志, 「상해 임시정부 시기 백범 김구와 한인교민사회」, 『백범과 민족운동연구』 5, 2007.

신용하, 「白凡 金九와 韓人愛國團의 獨立運動」, 于松趙東杰先生停年紀念論叢刊行委員會, 『韓國民族運動史硏究』, 1997.

_____, 「백범 김구와 한인애국단의 의열투쟁」, 『백범과 민족운동연구』 1, 2003.

_____, 「백범 金九의 일제 침략전쟁에 대한 독립운동 전략 : 特攻작전과 外交」, 『백범과 민족운동연구』 5, 2007.

신주백, 「대한민국임시정부와 1930년대 정당통일운동」, 『대한민국임시정부수립80주년기념논문집(하)』, 국가보훈처, 1999.

心山思想硏究會 編, 『金昌淑』, 한길사, 1982.

엄항섭, 『屠倭實記』, 국제문화협회, 1946.

염인호, 『김원봉연구』, 창작과 비평사, 1992.

오정섭, 「안공근의 생애와 항일독립운동」, 『崇實史學』 35, 2015.

윤경로, 「105인사건 피의자들의 사건 이후 행적에 관한 소고—친일로 경도된 9인을 대상으로」, 『한국기독교와 역사』 36, 2012.

윤대원, 「대한민국임시정부의 재건과 관내 민족전선통일운동」, 『역사연구』 10, 2002.

_____, 「일제의 김구 암살 공작과 밀정」, 『한국독립운동사연구』 61, 2019.

윤상원, 「한국 역사학계의 만보산사건 연구동향과 과제」, 『한국문학연구』 51, 2016.

尹恩子, 「중국 國立中央大學의 한인유학생과 독립운동 (1927~1949)」, 『中國近現代史研究』 72, 2016.

_____, 「1932~1937년 김구의 난징南京 행적」, 『中國近現代史研究』 84, 2019.

李康勳 저, 『李康勳歷史證言錄』, 人物研究所, 1994.

이명화, 「도산 안창호의 서대문형무소 투옥과 수감 생활」, 『한국독립운동사연구』 46, 2013.

李在鈴, 「南京國民政府時期 中國의 韓國認識—萬寶山事件에 관한 興論動向을 중심으로」, 『중국사연구』 3, 2004.

_____, 「20세기 중반 韓中關係의 이해 -韓國獨立에 관한 中華意識의 二重性-」, 『中國近現代史研究』 29, 2006.

李在鎬, 「대한민국 임시의정원의 선거제도와 의원 구성 변화」, 『한국근현대사연구』 95, 2020.

李春植, 『中國史序說』, 敎保文庫, 1991.

李炫熙, 『李奉昌 의사의 항일 투쟁』, 국학자료원, 1997.

이혜린, 「1932년 일본의 재상해한인 체포활동과 프랑스조계당국의 대응」, 『사림』 62, 2017.

이호룡, 『한국의 아나키즘 -운동편-』, 지식산업사, 2015.

임경석, 『이정 박헌영 일대기』, 역사비평사, 2005.

전명혁, 『1920년 한국사회주의운동 연구』, 선인, 2006.

鄭文詳, 「1930년대 前半期 항일운동의 전개와 上海 청년학생」, 『中國近現代史研究』 28, 2005.

정병준, 「공작원 안두희와 그의 시대」, 『역사비평』 69호, 2004. 11.

정정화, 『長江日記』, 학민사, 1998.

정화암, 『어느 아나키스트의 몸으로 쓴 근세사』, 자유문고, 1992.

曹健, 「중일전쟁기 일본군의 중국 공습과 대한민국임시정부의 苦鬪」, 『한국근현대사연구』 95, 2020.

조범래, 『의열투쟁 II—한인애국단』, 독립기념관 한국독립운동사연구소, 2009.

_____, 「한국독립당과 백범 김구」, 『백범과 민족운동연구』 6, 2008.

조지 애쉬모어 피치, 『조지 피치와 대한민국』, 김구재단, 2018.

채근식, 『武裝獨立運動秘史』, 대한민국공보처, 1949.

최기영, 「金學武의 在中獨立運動과 좌파청년그룹」, 『한국독립운동사연구』 36, 2010. 8.

한상도,『韓國獨立運動과 中國軍官學校』, 문학과 지성사, 1994.

_____,「金九의 韓人軍官學校(1934~35)의 운영과 그 입교생: 중국내 한국독립운동의 계열화과
정과 관련하여」,『韓國史研究』58, 1987.

_____,「金九의 抗日特務組織과 活動(1934~1935): 中國中央陸軍軍官學校 입교생 모집활동
을 중심으로」,『한국민족운동사연구』4, 1989.

_____,「韓國國民黨과 金九」,『建大史學』第9輯, 1997.

_____,「在滿 韓國獨立黨과 韓國獨立軍의 中國關內地域 移動」,『史學研究』第55·56合集號,
1998.

_____,「이동시기 임시정부 독립운동정당의 활동과 변천」,『대한민국임시정부수립80주년
기념논문집(상)』, 국가보훈처, 1999.

_____,「김구의 중국육군군관학교 한인특별반 운영과 청년투사 양성」,『백범과 민족운동연
구』1, 2003.

_____,「중국 관내지역 독립운동세력의 동북지역 독립운동 인식」,『한국민족운동사연구』
57, 2008.

한국독립유공자협회 엮음,『러시아 지역의 韓人社會와 民族運動史』, 敎文社, 1994.

한시준,「후기 임시정부의 위상 강화와 김구」,『도산사상연구』제4집, 1997.

_____,「安恭根의 생애와 독립 운동」,『교회사연구』제15집, 2000.

_____,「李奉昌 義士의 日王狙擊義擧」,『한국근현대사연구』제17집, 2001.

_____,「백범 김구와 한인애국단」,『백범과 민족운동 연구』10, 2013.

韓哲昊,「1930년대 전반기 한중연대와 항일운동」,『한국근현대사연구』22, 2002.

胡春惠著·辛勝夏譯,『中國 안의 韓國獨立運動』, 단대출판부, 1978.

예스24 그래제본소 펀딩에 참여해 주신 분들

가나다순

고원석	김주원	서원덕	윤정규	임흥순	채희상
권기현	김철민	서지현	윤종호	장성우	최성환
권덕수	김학경	손용진	윤창호	장순주	최한아
권병수	김학수	송윤미	윤한울	장익섭	최혜진
권은영	김현주	송정윤	윤현식	장재명	하효정
기정현	남상욱	송진명	윤혜진	장해연	한성숙
김경중	노윤희	송치중	윤화진	전범철	한재호
김대성	류인수	신기중	이동훈	전재용	한재훈
김민기	명선숙	신승대	이미경	정미화	허순영
김병훈	박경원	신윤희	이성한	정의삼	허승옥
김소희	박성호	신현지	이영준	정임순	홍진
김영미	박성호	신환수	이장환	정창영	황동원
김용환	박윤미	심상준	이정남	조부희	황언배
김유석	박진희	안재복	이주휘	조성실	황진상
김인자	박혜영	양복숙	이진주	조정원	
김일신	방지현	오상희	이태훈	조준형	
김재용	백명기	오유나	이한솔	조한누	
김정숙	백은영	윤성인	임보라	주원휘	
김정화	백종훈	윤수영	임태진	차지애	

그 밖에 이름을 밝히지 않은 분들까지 총 148분께서 참여해 주셨습니다.
감사합니다.